답, 은
밖에
있다

답은 밖에 있다

2011년 4월 5일 초판 1쇄 발행 | 2014년 10월 22일 3쇄 발행
지은이 · 이상협

펴낸이 · 박시형
책임편집 · 권정희 | 표지 디자인 · 김애숙

마케팅 · 권금숙, 김석원, 김명래, 최민화, 정영훈
경영지원 · 김상현, 이연정, 이윤하, 김현우
펴낸곳 · (주)쌤앤파커스 | 출판신고 · 2006년 9월 25일 제406-2012-000063호
주소 · 경기도 파주시 회동길 174 파주출판도시
전화 · 031-960-4800 | 팩스 · 031-960-4805 | 이메일 · info@smpk.kr

ⓒ 이상협(저작권자와 맺은 특약에 따라 검인을 생략합니다)
ISBN 978-89-6570-011-1 (03320)

쌤앤파커스(Sam&Parkers)는 독자 여러분의 책에 관한 아이디어와 원고 투고를 설레는 마음으로 기다리고 있습
니다. 책으로 엮기를 원하는 아이디어가 있으신 분은 이메일 book@smpk.kr로 간단한 개요와 취지, 연락처 등
을 보내주세요. 머뭇거리지 말고 문을 두드리세요. 길이 열립니다.

답 은 밖에 있다

문제 해결의 고수들이 생각하는 법

· 이상협 지음 ·

생각의 틀을 벗어나라, 그래야 답이 보인다

이 세상에서 일어나는 일들은 대부분 복잡한 변수들로 얽혀 있다. 영국의 추리소설 작가 G. K. 체스터튼Gilbert Keith Chesterton은 〈이상한 발걸음 소리 The Queer Feet〉에서 이런 말을 한 적이 있다.

"범죄는 예술작품 같은 것이다. 놀라지 말라. 지옥과 같은 고통스런 작업에서 탄생하는 것이 예술작품만은 아니라는 것에 대해 말이다. 하지만 모든 예술작품은 그것이 성스럽건 사악하건 절대로 없어서는 안 되는 특징을 가지고 있다. 즉 복잡해 보이지만 그 핵심은 아주 단순하다는 것이다.

〈햄릿Hamlet〉을 보라. 그 작품 안에는 무덤을 파는 사람의 기괴한 모습과 미친 여인의 꽃, 병색이 짙은 유령, 냉소를 머금은 해골 등이 등장한다. 하지만 이 모든 것은 검은 옷을 입은 한 남자의 비극적인 인생을 보여주기 위해 그의 주변을 둘러싼 채 뒤얽혀 있는 화환에 지나지 않는다."

이 복잡하게 얽히고설킨 문제들을 해결하겠다고 뛰어드는 용감한 사람들이 있으니, 그들은 바로 탐정들이다. 얼핏 보면 범인을 찾아내는 탐정들의 무기는 오직 그들의 뛰어난 두뇌인 것 같다. 그러나 그들이 가진 진정한 능력은 인간의 본질적 욕망과 사건간의 관계를 논리적으로 구조화하고 그것을 사건에 투영해 추론하는 힘이다. 예술품에 가까운 창작물인 범죄를 해결하는 데는 논리와 추론이 필요하다. 기존의 시각에 묻히지 않고 잘 보이지 않는 것까지 발견할 수 있게 하는 철저한 관찰과 분석, 보이지 않는 것을 찾아내는 사고력, 가설을 세우고 검증하는 과학적 사고 그리고 인간이 기나긴 진화의 과정에서 획득한 본능적인 지식확장적 사고 같은 것들 말이다. 그들에게는 또한 감추어진 진실을 알고 싶어 하는 강렬한 탐구심이 있다. 이런 것들이 정의감이라는 긍정적 에너지와 결합되었을 때, 비로소 명탐정이 탄생하는 것이다.

150여 년 전 미국의 작가 에드거 앨런 포Edgar Allan Poe가 불멸의 탐정 오귀스트 뒤팽을 등장시켜 추리소설이라는 장르를 개척한 이래, 수많은 작가와 작품들이 우리 앞에 등장했다. 탐정의 대명사 셜록 홈즈를 탄생시킨 아서 코난 도일Arthur Conan Doyle, 작은 키에 통통한 몸, 낡은 검정색 우산을 든 브라운 신부를 그려낸 체스터튼이 대표적 예다. 에르큘 포와로와 제인 마플을 낳은 아가사 크리스티Agatha Mary Clarissa Christie 역시 빼놓을 수 없다. 이들은 추리소설이라는 영역을 개척했을 뿐 아니라 추리극이 갖추어야 할 치밀한 구성과 깊은 문학성, 그리고 뛰어난 탐정을 등장시켜 지금까지도 열광적인 팬들을 확보하고 있다.

그들의 작품에 등장하는 주인공들은 하나같이 뛰어난 관찰력을 갖춘 사람들로서, 논리적 사고의 기본이 되는 사실Fact의 수집에 집요함을 보인다. 그들은 사실을 수집하기 위해 역겨운 장소에 뛰어들거나 기괴한 것을 만지고 다루는 것도 주저하지 않는다. 정보를 수집한 후에는 과학적인 분석을 한다. 그들은 감정을 배제한 채 철저히 과학적이고 논리적인 사고에 의존한다. 그 후에는 상상력을 발휘해 몇몇 용의자를 추려내고, 그들이 용의자일 수 있는 근거들을 상정한다. 탐정들이 이런 추정을 할 수 있는 것은 그들이 인간 존재와 인간이 만든 사회의 본질적인 속성을 이해하고 있으며, 사건과 관련된 엄청난 양의 지식과 경험을 갖고 있기 때문이다.

추리의 마지막 단계에서는 검증 작업을 통해 용의자 중 가능성이 없는 자들을 하나하나 제거해나간다. 뛰어난 탐정들의 상상과 창의적 추리는 여지없이 들어맞고, 마침내 범인은 죄를 실토하고야 만다.

탐정들은 완력으로 범인을 제압하는 사람들이 아니다. 번뜩이는 논리적 사고로 사건의 숨은 본질을 꿰뚫어 상대방을 옴짝달싹 못하게 한 뒤, 스스로 죄를 실토하게끔 만드는 논리적 사고의 대가들이다.

명탐정과 보통사람들과의 능력 차이를 나는 아주 작은 것이라고 생각한다. 탐정들은 잘 짜여진 알리바이의 그물에서 실낱같은 논리의 허점을 찾아내고, 현장에서는 다른 이들이 의식하지 못한 채 지나친 무언가를 발견해낸다. 도대체 어떻게? '단서'를 놓치지 않기 때문이다. 모든 문제에는 단서가 있고, 그 단서를 잡으면 도무지 풀리지 않을 것 같은 문제도 해결할 수 있다.

이 책은 범죄추리 과정을 흥미진진하게 관찰하면서 명탐정들이 사용하는 논리를 분석해보는 방식으로 쓰였다. 이 책에서는 이를 위해 답을 찾아낼 수 있게 도와주는 총 13가지 생각의 단서를 제공한다. 모든 추리의 기초가 되는 관찰력으로부터 단시간에 결론을 내릴 수 있게 하는 직관적 사고, 과거의 지식을 배제한 채 '0'에서 시작하는 제로베이스 사고, 결론을 먼저 설정하고 시작하는 가설 사고, 비교적 새로운 추론법인 가추법, 가장 오래되고 익숙한 논리사고인 귀납법과 연역법, 거짓에서 참을 이끌어내는 도구인 오류 분석, 관계 속에서 법칙을 발견하는 유비추리, '왜Why?'라고 묻는 5Whys 방식, 맥킨지의 MECE, 로직트리와 이슈트리, 그리고 시나리오 분석까지⋯ 이러한 생각의 단서들은 우리가 비즈니스와 일상생활에서 부딪히는 각종 난제에 맞서 명탐정처럼 사고할 수 있는 길로 인도하는 충실한 안내자 역할을 할 것이다. 아울러 까다로운 문제를 논리적으로 해결해 답을 이끌어내는 도구가 되어줄 것이다.

욕심, 증오, 질투, 교만, 복수심과 같은 다양한 욕망들이 교활함과 결합되어 만들어낸 미제 사건들을 해결함에 있어서 논리적 사고는 효과적인 도구가 된다. 또한 논리적 사고는 '검증'이라는 도전을 받지 않은 채 진리처럼 전해져 내려온 이전 세대의 믿음과 지식에 대해 '그것이 진실인가?' 하는 의문을 제기하게 하는 날카로운 지성의 칼날이 되기도 한다. 달리 표현하면 기존의 지식이 의심의 여지가 있는 것이라는 사실을 일깨워줌으로써 비이성적 태도를 경계하는 데 기여하는 것이다. 오늘날과 같이 지식과 정보가 넘쳐나는 시대에서 일상적인 생각의 틀 밖에서 사고할 수 있도록 돕는 논리적 사고는 더욱 중요한 삶의 도구가 될 수 있을 것이다.

나는 독자 여러분이 이러한 탐정들의 수사방법으로부터 많은 영감을 얻을 수 있으리라 생각한다. 탐정들은 논리적이고 과학적인 사고를 하는 사람들이며, 상상력과 창의력 또한 뛰어나다. 우리 함께 작품 속의 영웅들을 분석해봄으로써 논리와 창의적으로 사고하는 방법론을 학습해보기로 하자. 여러분의 이해를 돕기 위해 탐정소설 속의 내용들을 극히 일부 각색했음을 이해해주실 줄로 믿는다.

이 책을 통해 논리의 기초와 과학적이고 분석적으로 사고하는 방법론을 익히고, 그것을 자유로이 사용할 수 있는 도구로 삼을 수 있기를 바라 마지않는다. 또한 남들이 보지 못한 것을 보는 눈을 키우고, 그 눈으로 답을 찾아내는 단서를 발견할 수 있기를 희망한다. 자, 이제 우리 모두 탐정처럼 커다란 돋보기를 하나씩 들고 논리적 사고의 단서를 찾으러 들어가 보자.

2011년 3월
이상협

보이지 않는 것까지 놓치지 않는다

: 관찰력

"나는 절대로 편견을 갖지 않고,
사실fact이 나를 이끄는 대로
순종하며 따라가는 것을 습관으로 삼는다네."
- 〈라이게이트의 지주들The Adventure of the Reigate Squires〉 중에서, 셜록 홈즈

"증거를 전부 보기 전에
섣불리 이론을 전개시키는 것은 치명적인 실수입니다.
그건 판단력을 마비시키지요."
- 〈주홍색 연구A Study in Scarlet〉 중에서, 셜록 홈즈

오귀스트 뒤팽, 셜록 홈즈, 제인 마플… 이들에게 '최고의 명탐정'이라는 헌사를 바치는 데 이의를 제기하는 사람은 없을 것이다. 이들은 왜 명탐정이라 불리는 것일까? 상대를 꼼짝 못하게 만드는 지적 카리스마, 뛰어난 상상력… 많은 이유가 있겠지만, 그것들보다 더 중요한 '무언가'가 있다. 너무 당연할뿐더러 누구나 늘 하고 있어서 오히려 쉽게 간과하곤 하는 그것, 바로 '관찰력'이다.

명탐정들은 평범한 사람들이나 이제 갓 부임한 초보 경찰들은 갖지 못한 '뛰어난 관찰력'을 갖고 있다. 같은 현장을 보고도 더 많은 것을 알아내는 능력, 남들이 놓치기 쉬운 것을 놓치지 않는 주의력, 겉으로 드러난 현상뿐 아니라 그 이면에 숨어 있는 사실까지 발견해내는 역량…. 이런 능력들을 갖추고 있느냐 그렇지 못하느냐가 그가 명탐정이냐 아니냐를 구분 짓는 중요한 요소가 된다.

탐정에게 관찰력이 중요한 이유는 무엇일까? '뭐 그런 당연한 걸 물어봐?'라고 반문할 수도 있겠지만, 한번 생각해보자. 고기, 피망, 마늘 등의 재료가 있어야 그것을 불에 굽고 볶아서 음식을 만들어낼 수 있지 않은가? 마찬가지로 '정보'라는 재료가 있어야 그것을 논리적 사고라는 가공 과정을 거쳐 범인을 밝혀낼 수 있다. 이렇게 정보를 식별해내는 능력이 바로 관찰력이다. 따라서 뛰어난 관찰력은 탐정이 갖춰야 할 능력 중 기본이라 할 수 있다.

그러니만큼 우리 책이 첫 번째로 다루어야 할 주제가 있다면 '관찰력'일 것이다. 뛰어난 관찰력이란 구체적으로 어떤 것인지, 어떻게 하면 연마할 수 있고 어떻게 활용할 수 있는지 우리의 명탐정 셜록 홈즈가 자세히 가르쳐줄 것이다. 무엇이든 기본이 중요하다. 이 점을 잊지 말고, 이제 홈즈를 만나러 가보자.

"소중한 파이프라는 것을 어떻게 아나?"

탐정이라는 단어를 보면 누구나 셜록 홈즈가 떠오를 것이다. 그만큼 탐정으로서의 전형을 보여준 인물도 많지 않기 때문이다. 아서 코난 도일의 작품 '셜록 홈즈 시리즈'의 주인공으로 태어난 홈즈에 대해서는 긴 설명이 필요 없을 듯하다. 그가 주인공으로 등장하는 작품 중 하나인 〈노란 얼굴 *The Adventure of the Yellow Face*〉을 통해 우리의 이야기는 시작된다.

사건이 없어 무료해하던 홈즈는 친구이자 수사 동료인 왓슨 박사와 함께 사무실 근처의 공원을 거닐고 있었다. 이때 심부름을 하는 아이가 뛰어왔다. "탐정님, 사건 의뢰인이 왔어요. 어서 사무실로 가보세요!" "왓슨, 드디어 사건이야! 어서 가보세."

그러나 사무실로 돌아와 보니 의뢰인은 간 곳이 없고 그가 놓고 갔음직한 담배 파이프만 테이블 위에 놓여 있었다. 이 담배 파이프를 놓고 의뢰인에 대해 분석하는 홈즈는 관찰력의 정수요, 논리적 분석의 전형을 보여준다.

"테이블 위의 담배 파이프는 왓슨 자네 것이 아니로군. 아마 그 손님이 놓고 간 모양이네. 들장미 뿌리로 만들었고, 입에 무는 곳에 호박을 끼웠군. 이렇게 소중한 파이프를 잊다니, 제정신이 아닐 정도로 혼란스러운 모양일세. 상당히 심각한 사건일 것 같으이."

"그게 소중한 파이프라는 것을 어떻게 아나?"

"이 파이프는 7실링 6펜스 정도 나가는 흔한 물건이지. 하지만 두 번이나 수선을 했네. 자, 보게나. 파이프 머리와 빨대의 이음새를 한 번, 호박 주변을 또 한 번. 게다가 이음새는 은으로 둘렀는데, 그 비용이 파이프 값보다 더 들었을 걸세. 새것을 사지 않고 수선해 쓰는 것으로 보아, 주인에게 소중한 물건이 틀림없지 않은가?"

"그 밖에 또 뭐가 있나?"

홈즈는 파이프를 손에 들고 이리저리 굴리며 생각에 잠기더니, 곧

입을 열었다.

"파이프라는 것은 때로는 대단히 흥미로운 특징을 드러내 보여주지. 회중시계나 구두끈도 그렇지만, 파이프는 그 주인의 성격을 상당히 정확하게 보여준다네. 하기야, 이 경우에는 크게 눈에 띄는 특징은 없지만…. 하여간 이 파이프의 주인은 체격이 듬직한 왼손잡이에다 치열이 고르며, 성격이 조급하고, 돈 걱정은 별로 하지 않는다는 것은 확실하네."

"수선비용을 많이 들였다는 말인가?"

이에 홈즈가 타다 만 담뱃재를 손바닥에 올려놓으며 설명했다.

"이건 1온스에 8펜스 하는 그로스브너라는 담배일세. 이것의 반값만 주어도 피울 만한 담배를 살 수 있으니, 돈이 궁한 사람은 아니지. 게다가 이 사람은 램프나 가스 불에 파이프의 불을 붙이는 습관이 있어. 한쪽이 까맣게 그을려 있는 것이 보이지? 그런데 그 그을린 편이 오른쪽이거든. 그래서 이 사람을 왼손잡이라고 생각하는 걸세. 오른손을 쓰는 사람이라면 파이프의 왼쪽을 기울여 불 가까이 대는 것이 자연스러운 행동이니까. 그리고 이 사람은 호박으로 된 빨대에 무수한 잇자국을 냈네. 단단한 호박에 자국을 내려면 이가 고르고 건강한 사람이 아니고는 어렵지. 어, 그 사람이 계단을 올라오고 있는 모양인데. 파이프 연구보다는 훨씬 재미있는 일이 생길 것 같구먼."

누가 들어왔을까? 홈즈의 추측대로, 30세 전후로 보이는 건장한 남성이었다. 그는 짙은 회색 양복을 입고, 다갈색 중절모를 손에 들고 있었다.

"용서하십시오. 노크를 했어야 했는데, 걱정거리가 있어서 그만 잊어버리고 말았습니다."

홈즈가 입을 열었다.

"어서 오세요, 그랜트 먼로 씨."

"아니, 내 이름을 어떻게 아십니까?"

"이름을 알리고 싶지 않으시거든, 모자의 안쪽 테두리에 이름을 새겨넣지 말거나, 이야기하는 상대방 쪽으로 모자의 안쪽이 보이지 않도록 하셔야지요. 자, 값진 시간을 낭비하지 마시고 무슨 일인지 털어놓으시지요."

탐정이 범인을 추적해나가는 과정은 기본적으로 논리적 사고에 그 기반을 두고 있다. 그러나 논리적 사고를 하기 전에 먼저 정확한 정보 수집과 분석이 전제되어야 함은 당연한 일. 이를 위해서는 관찰력이 필요하다. 홈즈와 같이 유사한 사건을 수없이, 그것도 날카로운 눈으로 경험해본 사람만이 할 수 있는 관찰 말이다.

사건을 관찰하는 데는 크게 두 가지 관점이 필요하다. 하나는 나타난 '사실Fact'에 대한 관찰이다. 앞에 나타난 먼로 씨에 대한 추리는 사실, 즉 팩트를 정확히 관찰한 덕분이라고 할 수 있다. '담배 파이프에 묻어 있는 그을음이 파이프의 오른쪽에 있는 것을 보면 이 사람은 왼손잡이일 것이다. 그을음의 존재는 이 사람이 담배에 불을 붙일 때 성냥을 사용하지 않는다는 것을 뜻한다'와 같은 사실들은 세심한 관찰력과 그에 따른 추리의 결과물이다.

그런데 홈즈와 같은 명탐정들은 때로 그 이상의 것을 본다. '보이지 않는 사실Invisible fact', 즉 '발생할 수도 있었으나 발생하지 않은 사실'을 보는 것이다. 이러한 사례는 홈즈 시리즈의 또 다른 단편인 〈여섯 점의 나폴레옹 상*The Adventure of the Six Napoleons*〉에 잘 나타나 있다. 홈즈는 런던 경시청의 레스트레이드 경감으로부터 도움을 요청받는다. 기묘한 사건이 연속해서 발생하고 있는데, 도무지 단서를 찾을 수 없다는 것이다. 경감이 말하는 사건의 개요는 다음과 같다.

그림과 조각상을 파는 런던의 한 가게에서 주인이 잠시 자리를 비운 사이 나폴레옹 흉상이 파괴되는 사건이 발생했다. 이상한 점은, 가게에 있는 다른 조각상들은 그대로 두고 가장 값싼 2실링짜리 나폴레옹 흉상 한 개만 부서졌다는 것이다. 그리고 나서 3일 후, 이번에는 어느 의사의 집과 병원에 도둑이 침입해 똑같은 모양의 나폴레옹 흉상을 파괴한 사건이 발생했다. 도둑은 늦은 시각에 의사의 집에 침입해 흉상을 정원까지 들고 나가 부숴버렸다. 그것도 가루가 되도록. 병원의 조각상은 의사가 출근 후에 발견했으며, 본래 조각상이 있던 자리에서 부서져 있었다고 했다. 조각상 가게와 마찬가지로 의사의 집과 병원에서도 다른 도난품은 없었다. 주목할 만한 것은 세 개의 흉상 모두 첫 번째 사건이 일어난 그 조각상 가게에서만 판매된다는 사실이었다. 레스트레이드 경감은 이렇게 결론지었다.

"아마도 나폴레옹에 대해 극단적인 증오심을 가지고 있는 정신병자의 소행인 것 같습니다."

자, 어떤가? 당신의 생각도 같은가?

여기서 레스트레이드 경감과 셜록 홈즈의 관찰력의 차이가 드러난다. 경감은 나폴레옹 흉상이 파괴된 사실을 토대로 나폴레옹에 대한 극단적인 증오심을 가진 정신이상자의 소행일 것이라고 단정 짓는다. 그러나 홈즈의 생각은 달랐다. 두 사람 모두 '다른 비싼 물건은 그대로 두고, 유독 나폴레옹의 흉상만 파괴하는 이유는 무엇일까?'라는 의문에서 출발했으나, 경감은 단지 흉상이 파괴되었다는 '사실'에만 집중한 반면, 홈즈는 '그 이외의 사실'까지 관찰했다.

그가 관찰한 것은 무엇인가? 바로 '보이지 않는 사실'이다. 이는 관찰과 정보수집의 두 번째 관점으로, 실제로 일어나지는 않았으나 발생 가능성은 충분한 사실을 가리킨다. 훌륭한 관찰자는 발생한 사실을 빠짐없이 관찰하기 위해 노력해야 할 뿐 아니라, 그 외에 발생할 수도 있었으나 발생하지 않은 사실에 대한 관찰도 시도해야 한다. 레스트레이드 경감과 홈즈의 관찰력의 차이를 좀 더 명확히 살펴보자.

레스트레이드 경감의 추정을 홈즈는 왜 받아들이지 않았을까? 경감이 놓치고 있는 한 가지 사실을 더 고려했기 때문이다. 범인이 본래 있던 자리에서 조각상을 파괴한 곳은 주인이 자리를 비운 가게와 아무도 없는 병원이었다. 그러나 의사의 집에서는 정원까지 가지고 나와 부쉈다. 왜 집 안에서 부수지 않고 정원까지 가지고 나온 것일까? 집 안에서 흉상을 부수면 소리가 나기 때문에? 물론 그럴 수도 있다. 그러나 다른 가능성은 없는지 한 번 더 생각해보자. 의사의 집에서 사건이 일어난 시간은 한밤중이었다. 주인이 없는 가게 내부와 아무도 없는 병

레스트레이트 경감 (발생한 사실Fact)

무엇이 문제인가	나폴레옹 흉상이 파괴됨
어디서 발생했나	가게 내부, 의사의 집 정원, 병원 내부
언제 발생했나	낮에 주인이 잠시 비운 사이, (의사의 집에서) 밤에, (병원에서) 모두 퇴근한 뒤
어느 정도 발생했나	흉상이 완전히 파괴됨

홈즈

(발생한 사실Fact)

무엇이 문제인가	나폴레옹 흉상이 파괴됨
어디서 발생했나	가게 내부, 의사의 집 정원, 병원 내부
언제 발생했나	낮에 주인이 잠시 비운 사이, (의사의 집에서) 밤에, (병원에서) 모두 퇴근한 뒤
어느 정도 발생했나	흉상이 완전히 파괴됨

- -

(보이지 않는 사실 Invisible fact)

무엇이 문제인가	다른 흉상도 있는데 나폴레옹 흉상만 파괴됨
어디서 발생했나	가게와 병원에서는 있던 자리에서 파괴 의사의 집에서는 정원으로 들고 나와 파괴
언제 발생했나	낮에 가게는 밝음 밤에 집 내부는 어둡고, 정원은 달빛이 있어 밝음 모두 퇴근한 병원에서는 등을 켜면 밝음
어느 정도 발생했나	단순히 깨뜨리기만 할 수도 있는데 그렇게 하지 않고 완전히 파괴함

| 홈즈와 레스트레이트 경감의 관찰력 차이 |

원 내부는 조명을 밝혀 밝은 공간을 만들 수 있지만, 밤에 의사 집 내부에서는 그렇게 할 수 없다. 반면 정원은 달빛이 있어 밝다. 그렇다면? 그렇다. 범인은 밝은 곳이 필요했던 것이라고 추정할 수 있다. 또한 범인은 흉상을 가루가 되도록 완전히 파괴했다. 도대체 왜? 여러 가지 상황을 종합할 때, 단순히 나폴레옹에 대한 증오심보다는 뭔가 뚜렷한 목표가 있는 행동이 아닐까 의심해볼 수 있다.

정리해보자. 경감은 찾지 못한 '보이지 않는 사실'을 홈즈가 찾아냄으로써 얻게 되는 이점은 무엇일까? '보이지 않는 사실', 즉 발생할 수도 있었지만 발생하지 않은 사실을 알게 되면 발생한 사실이 좀 더 명확해진다. 그냥 발생한 사실만 관찰하고 나열한다면 사건 해결에 큰 도움이 되지 않는 정리일 수 있다. 그러나 보이지 않는 사실까지 관찰하고 추리해 함께 나열한다면, 발생한 사실을 좀 더 명확하게 정리할 수 있다.

즉 나폴레옹의 흉상이 파괴된 사실만 관찰하지 않고, 나폴레옹의 흉상 외에 다른 흉상도 파괴되었는지 아닌지 살펴보면 범인이 단순 강도나 정신이상자인지, 아니면 특별한 의도를 가진 자인지가 명확해진다. 가게에는 다른 흉상들도 많았으나 나폴레옹의 흉상만 파괴했다. 따라서 범인은 그 흉상에 특별한 의도를 가지고 있는 자다. 즉 나폴레옹에 대한 악감정을 가진 자이거나, 아직 알 수는 없지만 뭔가 다른 이유를 가진 자로 범인의 윤곽이 좁혀진다. 또한 가게와 병원에서는 들고 나와 파괴할 수도 있었는데 그렇게 하지 않았고, 의사의 집에서만 밖으로 들고 나와 파괴했다. 더군다나 그냥 깨버리지 않고 가루가 되도록 부쉈다. 그렇다면? '밝은 곳에서 산산이 부숴야 하는 분명한 이유가 있었던 것은 아닐까? 혹시 나폴레옹의 흉상 안에서 무언가를 급히 찾으려 한 것은 아닐까?' 하는 데까지 생각을 확장시킬 수 있는 것이다. 그래서 홈즈는 경감과는 다른 측면에서 사건에 접근하기 시작한다. '이것은 단순히 감정적인 문제가 아니야. 흉상과 관련된 특별한 의도가 있는 사건이야!'

"보는 것과 관찰하는 것은 전혀 다른 것이지."

사람은 자신의 감각기관을 통해 세상을 인식한다. 누군가가 가지고 있는 지식의 대부분은 감각기관을 통해 익히고 경험한 것이다. 그러므로 이 감각기관을 수동적이고 소극적으로 활용하는지, 능동적이고 적극적으로 활용하는지에 따라 인식의 깊이가 달라진다.

감각기관 중 대표적인 것이 '시각'이고, 대부분의 관찰 또한 우리의 시각을 통해 이루어진다. 그렇다면 시각을 통하면 모두 관찰인 것일까? 아니다. 사물을 '보는' 것과 '관찰하는' 것은 엄연히 다르다. 보이는 것을 그저 본다는 것은 수동적인 행위로, 사람의 의지가 거의 작용하지 않는 상태라고 할 수 있다. 반면 관찰한다는 것은 능동적인 행위로, 관찰자의 강력한 추론의 의지가 전제되어 있다. 즉 관찰이란 스스로 두뇌를 사용해 생각하고, 뭔가를 찾아내고 발견하기 위한 것이기 때문에 시각적 감각과 사고력을 연결시켜 동시에 작동시키는 행위다.

이해를 돕기 위해 다시 홈즈를 불러보자. 홈즈는 〈보헤미아 왕국 스캔들 *A Scandal in Bohemia*〉에서 오랜만에 찾아온 왓슨에게 이렇게 말한다.

"왓슨, 자네에게는 결혼 생활이 잘 맞는 것 같군. 결혼하고 나서 몸이 3.5kg은 불어난 것 같아."

'3kg'이라고 반박하는 왓슨을 달래며, 홈즈는 이번엔 이렇게 말한다.

"그런데 자네는 다시 개업한 모양일세그려. 개업한다는 얘기는 못 들은 것 같은데."

어떻게 알았느냐고 반문하는 왓슨에게 홈즈의 '관찰력' 강의가 이어진다.

"자네는 눈으로 보긴 하지만 관찰하지는 않아. 보는 것과 관찰하는 것은 전혀 별개의 과정이지. 자네는 여기 2층으로 올라오는 계단을 수없이 오르내리며 봤지? 모르긴 몰라도, 수백 번쯤 봤을 거야. 그런데, 그 계단이 몇 개인지 아나?"

"글쎄, 모르겠네."

"바로 그거야! 자네는 사물을 보기는 하지만 관찰하지는 않는 거지. 내가 말하는 것이 바로 그거라네. 나는 그게 열일곱 계단이라는 걸 알고 있지. 눈으로 보는 동시에 관찰하니까 말일세."

홈즈의 말처럼 그냥 보는 것과 관찰하는 것에는 본질적인 차이가 있다. 관찰은 그냥 넘어갈 것을 스쳐 지나치지 않는 것이며, 과학적 탐구의 기본이다. 또한 관찰은 미적 감각과도 밀접하게 연결되어 있다.

미적 감각이란 일상적인 것을 관찰하면서 아름다움을 느끼는 탁월한 능력이라고도 설명할 수 있기 때문이다. 대부분의 예술가와 자연과학자들이 아름다움을 발견해내는 특별한 관찰력을 소유하고 있다. 셜록 홈즈 시리즈 중 〈그리스어 통역관*The Adventure of Greek Interpreter*〉에 등장하는 왓슨과 홈즈의 대화는 관찰과 관련해 널리 인용되는 구절이다.

홈즈와 왓슨은 끝없는 잡담을 하며 나른한 여름 저녁을 보내고 있었다. 이야기의 화제는 격세유전隔世遺傳과 유전적 소질에까지 이르렀다. 그들은 개인의 특수한 재능이라는 것에 대해 어디까지가 물려받은 것이고, 또 어디까지가 교육에 의한 것인지 토론했다. 왓슨이 홈즈에게 물었다.

"지금까지 자네가 말한 것으로 볼 때, 자네의 관찰력이나 특별한 추리력은 분명히 자네 스스로 행한 체계적인 훈련에서 비롯된 것일 테지?"

"어느 정도까지는 그렇지."

홈즈가 생각에 잠기며 답했다.

"하지만 또 어느 정도는 그렇지 않다네. 우리 집은 시골의 대지주였는데, 대대로 그에 어울리는 삶을 살았지. 나는 할머니로부터 이런 능력을 이어받은 모양인데, 할머니는 프랑스 화가 베르네의 동생이거든. 핏속에 흐르는 예술적 기질은 종종 가장 기묘한 형태로 발현되는 경향이 있지."

홈즈는 자신의 관찰력이 미술가 집안으로부터 자신에게 전달된 유전적 내력이라고 말하고 있다. 그렇다면 모든 관찰력은 유전에 의한 것일까? 물론 그렇지 않다. 사회생물학의 창시자요, "인간은 유전자를 한 세대에서 다음 세대로 전달하는 배"라는 말로 유명한 하버드 대학교 에드워드 윌슨Edward O. Wilson 교수의 경우를 보자.

그는 어린 시절 낚시를 하다가 끌려 올라오는 물고기의 지느러미에 눈을 다쳐 한쪽 눈을 실명하고 말았다. 그러자 남은 하나의 눈이 보통 사람 이상으로 발달하게 되었는데, 본인의 말에 따르면 현미경으로나 볼 수 있을 만한 것들을 맨눈으로 볼 수 있게 되었다고 한다. 그는 현미경 같은 눈으로 생물을 관찰하는 것이 무척 재미있었고, 결국 '현존하는 최고의 생물학자'라는 명성을 얻게 되었다.

관찰은 기본적으로 시각이 중심이 되지만 단지 눈으로만 하는 것은 아니다. 인간의 오감을 모두 이용할 수 있다. 손가락 끝에 느껴지는 촉각으로도 관찰할 수 있으며, 미각과 후각으로도 관찰할 수 있다. 청각 역시 매우 귀중한 관찰수단이 된다.

기원전 6세기 그리스의 수학자 피타고라스는 '듣는 관찰'로 위대한 발견을 한 사람이다. 피타고라스는 거리를 지날 때마다 대장장이가 두드려대는 망치질 소리를 유심히 '관찰'했다. 그러다가 대장장이가 모루를 내리칠 때 망치의 무게에 따라 다른 소리가 나는 것을 발견하고 이에 대한 연구를 시작했다. 그 결과 어떤 물질이건 그 물질의 길이에 따라 소리의 높낮이가 달라진다는 사실을 알게 되었다. 그가 이와 같은 관찰로 현의 굵기와 장력과의 관계를 파악해 얻은 음계를 '피타고라스 음계'라고 한다. 이는 음조와 진동수의 관계에 대한 최초의 정의로서, 중세 교회음악에 쓰이면서 서양음악 조성調聲의 원형으로 자리 잡아 오늘날 '도레미'로 시작하는 8음계의 기초가 되었다.

청각에 의존한 관찰은 오래전부터 인류가 사용해온 생존 방법이기도 했다. UCLA의 진화생물학자 제레드 다이아몬드Jared Mason Diamond는 뉴기니 섬의 토착민들이 울음소리로 수많은 새들의 종種을 구분할 수 있다는 사실에 대해 언급한 바 있다. 뉴기니 섬은 울창한 숲으로 뒤덮여 있어 새의 모습을 직접 보기 어렵다. 그렇기 때문에 토착민들은 대대로 수많은 새들의 울음소리를 청각을 이용해 '관찰'했고, 그 결과 아주 미묘한 울음소리의 차이로도 새들을 구분할 수 있게 되었다. 그들은 이렇게 알아낸 새들의 울음소리로 그들의 생존에 필요한 어떤 정보를 얻거나 세계관을 구성하는 데 도움을 받았을 것이다.'

미각과 후각 또한 관찰의 훌륭한 도구다. 마땅한 분석 기기가 없었기 때문이었겠지만, 고대 의사들은 환자의 오줌을 맛보는 것도 마다하지 않았다. 그래서 그들도 당뇨병 환자의 오줌이 달다는 것을 알고 있었다고 한다.

화훼업에 종사하는 이들은 민감한 코로 흙의 온도를 관찰한다. 비닐하우스에 들어서는 순간 느껴지는 흙냄새를 통해 비닐하우스 내부의 토양온도를 알 수 있다는 것이다. 씨앗은 토양의 온도가 어느 정도 올라가야 발아하므로, 얼었던 토양이 녹으면서 내뿜는 풋풋한 냄새로 파종시기를 알아차리는 것이다.

촉각은 시각을 잃은 관찰자들이 특히 애용하는 수단이다. 그들은 손끝을 통해 전달되는 감각을 통해 모양과 질감을 파악하고 관찰을 수행한다.

보이는 것을 관찰하는 방법

"발견이란 모든 사람들이 보는 것을 보고, 아무도 생각하지 않는 것을 생각하는 것이다." 헝가리의 생화학자 알베르트 센트 죄르지Albert Szent Györgyi는 이렇게 말했다. 그렇다. 많은 사람들이 같은 것을 보지만, 그로부터 무언가를 발견하고 관찰하는 것은 누구나 할 수 없는 일이다. 관찰의 첫 단계는 눈에 보이는 것을 관찰하는 것이다. 자, 첫 계단부터 차근차근 밟아 올라가보도록 하자.

약 500여 년 전, 유럽 대항해시대 때의 일이다. 선원들이 배를 타고 바다를 몇 개월씩 항해하는 데 방해가 되는 복병이 있었다. 바로 괴혈병이었다. 성난 파도에 맞서거나 전투를 치르다 죽은 선원보다 괴혈병에 희생된 선원의 수가 훨씬 많았다고 하니 그 심각성을 짐작할 만하다. 일례로 1519년부터 1522년까지, 페르디난드 마젤란Ferdinand Magellan이 세계를 일주할 때 선원의 90% 이상이 괴혈병으로 사망했다.

괴혈병은 비타민 C가 부족해서 생기는 병이다. 화학적으로 아스코르빈산이라 불리는 비타민 C는 인간의 생명활동에 매우 중요한 성분이지만 그 존재가 알려진 지 그리 오래되지 않았다. 일상에서 쉽게 섭취할 수 있는 푸른 채소와 과일에서 그 필요량을 충분히 얻을 수 있기 때문이었다. 그러나 오랜 기간 항해를 하며 채소와 과일을 충분히 섭취할 수 없게 되자 병이 발생한 것이다.

이에 대한 해결책을 사람들이 전혀 몰랐던 것은 아니다. 고대 중국의 선원들은 먼 바다에 나갈 때 배에서 채소를 재배해 먹었다. 16세기 영국 해군의 어느 함장은 괴혈병에 걸려 괴로워하는 선원들에게 레몬즙을 먹여 구했다는 기록도 있다. 18세기에 들어서는 오렌지를 먹으면 괴혈병이 치료된다는 것을 보편적으로 알게 되었다. 그러나 왜 그런지는 아무도 알지 못했다.

1928년, 영국 케임브리지 대학교에서 근무하던 죄르지는 바나나가 오래되면 껍질이 갈색으로 변하는 것을 관찰했다. 이 점을 이상하게 여긴 죄르지는 폴리페놀이라는 물질이 산소와 작용하면 일종의 보호막 역할을 하는 갈색물질을 만들어낸다는 것을 밝혀냈다. 그러나 의문은 여기서 멈추지 않았다. '그러면 오렌지는 왜 오래되어도 색이 변하지 않을까?'

그는 연구 끝에 오렌지에는 특수한 화합물이 들어 있어 이것이 폴리페놀과 산소의 작용에 의해 산화되는 것을 막아주기 때문이라는 것을 밝혀냈다. 그러나 오렌지에는 수많은 당류가 함께 섞여 있어 문제의 물질만을 추출할 수 없었다. 그는 연구를 거듭했고, 헝가리 산 파프리카에 엄청난 양의 동일한 물질이 들어 있지만 다른 당류는 극히 적게 들어 있다는 사실을 알아내 이를 연구에 필요한 만큼 추출하는 데 성공했다. 이 물질을 버밍엄 대학교의 화학과 교수 월터 노먼 호어스 Walter Norman Haworth가 분석해 분자구조식을 알아내기에 이른다. 이것이 비타민 C의 발견이다. 단순한 관찰이 아닌 비교 분석으로까지 발전한 그의 사고가 두 가지 새로운 물질을 발견하게 한 것이다. 이 발견으로 죄르지는 노벨 생리의학상을, 호어스는 노벨 화학상을 수상했다. 지적 호기심이 관찰력의 원천이 된 사례다.

자신이 관찰하는 것으로부터 아름다움을 느낄 수 있는 미적 감각 또한 관찰력의 원천이라 할 수 있다. 독일의 화가이자 곤충학자인 마리아 지빌라 메리안Maria Sibylla Merian은 당시까지 유럽 사람들이 가지고 있던 곤충에 대한 관념을 송두리째 바꾸어놓은 주인공이다. 유럽 사람들은 메리안이 관찰한 바에 근거해 곤충의 변태과정을 설명하기 전까지는 애벌레는 쓰레기에서 생기고, 반딧불은 풀잎 이슬에서 생긴다고 믿었다. 아리스토텔레스가 그렇게 말했기 때문이다. 그러나 메리안은 풀잎에 매달린 작은 씨앗을 몇 주 동안 관찰한 결과 그 속에서 애벌레가 나오고, 그 애벌레는 다시 번데기가 되며, 이 번데기에서 나방이 나온다는 것을 관찰했다. 그녀는 쉰둘의 나이에 열대 수리남 섬으로 가서(목숨을 건 여행이었으므로 유서를 쓰고 갔다고 한다) 곤충을 관찰하고, 이를 정교한 동판화로 묘사한 책 《수리남 곤충의 변태*Metamorphosis insectorum Surinamensium*》를 발간해 위대한 곤충학자의 반열에 올랐다(그 업적을 기려 구 독일의 마르크 화에 그녀의 초상이 새겨지기도 했다).

생물학자들은 동물이나 곤충이 움직이는 모습을 관찰하면서 아름다움을 느낀다고 한다. 그들은 벌레 한 마리가 기어가는 것으로부터 우아한 애벌레의 움직임 혹은 지네 같은 다족류의 규칙적이고 질서정연한 다리 움직임을 발견해낸다. 아름다움을 지켜보는 데 지루하거나 징그러울 리가 있겠는가?

아리스토텔레스는 위대한 철학자였지만 그의 관찰력은 고대인으로서의 명확한 한계를 가지고 있었던 것 같다(사실 그가 한 것은 관찰이라기보다는 관념적 사변의 결과물에 가깝다). 이에 대해 영국의 철학자이자 수학자인 버트런드 러셀Bertrand Russell은 다음과 같이 풍자한 적이 있다.

"현대인들에게 '사실'의 문제는 관찰에 의해 확인되는 것이지, 고대의 권위에 의존하는 것이 아니라는 것이 분명해졌다. 그러나 이것은 17세기 이전까지만 해도 거의 존재하지 않았던 개념이다. 아리스토텔레스는 여자는 남자보다 치아의 개수가 적다고 주장했다. 그는 두 번이나 결혼했지만 아내의 입 안을 관찰해봄으로써 자기주장을 검증해보겠다는 생각을 한 적이 없다."

보이지 않는 것을 관찰하는 방법

보이는 것을 관찰하는 방법에 대해 살펴보았으니 이제 보이지 않는 것을 관찰하는 방법에 대해 알아보도록 하자. 보이지 않는 것은 어떻게 관찰할 수 있을까? 인간의 이성을 활용하면 된다. 즉 뛰어난 관찰력으로 찾아낸 작은 단서들을 통해 추론하는 것이다. 앞서 말했던 것처럼 '보이지 않는 사실'을 찾아내는 데는 논리적 사고력이 필요하며, 방대한 유관지식 또한 뒷받침되어야 한다. 홈즈가 주인공으로 등장하는 첫 번째 작품인 장편 《주홍색 연구》에서 왓슨이 묘사한 홈즈의 지식체계는 그가 범죄수사에 필요한 유관지식에 해박하다는 사실을 말해준다.

"홈즈는 문학, 철학, 천문학에 대한 지식은 전무하다. 정치에 대한 지식은 약간 있는 정도다. 그러나 영국 법에 대해서는 실용적인 지식을 꽤 갖추고 있다. 또한 아편, 벨라도나 열매와 같은 독성 물질에 대해서도 해박하다. 그러나 원예에 대한 지식은 전혀 없어 식물학에 대한 지식 편차가 크다. 지질학에 대한 지식 역시 실용적이어서, 여러 종류의 토양을 한눈에 구별할 수 있다. 일례로 바지에 튄 흙탕물 자국을 보고, 흙의 조성만으로 그 흙이 런던의 어느 지역에서 묻은 것인지 말해준 적이 있다. 해부학에 대한 지식은 비록 체계가 없으나 정확하고, 화학에 대해서도 해박하다. 물론 범죄관련 문헌에 대한 지식은 혀를 내두를 정도다. 금세기에 저질러진 중범죄에 대해서는 모르는 것이 없는 듯하다. 이 밖에 목검술, 펜싱, 권투 실력은 프로급이며 바이올린 연주도 훌륭하다."

좀 더 이야기를 진전시켜보자. 보이지 않지만 찾아내고 관찰해야 하는 것들은 어떤 것일까? 주로 외형적인 것이 아니라 내면적인 것, 실체가 있는 것이 아니라 실체가 없는 것일 테다. 몸속의 건강 상태나 사람의 생각, 마음이나 의도 같은 것들이 그 예가 되겠다. 이런 것들은 눈에 보이지 않으므로 간접적인 정보나 증거들을 보고 추론하는 수밖에 없다. 이때 필요한 것이 바로 유관지식이다. 유관지식에 해박할수록 이런 추론은 정확성이 높아지는 것이다. 방대한 의학적 지식을 갖추고 수많은 임상경험을 축적한 내과의사가 청진기 등을 통해 환자의 몸속에서 들려오는 소리만을 듣고 병을 진단하는 경우를 떠올려보라.

사람의 생각이나 마음, 의도는 어떻게 파악할 수 있을까? 이를 본격적으로 연구하기 위해 시작된 학문이 심리학이다. 오늘날 보이지 않는 것을 관찰해 무언가를 발견해내는 것은 주로 심리학의 영역에서 다룬다.

텍사스 대학교 오스틴의 샘 고슬링Sam Gosling 교수는 이 분야에 각별한 관심을 가지고 활발한 연구 활동을 하고 있는 심리학자다. 그에 따르면 사람들은 누구나 자기가 살고 있는 공간에 무의식적으로 취향이 담긴 물건, 자신의 성향을 반영한 '행동양식의 잔여물Behavioral residue'을 두기 마련이라고 한다. 따라서 어떤 사람에 대해서 알고 싶다면 그의 행동양식의 잔여물을 관찰하라고 조언한다. 그는 이것을 '스누핑Snooping'이라 부른다.

예컨대 방 벽에 걸려 있는 포스터, 상장, 기념품, 슬로건 같은 것이나 서가에 꽂혀 있는 책, 자동차에 붙여놓은 스티커 같은 것들은 그 주인이 어떤 자기정체성을 가진 사람인지 알게 해준다고 한다. 또한 책상 위의 가족사진, 모아놓은 CD(고전음악인가 팝인가, 팝이라면 어떤 장르인가 등) 같은 것들과 침실에 딸린 욕실 등 개인공간에 있는 물건들은 그가 감정을 조절하기 위해 어떤 방법을 사용하는지 읽을 수 있도록 도와준다고 한다. 쓰레기통에 버려진 것들 역시 중요한 흔적이 된다. 소유자의 의식에서 사라져버린, 이미 일어난 행동을 반영하는 물건들이기 때문이다. 쓰레기통에서 발견된 쇼핑 리스트는 그가 계획적인 소비를 하는 사람임을 암시하고, 버려진 약병들은 그의 건강 상태와 잠재적 성향이 어떤지 짐작하게 해준다.

이러한 관찰을 통해 고슬링 교수가 분류한 5가지 성격 유형을 잠시 엿보기로 하자. 개방성Openness, 성실성Conscientiousness, 외향성Extroversions, 동조성Agreeableness, 신경성Neuroticism, 즉 'OCEAN'이다.

	관찰내용	가능성이 높은 추론
가구	문에서 보았을 때 의자의 등이 보임	내성적, 개인적
	좁은 방에 소파가 있음	외향적
책과 물건들	다양한 주제의 책과 물건이 있음	개방적, 호기심이 많음
	한두 주제에 관한 책과 물건이 많음	융통성 부족
책장	주제별, 저자 순으로 책들이 정리되어 있음	꼼꼼함, 책임감 있음
	도서관처럼 색인을 붙여 정리되어 있음	신경과민
사진	정적인 배경의 사진이 있음	내성적
	인물사진이 많음	외향적
	혼자 찍은 사진, 자신이 중심에 있는 사진이 많음	자아도취적(나르시시스트)

행동양식의 잔여물을 관찰해 이끌어낸 추론

스누핑이 전혀 새로운 것은 아니다. 고슬링이 자신의 저서에서도 밝히고 있듯이, 탐정들은 이런 추론을 오랫동안 애용해왔다. 다시 한 번 《주홍색 연구》를 살펴보자.

홈즈는 어느 날 런던시경 그렉슨 경감의 요청으로 왓슨 박사와 함께 사건 현장으로 달려간다. 사건이 일어난 집에는 에나멜 구두를 신은 늙은 남자가 흉측한 몰골로 죽은 채 쓰러져 있었고, 바닥에는 핏자국이, 벽에는 피로 쓴 'Rache'라는 글자가 남아 있었다. 현장에 있던 레스트레이드 경감은 그것이 '레이첼Rachel'이라는 여자의 이름을 쓰다 만 것이고, 이 사건은 그녀와 관련이 있을 것이라고 추정하고 있었다.

그러나 홈즈의 생각은 달랐다. 홈즈는 주머니에서 줄자와 커다란 확대경을 끄집어냈다. 이 도구들을 가지고 핏자국 사이의 거리를 조심스럽게 측정하고, 벽에다 줄자를 갖다 댔다. 그리고 확대경을 들고 벽 위에 쓴 글씨를 한 글자씩, 매우 정밀하게 들여다보았다. 그런가 하면 바닥의 회색 먼지 한 뭉치를 살살 긁어서 봉투에 집어넣기도 했다. 이렇게 한 뒤에 그는 만족한 듯 주머니에 줄자와 확대경을 집어넣었다. 홈즈는 사건 현장을 떠나며 그렉슨과 레스트레이드 경감에게 이런 힌트를 남겼다.

"이 사건은 독극물에 의한 살인 사건입니다. 범인은 키가 180cm 이상이고, 키에 비해 비교적 발이 작은 중년의 사내지요. 십중팔구 불그레한 얼굴에 오른손 손톱이 유난히 긴 사람입니다. 구두코가 각진 싸구려 구두를 신고, 인도 산 트리치노폴리 시가를 피우지요. 범인은 어제 사륜마차를 타고 피살자와 함께 여기에 왔습니다. 그 마차를 끄는 말의 편자는 낡은 것이지만, 한쪽 앞발에는 새 편자를 끼웠습니다."

그러고는 이렇게 덧붙였다.

"'라헤Rache'는 독일어로 '복수'를 뜻합니다. 그러니 레이첼 양을 찾는 일에 시간을 허비하지 마세요."

들는 사람으로서는 도무지 무슨 말인지 이해되지 않는 상황이다. 어떤 근거로 그런 확신을 하느냐는 왓슨의 질문에 홈즈는 이렇게 답했다.

"나는 이 집 앞에 내리자마자 두 줄의 마차바퀴 자국이 인도 가까이에 나 있는 걸 보았지요. 아시다시피 지난밤 1주일 만에 비가 왔습니다. 그러니 거기 그렇게 깊이 패여 있는 바퀴자국은 간밤에 생긴 것이 틀림없지요. 또 길에는 말발굽 자국도 남아 있었는데, 그중 하나는 다른 셋에 비해 훨씬 또렷하게 패여 있어서, 새로 편자를 끼웠다는 것을 알 수 있었습니다. 어쨌든 비가 오기 시작한 뒤에 마차 한 대가 그곳을 지나갔습니다. 그런데 그렉슨은 그다음에는 마차를 타고 온 사람이 없다고 했습니다. 그렇다면 문제의 마차가 이 집 앞을 지나간 것은 어젯밤입니다. 그 마차를 타고 온 두 사람이 이 집으로 들어온 것이죠."

"듣고 보니 그럴듯하군요. 그런데 용의자의 키와 나이는 어떻게?"

"사람의 키는 보폭으로 계산할 수 있습니다. 나는 마당의 흙과 집 안의 먼지에 남아 있는 발자국을 보고 그의 보폭을 알아냈습니다. 게다가 내 계산을 확인할 수 있는 기회가 있었지요. 사람은 벽에 글씨를 쓸 때 본능적으로 자신의 눈높이에 쓰게 됩니다. 그런데 그 글씨는 바닥에서 180cm 이상 되는 곳에 쓰여 있었지요. 범인의 키를 계산해내는 것은 아주 간단했습니다. 그리고 130cm를 쉽게 건너뛸 수 있는 남자가 힘없는 노인일 리는 없지 않을까요? 정원에 있던 물구덩이의 폭이 그 정도였는데, 그자는 분명히 웅덩이를 건너갔지요. 에나멜 구두의 사내는 돌아서 갔지만 각진 구두코의 사내는 건너뛰었습니다."

"불그레한 얼굴, 손톱과 시가는 또 어떻게 된 말이오?"

"바닥의 피는 범인의 코피입니다. 아마도 흥분해서 코피를 터트린 것 같더군요. 그럴 정도라면 그자의 얼굴은 십중팔구 불그스레할 것입니다. 벽의 글씨는 검지에 피를 묻혀서 쓴 것이지요. 확대경으로 보니 글씨 아래의 회벽이 약간 긁혔더군요. 글씨 쓴 사람의 손톱이 짧았다면 그런 일은 없었을 겁니다. 그리고 나는 바닥에 흩어진 담뱃재를 모았습니다. 그것은 빛깔이 검고 조각이 얇게 떨어졌는데, 그런 재가 나오는 담배는 트리치노폴리뿐입니다."

관찰은 혁신을 낳는다

뛰어난 관찰력은 논리적 사고의 근간을 이룬다. 앞서도 이야기했듯, 정보라는 재료가 있어야 그것을 논리적 사고라는 가공의 과정을 거쳐 원하는 바를 도출해낼 수 있는데, 정보를 식별하는 능력이 바로 관찰력이다.

뛰어난 관찰력은 탐정이나 과학자들만의 전유물이 아니다. 평범한 사람들 역시 실생활에서 발휘할 수 있는 능력이다. 실제 비즈니스 현장에서 뛰어난 관찰력을 활용해 놀랄 만한 혁신을 이룬 경우가 많다.

육상코치 빌 바우먼Bill Bowerman은 선수들에게 최고의 환경을 제공하는 것이 자신의 사명이라고 생각하는 사람이었다. 최고의 러닝슈즈를 제공하는 것도 그중 하나였다. 하지만 시장에서 판매하는 러닝슈즈는 바우먼의 기대를 충족시키지 못했다. 밑창이 금세 닳아버렸고, 달릴 때의 느낌도 딱딱했으며, 심지어 선수들이 곧잘 미끄러졌다. '이런 건 안 돼!' 바우먼은 더 좋은 러닝슈즈를 만들 수는 없을까 고민하며 이런저런 연구를 거듭했다.

어느 날 아침, 바우먼은 아내가 부엌에서 식사를 준비하는 모습을 바라보고 있었다. 와플을 굽고, 식탁을 차리고…. 바우먼은 와플의 독특한 무늬를 관찰하면서 러닝슈즈의 밑창을 떠올리고 있었다. 유연하면서도 강하고, 마찰력도 우수한.

바우먼은 당장 와플 굽는 틀을 훈련센터에 가져다놓고 연구를 시작했다. 액체고무를 와플 틀에 부어 실험을 시작했고, 여러 번의 시행착오를 거쳐 드디어 그가 원하던 새로운 밑창을 만들어냈다. 일명 '와플 밑창'으로 불린 이 밑창은 선수들의 신발에 쓰이기 시작했다. 바우먼은 필 나이트Philip H. Knight와 함께 나이키Nike를 설립했다. '와플 밑창'은 나이키의 다양한 러닝슈즈에 적용되어 엄청난 수익을 안겨주었다.

〈포브스Forbes〉가 선정한 2010년 세계 11대 갑부의 반열에 이름을 올린 잉바르 캄프라드Ingvar Kamprad. 그는 25개국에 270여 개 매장을 가지고 있는 스웨덴의 세계적인 가구업체 이케아IKEA의 창업주다. 이케아가 현재의 성공을 구가하게 된 데에는 캄프라드의 남다른 사업수완이 한몫했다. 그러나 그것만이 전부는 아니었다. 그 이전에 놀라운 관찰력과 논리적 사고력이 있었기에 가능한 일이었다.

1970년대, 스웨덴 정부는 주택 100만 호 건설 프로젝트를 추진했다. 당시 작은 가구업체의 젊은 사장이었던 캄프라드는 이번 기회가 사세를 확장할 수 있는 절호의 찬스라고 생각하고, 도약의 발판을 마련하기 위한 분석에 들어갔다. 그는 우선 가구의 유통구조를 유심히 관찰했다. 당시 스웨덴과 유럽의 가구업체들은 폐쇄적인 시장구조를 만들어놓고 새로운 경쟁자가 나타나지 못하도록 철저히 통제하면서, 기존 사업자간의 담합을 통해 높은 가격을 유지해 막대한 이익을 챙기고 있었다.

캄프라드는 기존 업체를 뛰어넘지 않으면 승산이 없다는 판단을 내렸다. 이에 그는 정찰제 실시 및 카탈로그 배포, 그리고 배송단계를 혁신하는 '조립식 가구'라는 혁신적인 아이디어로 기존 업체들의 담합에 맞서 세계 최고의 가구업체를 일구어내기에 성공한다. 이는 다른 기업의 경영기법을 남달리 잘 관찰하고 구조분석을 한 뒤에 벤치마킹했던 것에 힘입은 바 크다.

어느 날, 캄프라드는 거래처를 찾아갔다. 필요한 일을 처리하기 위해 탁자들을 배치하고 사진을 찍은 뒤 이를 다시 포장하려고 하는데, 부피가 너무 커 거추장스러웠다. 그때, 아이디어 하나가 캄프라드의 머릿속을 번쩍 스쳤다.

'커서 힘들다면, 작게 만들면 되지 않을까?'

캄프라드는 즉석에서 이 탁자의 다리를 떼어내면 어떻겠냐고 제안했다. 실제로 다리를 떼어내자 포장의 부피는 획기적으로 줄어들었다.

'이거다!'

캄프라드는 이 조립분해 방식을 이케아의 거의 모든 가구에 적용시켰다. 이는 포장의 부피만 줄여준 것이 아니라 큰 부피의 물건을 배송하며 생길 수밖에 없었던 파손 사고도 현격하게 줄여주었다. 그뿐 아니다. 가구를 부분 포장해 부피를 줄이자, 고객들은 배송을 목 빠지게 기다릴 것 없이 자동차를 직접 몰고 와 바로 가구를 싣고 갔다. 고객도, 회사도 좋은 일석이조의 배송구조가 확립된 것이다.

이런 방식을 처음 고안한 사람이 캄프라드는 아니었다. 스웨덴의 많은 가구업체들이 이미 10여 년 전부터 이런 방식을 부분적으로 사용하고 있었다. 이에 많은 가구업체들이 캄프라드가 자신들의 방식을 도용했다며 비난 공세를 퍼부었으나 헛수고였다. 그들은 조립 방식을 먼저 도입했으나 그 진정한 가치를 파악해내지 못했고, 캄프라드는 뛰어난 관찰력과 판단력으로 이러한 방식이 갖는 가공할 만한 위력을 발견한 것이다. 또한 자국시장에서의 경쟁에만 혈안이 되어 있는 많은 가구업체들을 넘어 세계시장에까지 시야를 넓혔다. 캄프라드의 뛰어난 관찰력이 없었다면, 오늘날의 이케아는 존재하지 못했을 것이다.

관찰력을 키우는 다섯 계단

당신은 매일같이 사용하는 어떤 물건, 예를 들어 100원짜리 동전이나 늘 신고 다니는 운동화를 그려보라고 한다면 얼마나 실물과 유사하게 그려낼 수 있는가? 동전 뒷면에 무엇이 있는지 알고 있는가? 자신의 운동화에 끈을 끼워 넣는 구멍이 몇 개나 있는지 알고 있는가?

자, 모른다고 너무 속상해할 필요 없다. 이제부터 시작하면 된다. 관찰력을 키우는 다섯 계단을 하나씩 올라가보자.

끈질기게 매달리고, 인내심을 가질 것

노벨 생리의학상을 수상한 오스트리아의 곤충학자 카를 폰 프리슈 Karl Ritter von Frisch는 벌이 추는 춤을 해독해 벌의 의사소통 방법을 밝혀낸 성과로 유명한 곤충학자다. 어떻게 이런 놀라운 발견을 해낼 수 있었던 걸까? 프리슈는 자신의 관찰력의 비결에 대해 이렇게 설명한 적이 있다. "곤충들을 연구할 때 움직이지 않고 몇 시간씩 누워 끈질기게 관찰하는 것이지요. 단지 그것뿐입니다."

그가 벌의 춤을 얼마 동안이나 지켜보았는지 아는가? 무려 40년이다.

넓게 또 좁게! 시야를 조절할 것

한 장의 사진이 있다. 얼룩말 몇 마리가 초원에서 한가로이 풀을 뜯고 있는 광경이다. 보통사람들은 여기까지만 보지만, 뛰어난 관찰자들은 얼룩말 뒤로 멀리 있는 키 큰 풀숲에서 몸을 한껏 낮추어 숨죽이고 있는 암사자의 쫑긋한 왼쪽 귀를 발견해낸다. 이들은 이렇듯 넓게, 또 좁게 시야를 조절한다.

홈즈가 사건 전체를 아우르는 관찰력을 발휘하는 동시에 늘 커다란 돋보기를 가지고 다니는 것도 사건의 큰 그림과 세부요소를 모두 놓치지 않기 위해서다. 다행히도 이는 반복적 학습에 의해 비교적 쉽게 훈련할 수 있는 후천적 능력이라고 한다.

모든 것을 꿰뚫을 집중력을 연마할 것

뛰어난 관찰력의 이면에는 고도의 집중력이 전제되어 있다. 집중력은 똑같은 장면을 보고 난 뒤에도 마치 사진을 한 장 찍어 머릿속에 저장해둔 것처럼 생생한 재현과 묘사를 가능케 한다. 관찰력이 뛰어난 사람들은 두 장의 그림을 보여주고 어떤 미세한 차이점이 있는지를 찾아내는 게임 같은 것을 남보다 잘하는 경향이 있다. 따라서 미술가들에게 절대적으로 필요한 능력이 바로 관찰력이다.

르네상스 시대에 접어들면서 미술가를 양성하는 훈련은 이론과 지식, 과학적 관찰에 기초해야 한다는 인식이 확산되었다고 한다. 레오나르도 다 빈치는 '훌륭한 미술가가 되려면 관찰력을 키워야 한다'며 항상 스케치 북을 가지고 다니며 대상을 관찰하고 드로잉할 것을 권했다고 한다.

무엇을 위해 하는지, 목적성을 가질 것

예리하고 뛰어난 관찰력은 '왜 그래야 하는지, 무엇을 위해 그래야 하는지' 명확한 목적성을 가지고 사물을 볼 때 발휘된다. 목적성을 갖는다는 것 자체가 이미 관찰을 시작했다는 뜻이다. 무관심하게 그저 보는 것과 무언가 목적을 가지고 보는 것은 결과적으로 커다란 차이를 만들어낸다.

그저 좋아할 것

관찰력을 키우는 가장 좋은 방법은 바로 이것이다. 좋아서 하는 것. 뛰어난 관찰자들은 자신이 몸담고 있는 분야에 깊은 관심과 애정을 가진 사람들이다. 어쩔 수 없어서, 혹은 '목구멍이 포도청'이라서 하는 사람들에게 자신의 직업에 대한 애정을 기대한다는 것은 무리다. 홈즈를 보라. 그는 돈이나 명예 따위에는 전혀 관심이 없는 사람으로 묘사된다. 단지 그는 사건을 해결하는 일 자체를 즐길 뿐이다. 이렇듯 자신의 일에 무한한 애정을 가지고 있다면, 당연히 남들보다 탁월한 관찰력을 갖게 될 것이다.

논리를 압축, 하여 결론에 다다른다

: 직관적 사고

"연역추리는 목발을 짚고 다니기 위해
두 다리를 절단하는 것과 같다.
왜 '직관'이라는 자발적이고 신속한 능력을 가진 다리를 놔둔 채
추리라는 목발로 대치시키는가?"

— 아르투르 쇼펜하우어Arthur Schopenhauer, 독일의 철학자

코난 도일이 홈즈를 주인공으로 쓴 첫 번째 작품인 《주홍색 연구》에 소개된 일화다. 자신이 아프가니스탄에서 막 돌아온 군의관인 것을 어떻게 알았느냐고 묻는 왓슨에게 홈즈는 이렇게 답한다.

"습관이 되어버린 탓에 수많은 생각이 한꺼번에 머릿속을 스쳤고, 나는 중간 단계를 의식하지 못한 채 결론에 도달했지요. 하지만 중간 단계는 분명히 존재합니다. 구구절절 설명한다면 이렇게 말할 수 있겠지요…."

홈즈의 이 대사를 일상에서 압축적으로 표현하면 아마 이 정도가 되지 않을까 싶다. "내가 딱 보고 그럴 줄 알았다니까!"

우리는 무언가를 순간적으로 판단할 때, '직관적으로'라고 말한다. 일견 논리적 사고와는 거리가 있어 보이는 사고. 두 번째 장에서 다룰

것은 '직관적 사고'다. 이야기는 앞서 소개한 단편 〈여섯 점의 나폴레옹 상〉에서부터 시작된다.

"습관이 되어버린 탓에 중간 단계를 의식하지 못한 채 결론에 도달했지요."

홈즈는 〈여섯 점의 나폴레옹 상〉에서 '발생한 사실'과 '보이지 않는 사실'이라는 두 가지 측면을 모두 고려해 관찰한 뒤, 거의 동시에 직관적 사고를 작동시킨다. 홈즈의 머릿속에서는 관찰과 결론에 다다르기까지의 시간차가 거의 '제로'인 셈이다. '나폴레옹 흉상은 탐낼 만큼 비싼 물건이 아님에도 불구하고 세 개나 찾아다니며 파괴했다', '범인은 누가 흉상을 사갔는지 알고 있었다', '흉상을 부순 가게 내부, 병원, 정원은 모두 밝다', '가루가 되도록 완전히 파괴한 것은 흉상의 재료 혹은 내부의 무언가를 확인하기 위한 것이다'… 홈즈가 사실을 관찰함과 거의 동시에 이런 분석을 할 수 있었던 것은 바로 직관적 사고 덕분이다.

직관적 사고란 무엇일까? 사전에는 '언어나 개념의 도움 없이 직각적으로 작용하는 사고'라고 정의되어 있다. 이 정의만 본다면 직관적 사고란 분석이나 비교판단 등의 합리적이고 논리적인 과정을 거치지 않고 다분히 즉흥적으로 이루어지는 사고의 결과인 것처럼 보인다. 그러나 직관적 사고는 일련의 논리적 사고 프로세스를 순식간에 처리하는, 그리하여 의도한 것은 아니지만 이러한 사고가 거의 생략된 것처럼 보이는 사고 능력이다. 이는 대개 경험의 축적과 비례해 나타나는 경향을 보이며, 그래서 어떤 분야의 전문가와 비전문가를 구분하는 기준의 하나가 되기도 한다. 전문가가 순식간에 만들어내는 직관적 사고의 결과물은 비전문가가 오랜 시간 동안 일련의 논리적인 사고를 거쳐 만들어내는 결과물과 대부분 일치한다. 정리해보자면 직관적 사고란 보통사람들과 비교해 '아주 짧은 시간에 모든 종합적인 사고과정을 거쳐 결과를 도출해내는 능력'이라 할 수 있다.

그렇다면 직관적 사고력은 아무나 갖출 수 없는 능력일까? 물론 그렇지 않다. 평범한 사람들도 충분히 계발할 수 있는 능력으로, 한 분야에서 오랫동안 종사함으로써 축적된 경험에 의해 자연스럽게 만들어진다. 홈즈도 마찬가지다. 다양한 사건을 해결한 탐정으로서의 경험이 직관적 사고의 계발을 촉진시켰고, 이는 그가 빠르고도 탁월한 분석가라는 찬사를 받는 이유 중 하나가 되었다.

그렇다면 흔히 직관적 사고와 대비되어 사용되는 논리적 사고란 무엇일까? 대표적인 것이 귀납적 사고와 연역적 사고다.

귀납적 사고는 관찰과 실험에서 얻은 부분적이고 특수한 결론을 전체에 적용시키는, 이른바 '귀납적 비약'을 통해 이루어진다. 때문에 귀납에서 얻은 결론은 일정한 개연성 혹은 가능성을 지닐 뿐이며, 정보의 양이나 질에 따라 결론이 갖는 타당성의 정도가 달라진다. 즉 '그럴 가능성이 높다'고 하는 논리적 사고이며 논증의 도구인 것이다.

그리스의 수학자 유클리드는 여러 삼각형의 내각의 합을 구해보았다. 그랬더니 모두 180도였다. 그래서 그는 '모든 삼각형의 내각의 합은 180도다'라고 결론짓게 되었다. 이것을 귀납적 사고, '진리 확장적 논증법'이라고 한다. 그러나 그는 '여러' 삼각형을 연구한 것이지, '모든' 삼각형을 연구한 것은 아니다. 따라서 귀납적 추론으로 얻은 결론은 진리라고 하기에 부족함이 있다. 그럼에도 2,000년이 넘도록 '삼각형의 내각의 합은 180도'라는 사실은 진리처럼 받아들여졌다. 사람들은 오류가 있을지 모른다는 가능성조차 생각하지 않았다. 이 '진리'의 오류는 근세에 들어와서야 발견되었다. 즉 '모든' 삼각형이 아니라 '평면 위'의 삼각형이라는 전제가 붙어야 한다는 사실이 밝혀진 것이다. 지구나 축구공 같은 곡면曲面 위에서는 삼각형 내각의 합이 180도가 아니기 때문이다.

다시 한 번 〈여섯 점의 나폴레옹 상〉으로 돌아가 귀납적 추론을 사용하는 홈즈의 모습을 지켜보자. '가게와 병원의 흉상은 있던 자리에서 부서졌다. 그렇다면 의사의 집에서도 있던 자리에서 부서져야 하는데, 왜 옮겨진 다음 부서졌을까?' 홈즈는 개별적 사실에서 일반론을 이끌어내려 했으나 실패했다. '왜 의사의 집에서는 옮겨서 부쉈을까? 그것도 정원으로?… 혹시 빛이 필요했던 것은 아닐까? 왜 밝은 곳이 필요했을까? 혹시 뭔가를 찾기 위해서?' 귀납적 추론을 할 수 없게 만든 모순, 그것이 생각의 단서가 된다.

한편 연역적 사고는 귀납적 사고와는 달리 전제와 결론의 구체적인 내용은 문제 삼지 않으며, 엄격한 논리적 규칙에 의존한다. 그리고 논리적 형식의 타당성을 갖춘 한, 결론은 전제들로부터 필연성을 갖고 도출된다. 따라서 전제가 결론을 확립해주는 결정적 근거가 되며, 전제가 참일 경우 그 전제에 의해 뒷받침되는 결론 역시 반드시 참이 된다. 전제와 결론 사이의 이러한 필연 관계는 논리적 형식과 규칙의 타당성에 근거해 성립한다. 잘 알려져 있는 삼단논법이 대표적인 연역적 추론이다. 사람은 모두 죽는다(대전제). 소크라테스는 사람이다(소전제). 그러므로 소크라테스는 죽는다(결론).

앞 장에서 소개한 단편 〈노란 얼굴〉에서 홈즈의 연역적 사고를 엿볼 수 있다. 이를테면 이런 것이다.

- 사람들은 누구나 소중한 물건을 한두 개쯤은 가지고 있다. 그것은 그들에게 소중하기 때문에 본래의 가치보다 더 비싼 값을 치르더라도 고쳐서 사용하지, 함부로 버리지 않는다. **: 대전제**
- 이 담배 파이프는 값싼 물건이지만, 여러 차례 더 많은 돈을 들여 수선한 흔적이 있다. **: 소전제**
- 이 담배 파이프는 주인에게 소중한 물건이다. **: 결론**

직관적 사고를 다루는 장에서 논리적 사고법에 대해 장황하게 설명하는 이유는, 직관적 사고와 논리적 사고가 대립적 관계에 있지 않다는 사실을 강조하기 위해서다. 오히려 직관적 사고는 논리적 사고가 탁월하게 발전한 형태라고 볼 수 있다. 홈즈는 사건을 추리하는 과정에서 논리적 사고의 대표 격인 귀납적 사고와 연역적 사고를 모두 활용하고 있다. 다만 그것을 그간 축적한 풍부한 경험과 빠른 두뇌회전을 활용해 즉각적으로 처리하기 때문에 '직관력'이라 평가하게 되는 것이다. 직관은 결론을 얻기까지의 논리적 프로세스가 생략된 것이 아니다. 다만 '빠르게' 그리고 '총체적으로' 일어나기 때문에 그렇게 보일 뿐, 원래부터 없었던 것은 아니다.

지식 + 천착 + 촉매 = 직관

현재 이탈리아의 시칠리아 섬에 있던 독립국인 시라쿠사에서 태어난 수학자, 아르키메데스. 그는 논문 〈원의 측정〉에서 원주율, 즉 파이 π를 구해 원의 둘레와 원의 반지름의 비율을 밝혀냈다. 그뿐 아니라 포물선의 넓이와 부피를 구했으며, 공과 그에 외접하는 원기둥과의 관계를 밝혀내기도 했다. 그가 밝혀낸 이 원리가 무려 2,000년 후에 뉴턴(거의 동시에 라이프니츠도)이 발견한 미분학의 근간이 되었다니, 아르키메데스가 얼마나 천재적인 수학자였는지 알 만하다.

"내게 긴 지렛대와 받침점만 있다면 지구를 들어 보이겠다."고 공언한 아르키메데스는 역학 분야에서도 천재성을 발휘했다. 그는 지렛대의 원리를 이용한 투석기를 발명해 이를 로마와의 전쟁에 활용했으며, 땅에서 만든 배를 물에 띄우는 데도 사용했다고 전해진다.

이렇듯 아르키메데스와 관련된 여러 일화가 전해지지만, 그중 가장 유명한 이야기는 순금으로 만든 왕관을 감별한 일화다. 천문학자였던 그의 아버지는 이집트 유학을 다녀온 아들을 데리고 왕을 알현했다. 아마도 선진국에서 공부하고 온 아들을 자랑할 요량이었을 것이다. 그때 왕은 신에게 바치기 위해 새로 만든 왕관이 주문한 대로 순금으로 만들어졌는지, 아니면 다른 물질이 섞였는지 궁금해하던 참이었다. 왕은 아르키메데스에게 자신의 궁금증을 풀어달라고 주문했다.

왕에게 부여받은 지엄한 과제를 풀기 위해 아르키메데스는 여러 방법을 고려해보았지만, 뾰족한 답이 떠오르지 않았다. 고뇌하던 그는 머리를 식힐 겸 목욕이나 해야겠다고 생각하며 욕조에 몸을 담갔다. 그 순간이었다.

"유레카Eureka!"

아르키메데스는 벌거벗은 채로 밖으로 뛰어나갔다고 전해진다. 거리에 있던 사람들은 그를 보고 정신병자라고 놀렸겠지만, 그게 무슨 대수인가. 문제를 풀 방법을 찾았는데! 욕조의 물이 넘치는 것을 본 아르키메데스의 머리에 불현듯 해결 방법이 떠오른 것이다. 왕에게 달려간 아르키메데스는 목욕탕에서 찾아낸 원리를 이용해 왕관에 은이 섞였다는 것을 밝혀냈다.

아르키메데스의 놀라운 아이디어는 꽤 복잡한 여러 원리에 대한 이해를 바탕으로 그것들을 논리적 순서로 연결해 사고했을 때 떠올릴 수 있는 것이다. 우선 왕관을 물에 넣었을 때 넘쳐흐르는 물의 양과, 왕관 제작에 사용한 양과 동일한 순금을 물에 넣었을 때 넘쳐흐르는 물의 양은 같아야 한다는 기본 원리에 대한 이해가 선행되어야 한다. 물질의 밀도에 대한 원리도 알고 있어야 한다. 물질의 밀도는 각각 다르며, 금은 그중에서도 가장 밀도가 높은 물질이다. 그러므로 왕관이 순금이라면 차이가 없을 것이고, 은이 섞여 있다면 차이가 존재할 것이다. 정확한 차이를 측정하려면 넘친 물의 양을 비교하면 된다.

이렇듯 다양한 원리에 대한 이해를 전제로 그 원리들을 논리적 순서로 연결 지어 생각하는 사고력, 그것이 넘쳐흐르는 욕조의 물을 보는 순간 머릿속에 떠오른 것이다. '유레카!'

이처럼 직관적 사고를 하는 능력은 타고난 천재성이나 우연성에 기인한다기보다는, 관련 분야에 대한 해박함이 전제된 상태에서 오랫동안 어떤 문제에 천착한 끝에 떠오르는 기발한 생각이라 할 수 있다. 이러한 과정이 반복되다 보면 생각이 떠오를 때까지 걸리는 시간도 점차 짧아질 것이다. 이때 아르키메데스처럼 우연히 겪게 되는 어떤 사건이 촉매의 역할을 할 수도 있으리라.

중국 송나라 때 정치가이자 문인으로 한림원학사를 역임했던 구양수歐陽修라는 인물이 있다. 그는 '삼상三上'이라 하여 좋은 생각이 잘 떠오르는 장소 세 곳을 언급했다. 그 첫 번째는 침상寢床이요, 두 번째는 측상厠上이며, 세 번째는 마상馬上이다. 즉 잠자려고 누웠을 때, 화장실에서, 말 잔등 위에서 무릎을 '탁!' 칠 만한 생각이 잘 떠오른다는 것이다. 말 잔등 위는 요즘에 맞게 바꾸어 운전할 때로 생각하면 될 것 같다.

물론 평소에 열심히 고민한 사람들에게서 일어나는 일이다. 여러분도 한두 번쯤은 그런 경험이 있지 않은가? 이 역시 직관적 사고에 관한 이야기라 할 수 있다.

직관적 사고에 관한 흥미로운 일화가 있어 들려드리고자 한다. 어느 고생물학자가 오랜 발굴 끝에 수천만 년 된 물고기 화석을 발견했다. 그런데 이 화석은 머리와 몸통의 절반뿐이었고, 나머지 부분은 간 곳이 없었다. 그는 없어진 부분이 어떻게 생겼을지 늘 궁금해했다. 물고기 진화의 중요한 단서가 될 수 있다고 여겼기 때문이다. '도대체 어떻게 생겼을까? 사라진 부분은 어디에 있단 말인가!'

그렇게 골똘히 생각하던 어느 날, 고생물학자의 꿈에 발견하지 못한 나머지 부분이 보였다. 그는 꿈에서조차 '아, 그렇구나! 바로 이렇게 생긴 것이었어!'라고 감탄했다. 이튿날 아침, 깨자마자 황급히 펜을 찾아 꿈에서 보았던 것을 그려보려고 했지만 도무지 생각나지 않았다. 이를 애석하게 여긴 그는 이후 베갯머리에 늘 메모지와 펜을 두고 잤다. 그의 염원이 작용했기 때문일까? 어느 날 꿈에 다시 그 화석이 나타났다. 그는 자다 말고 벌떡 일어나 꿈에 본 모양을 스케치해두었다. 그로부터 몇 년 뒤, 드디어 최초 발견지점에서 수 킬로미터 떨어진 곳에서 화석의 나머지 부분을 발견했다. 그가 가장 먼저 한 행동은 무엇이었을까? 자신이 그려두었던 스케치와 비교해보지 않았겠는가? 결과는 말하지 않아도 알 수 있을 것이다.

세기의 발견을 해내는 힘,
직관적 사고

'유레카!'를 외친 아르키메데스, '삼상=ㅛ'을 소개한 구양수, 그리고 물고기 화석을 발견한 고생물학자에 이르기까지 다양한 사례를 통해 직관적 사고에 대해 살펴보았다. 이들의 사례를 살펴보면 한 가지 공통점을 발견할 수 있다. 면밀한 관찰, 문제를 해결하겠다는 의지와 집중력, 관련 분야에 대한 깊고 넓은 지식. 이러한 요소들이 전제되어 있지 않다면 촉매 작용을 할 만한 어떤 현상을 보게 되더라도 직관력이 발휘되지 않을 것이다.

앞서 소개한 고생물학자의 예도 그렇다. 꿈에 화석의 나머지 부분이 나타난 것을 어떻게 설명할 수 있을까? 발견한 화석을 보며 끊임없이 연구를 거듭했을 것이고, 연구의 단편들이 어느 순간 논리적 순서로 재조합되어 꿈에 나타난 것이리라.

치밀한 분석과 관리로 비즈니스의 성공률을 높이는 기업에서도 직관적 사고를 활용해 놀랄 만한 성과를 거둔 경우가 많다. 물론 이들의 성공 뒤에는 수많은 가설과 실험이 뒷받침되어 있다. 100여 년 전, 미국 미시간 주의 배틀크리크로 가보자.

당시 배틀크리크에는 '더 산The San'이라는 요양소가 있었다. 존 켈로그John Harvey Kellogg 박사가 운영하던 이 요양소에는 포드 사Ford의 창업자인 헨리 포드Henry Ford를 비롯해 에디슨Thomas Alva Edison 등 고지방 음식 때문에 건강관리에 적신호가 켜진 상류층 인사들이 치료를 받고 있었다. 소화력이 떨어진 환자들에게 적합하면서도 맛있고, 적절한 영양소를 포함한 음식을 만들기 위해 켈로그 박사와 그의 동생인 윌 켈로그Will Keith Kellogg는 밀과 귀리 등의 곡물을 재료로 여러 가지 시도를 해보았다. 그러나 어떻게 만들어보아도 기름진 음식에 길들여진 입맛에는 너무 맛이 없었다.

머리를 싸매고 실험을 계속하던 어느 날, 갑자기 급한 일이 생겨 끓이고 있던 밀을 내버려둔 채 자리를 비우게 되었다. 다시 돌아온 그들은 이미 식어 솥 바닥에 걸쭉하게 가라앉은 거품 섞인 밀을 보고 '유레카'의 순간을 맞았다. 그들은 곧바로 식은 밀을 쟁반에 넓게 펼쳐놓았고, 얼마 후 밀은 바삭거리는 얇은 플레이크로 변했다.

동생은 형에게 이것을 환자들에게 먹여보자고 제안했다. 이 이상한 물질(?)을 먹어본 환자들의 반응은 뜨거웠고, 새롭고 맛있는 플레이크에 대한 소문은 담장을 넘어 빠르게 퍼졌다. 요양소에 머물렀던 많은 사람들로부터 퇴원 후에도 이 플레이크를 보내줄 수 없겠느냐는 편지가 쇄도했다. 이에 그들은 회사를 설립하고 연구를 거듭한 끝에 드디어 오리지널 켈로그를 만들게 되었다. 이것이 우리가 즐겨먹는 시리얼의 원조다.

켈로그 박사는 걸쭉한 밀을 본 순간 오랫동안 고민하던 것들이 머릿속에서 질서정연하게 조합되는 느낌을 받았다고 한다. 그러나 만약 켈로그 박사가 환자들을 위한 영양식을 개발하고자 오랜 시간 매진하지 않았다면 솥단지에 가라앉아 있던 걸쭉한 물질은 그저 버려야 할 쓰레기로 보였을 것이다. 그의 지속적인 노력과 관심이 그 물질을 발견했을 때 비로소 '저것을 잘 건조시키면 좋은 식품이 되지 않을까?' 하는 사고로 이어지게 만든 것이다.

이렇듯 직관적인 사고는 어느 날 하늘에서 뚝 떨어지는 것이 아니라, 오랜 시간 동안 다양한 논리적 사고를 시도한 사람만 갖출 수 있는 능력이라고 할 수 있다.

20세기 후반에 발명된 세계적인 히트상품 포스트잇. 포스트잇을 개발하고 상품화하는 과정에도 끝없는 고민과 이를 해결해준 직관의 순간이 있었다. 이야기는 1968년으로 거슬러 올라간다.

3M의 연구원으로 일하던 스펜서 실버Spencer Silver 박사는 벽지용 접착제를 만드는 데 열중하고 있었다. 실험 도중 그는 우연히 성질이 전혀 다른 접착제를 만들게 되었다. 접착력이 매우 낮은 접착제가 만들어진 것이다. 스펜서 박사는 특이한 물질을 얻었다는 사실은 알았지만, 이를 어디에 사용해야 할지 도통 감을 잡을 수 없었다. 그는 이 물질을 동료들에게 열심히 설명했지만 대부분은 시큰둥한 반응을 보였다. "잘 붙지도 않는 걸 어디에 쓰려고 그러나?"

그러나 한 사람, 아서 프라이Arthur Fry 박사는 흥미를 보였다. 그는 실버의 설명을 관심 있게 들었고, 이를 어디에 사용하면 좋을지 곰곰이 생각하기 시작했다. 좋은 아이디어가 쉽게 떠오르지 않았지만, 그는 분명 쓸모가 있으리라 생각했다. 그러던 어느 날이었다. 교회 성가대 단원으로 활동하던 프라이 박사는 찬송가의 책갈피가 자꾸 떨어져나가

골치를 앓고 있었다. 사정은 다른 단원들도 마찬가지였다. 순간(그렇다, 직관적 사고는 이렇게 '어느 순간 문득' 찾아온다) 그의 머릿속에 반짝, 전구가 켜졌다.

'아! 그래, 이거다!'

그는 새로운 접착제를 떠올렸다. '그걸 작은 종이쪽지에 발라 책갈피로 쓰면 적당하지 않을까? 책을 망가뜨리지 않으면서도 여러 번 붙였다 떼었다 할 수 있잖아!' 그의 아이디어는 여러 번의 실험 끝에 포스트잇이라는 세기의 발명품으로 거듭나게 된다.

만약 프라이 박사가 이상한 접착제에 대한 설명을 듣고서 그냥 지나쳤다면, 포스트잇이라는 히트상품은 탄생하지 않았을지도 모른다. 그는 관심을 갖고 설명을 경청했으며, 고민을 거듭했다. '이걸 활용할 만한 데가 없을까?' 그리고 '성가대 단원들의 책갈피가 자꾸 떨어지는데, 뭐 좋은 방법이 없을까?'라는 생각을 하지 않았다면 포스트잇은 탄생하지 못했을 것이다. 새로운 개발품에 대한 정보와 관련된 지식, 관심, 일상의 불편함을 개선하려는 생각이 결합되어 시너지 효과를 낸 것이다. 현재 포스트잇은 연 매출 1억 달러 이상을 기록하고 있다.

일상적이고 평범한 것을 거부하라

어떻게 하면 직관적 사고를 할 수 있을까? 직관력을 계발하기 위해서는 어떻게 하면 될까? 직관력에 대해 이야기한 많은 이들의 사례를 조사해본 결과, 몇 가지 공통적인 답을 찾아낼 수 있었다. 그 답을 정리해 소개하고자 한다.

자신이 좋아하는 일을 할 것

코넬 대학교 교수이자 1940~50년대 유전학 분야의 연구 성과로 1983년 노벨 생리의학상을 수상한 과학자 바버라 매클린톡Barbara McClintock은 이런 말을 한 적이 있다.

"나는 이 일이 너무 재미있습니다. 매일 밤마다 어서 아침이 오기만을 기다린답니다. 나는 단 한 번도 유전학 연구를 일로 생각해본 적이 없어요."

매클린톡은 자신이 근무하는 대학교 인근의 옥수수 밭에서 유전학을 연구하던 중 이해할 수 없는 유전적 현상을 여러 번 발견했고, 그럴 때마다 그녀의 머릿속에서 불현듯 답이 떠올랐다고 한다.

"문제를 풀다가 답이라고 할 만한 것이 불현듯 떠올랐습니다. 말로 설명하기 전에 이미 무의식 속에서 해답을 구한 경우라고나 할까요. 내겐 그런 일이 종종 일어났는데, 그때마다 그것이 정답이라는 것을 나는 이미 알고 있었습니다. 내 확신을 말로 설명하기는 어려웠지만, 그것이 답이라는 것만큼은 확실했습니다."

그녀 외에도 1907년 노벨 물리학상을 수상한 독일 출신의 과학자 알버트 마이컬슨Albert Michelson 박사는 '왜 빛의 속도를 측정하는 일에 일생을 바쳤는가?'라는 질문에 "그냥 너무나 재미있어서요."라고 대답한 바 있다. 은둔자에 가까웠던 사제司祭 그레고르 멘델Gregor Johann Mendel 역시 그의 취미였던 원예를 발전시켜 '유전학의 아버지'라는 칭송을 받게 되었다.

자신이 일하는 분야에 관한 방대하고 깊은 지식을 쌓을 것

직관이란 '어떤 주제에 대해 깊이 생각하고 있을 때 머릿속 여기저기에 저장되어 있던 방대한 지식과 정보들이 순간적으로 논리의 연결고리로 배열되면서 해답이 떠오르는 것'이라고 이 책에서는 정의했다. 뉴턴에게 물리학과 관련된 방대한 지식이 없었다면 사과가 눈앞에서 백번 떨어진들 만유인력의 법칙을 생각해내지 못했을 것이다. 이렇듯 기반지식이 전제되지 않고서는 순식간에 논리적 사고력을 발휘하는, 그래서 마치 이 과정이 생략된 것처럼 보이게 하는 직관적 사고를 해낼 수 없다.

우리는 컴퓨터에 여러 정보를 저장할 때 다음에 찾기 쉽도록 서로 관련된 정보들을 하나의 폴더 혹은 연관된 폴더 안에 저장한다. 그러나 이러한 정보와 달리 사람의 지식과 경험은 인생의 흐름 속에서 하나하나 습득되기 때문에, 머릿속 여기저기에 분류되지 않은 채 당시 경험이나 같이 있었던 사람 혹은 냄새나 기온 등과 같은 기억들과 함께 저장된다. 그래서 분류한 폴더로 검색해 찾을 수는 없지만, 유사한 상황이 재현되면 예전의 상황에서 얻은 정보들이 불현듯 떠오르게 된다.

나는 5월 초에 군에 입대했다. 대한민국 남자에게 군 입대란 인생에서 가장 기억에 남는 사건 중 하나일 것이다. 그 강렬했던 기억은 전역 후 10여 년이 지나도록 입대하던 그날과 같은 입사각의 햇빛을 몸으로 느낄 때마다 훈련소에 입영하던 기억을 떠올리게 했다. 나의 눈속으로 입사되는 동일한 각도의 빛은 '오늘이 며칠이지?'라고 묻게 했고, 확인해보면 바로 입대하던 날이었다.

뚜렷한 목표의식을 품을 것

과제를 해결하겠다는 의지나 범인을 색출하겠다는 열망처럼, 자신이 원하는 것을 이루려는 목표의식은 생각하는 데 걸림돌이 되는 여러 방해요소를 막아주고 집중력을 발휘하게 한다. 이때 목표는 구체적인 문장으로 기술하는 것이 좋다고 많은 전문가들이 충고한다. 문장으로 만들어져 문서화된 목표는 행동의 동기를 보다 확실하게 부여하고, 동기를 부여받은 사람은 보다 다양하고 명중률이 높은 아이디어를 생산해낸다.

최고로 몰입할 것

사람들의 직관력은 그저 그런 상태가 아닌 몰입 상태에서 가장 탁월하게 발휘된다. 그렇다면 몰입이란 어떤 상태일까? '플로우flow', 즉 몰입이라는 화두를 세계에 던진 시카고 대학교의 심리학과 교수 미하이 칙센트미하이Mihaly Csikszentmihalyi는 몰입을 이렇게 정의했다.

'과제의 난이도와 그 과제를 해결해야 하는 사람의 능력이 모두 높은 상태에서 이루어지는 최고의 집중 상태.'

이는 어려운 과제를 극복하기 위해 한 사람이 자신의 능력을 온전히 쏟아 부을 때 나타나는 현상이다. 예를 들어보자. 평균대 위의 체조선수가 연속동작으로 몇 차례 회전연기를 한다. 이어서 몸통을 비트는 공중제비를 두 번 돈 다음 지상으로 깔끔하게 착지한다. 그 짧은 몇 초의 순간 동안 체조선수는 극도의 몰입 상태에 빠져든다. 그의 의식은 그동안 연습을 통해 축적된 경험으로 꽉 차 있다. 이처럼 그간 했던 수많은 개별적인 경험이 인간의 몸과 두뇌를 쉼 없이 넘나들 때, 한 덩어리가 된다. 느끼는 감정, 바라는 목표, 생각하는 사고가 한데 어우러질 때, 일상에서는 해낼 수 없는 일이 완성된다.

칙센트미하이 교수가 말하는 플로우, 즉 몰입은 중력이 작용하는 방향으로 물이 흐르는 것이 너무나 자연스럽듯이, 삶이 고조되는 순간에 몸이 느끼는 감각과 목표를 이루려는 의식, 두뇌의 사고가 자연스럽게 합일되어 움직이는 상태를 표현하고 있다. 체조선수가 평균대에서 착지를 위해 도약하려는 순간, 연습했던 경험의 총체가 온몸으로 표현되는 그 순간의 상태가 바로 몰입이다. 이것은 몰아沒我의 순간, 무아경, 미적 황홀경에 다름 아니다.

그렇다면 몰입에 의한 직관력은 어떻게 계발해야 할까? 칙센트미하이 교수는 다음과 같은 세 가지 방법을 제시하고 있다. 첫째, 무슨 일이 일어나고 있는지, 그 원인은 무엇인지 명확히 이해하는 데 관심을 기울여야 한다. 둘째, 지금까지 하던 방법이 유일하다는 방어적 자세에서 벗어나야 한다. 셋째, 대안을 모색하면서 더 좋은 방법이 나타날 때까지 실험을 게을리하지 말아야 한다.

이처럼 몰입을 통해 직관력을 발휘함으로써 놀라운 업적을 이룩한 예는 역사 속에서도 찾아볼 수 있다. 독일의 물리학자 빌헬름 뢴트겐 Wilhelm Conrad Röntgen이 방사선을 발견한 것 역시 어떤 네거티브 필름은 빛을 쪼이지 않았는데도 빛에 노출된 듯한 흔적을 보인다는 사실에 주목한 결과다. 영국의 미생물학자 알렉산더 플레밍Alexander Fleming이 페니실린을 발견한 것은 세척하지 않은 지저분한 그릇에서 박테리아 배양균의 농도가 떨어졌다는 점을 놓치지 않은 덕분이었다.

방사선 면역 측정법을 발견한 노벨 생리의학상 수상자 로절린 얠로 우Rosalyn Sussman Yalow 박사는 무슨 일이 터지면 '바로 이거구나!' 하는 느낌이 온다고 술회한 적이 있다. 대부분의 사람들은 산만한 상태로 지내는 시간이 많아서 무슨 일이 일어나도 그 의미를 제대로 알아차리지 못하고 넘어가는 데 반해, 고도로 몰입한 사람들은 그 의미를 포착해 내는 것이다.

뉴턴에게 어떻게 만유인력의 법칙을 알아냈느냐고 묻자 그는 이렇게 답했다고 한다. "늘 그 생각만 하고 있었으므로." 뉴턴은 너무나 몰입한 나머지 식사하는 것도, 잠자는 것도 잊을 때가 많았다고 한다. 뉴턴이 손도 대지 않은 식사는 연구실 고양이의 몫이 되었고, 고양이는 날로 뚱보가 되었다는 일화가 전해질 정도다. 심지어 지난 밤 자신이 잠을 잤는지, 안 잤는지 기억하지 못할 때도 종종 있었다고 하니 그의 몰입 수준이 어느 정도인지 가늠할 만하다.

아인슈타인이 아내에게 보낸 편지를 보면 그도 뉴턴과 유사하게 몰입 상태를 유지하려 했던 것 같다. "당신은 내가 내 방에서 하루 세 끼 식사를 할 수 있도록 챙겨주어야 하오. 내게서 친밀함을 기대하지 말고, 어떤 식으로든 내게 잔소리를 하지 마시오." 그는 또 이런 말도 남 겼다. "나는 몇 달이고 몇 년이고 생각하고 또 생각한다. 그러다보면 99번은 틀리고 100번째가 되어서야 비로소 맞는 답을 얻어낸다."

최근 세계 수학계에 큰 경사가 있었다. 수학계가 내건 '밀레니엄 7대 난제' 중의 하나였던 '푸앵카레의 추측'을 러시아의 수학자 그리 고리 페렐만Grigori Yakovlevich Perelman이 푼 것이다. 프랑스의 천재 수학자였던 푸앵카레Jules-Henri Poincaré는 '하나의 밀폐된 3차원 공간에서 모든 밀폐된 곡 선이 수축되어 하나의 점이 될 수 있다면, 이 공간은 반드시 원구圓球로 변형될 수 있다'는, 보통사람들은 문장 자체를 해석하기도 쉽지 않은 가설을 세웠지만 100년이 지나도록 어떤 수학자도 이것을 증명하지 못 했다. 이 난제를 페렐만이 증명해낸 것이다. 그의 증명은 미국의 한 사 설 연구소에서 2년간의 검증 끝에 참임을 입증받았다. 세계의 이목이 페렐만에게 쏠렸지만, 그는 연구소에서 내건 상금 100만 달러도, 수학 의 노벨상이라 불리는 필즈상 수상도 거부한 채 고향에서 어머니와 함 께 살고 있다. 그저 아침이 되면 근교의 숲에 가서 하루 종일 뭔가를 곰곰이 생각하다가 해질녘이면 집으로 돌아오는 아주 단조롭고 반복 적인 생활을 반복하면서 말이다.

이처럼 누군가 어떤 문제에 대해 일상적이고 평범한 수준 이상으로 관심을 기울이면, 다른 사람들의 눈에는 혹은 그동안에는 잘 보이지 않았던 것들이 불현듯 눈에 띄어 무언가를 깨닫게 되는 생각의 단서가 된다. 세상을 놀라게 하는 대단한 발견이나 발명, 해석은 대개 이런 지난한 과정을 거쳐 이루어진다. 그것이 남들은 이해되지 않을 만큼 빨리 일어난다는 점이 직관적 사고의 함정이자 핵심이다. 직관이랍시고 어설픈 궤변을 늘어놓는 이는 함정에 빠진 것이요, 직관 뒤에 숨은 논리적 사고를 연마하는 이는 핵심을 제대로 짚은 것이다.

때로 지식은 우리를 위험 으로 인도한다

: 제로베이스 사고

"세상에는 실제 있었던 사건과
이에 대응하는 관념적인 사건, 두 가지가 있다.
이 둘은 일치하기 힘들다.
인간이라는 존재와 환경이라는 것이
관념적인 사건을 변질시키기 때문이다.
따라서 관념적인 사건이란 불완전하게 보이며,
그에 따른 결과 또한 불완전하게 된다."

ー 노발리스 Novalis, 독일의 시인

탐정들은 사건이 발생하면 곧장 현장으로 달려가 가능한 한 세밀하게 모든 것을 관찰한다. 그리고 이를 통해 얻어낸 정보를 논리라는 수단으로 분석해서 사건의 전말을 밝혀낸다. 그런데 만약 첫 단계, 현장을 관찰하는 것이 불가능한 경우에는 어떻게 해야 할까? 사건이 발생한 뒤 너무 오랜 시간이 지나버렸다든지, 사건 현장이 너무 멀리 떨어져 있다든지, 혹은 그 현장이 이미 누군가에 의해 완전히 은폐되거나 오염되어버렸다면 말이다. 이런 경우에는 그 현장을 이미 관찰한 바 있는 누군가의 기록을 토대로 추리하는 수밖에 없을 것이다.

사건 현장을 찾아가 생생하게 남아 있는 흔적을 직접 관찰해 얻은 정보를 1차 자료라고 한다. 그러나 부득이하게 현장에 직접 방문하지 못하고 시간이 흐른 뒤 누군가가 가공한 정보를 얻었을 경우 이를 2차 자료라고 한다. 안타깝게도 추리의 재료로 삼을 만한 정보가 없을 경우,

탐정들은 2차 자료로부터 사실과 사실이 아닌 것을 구별해야 한다. 특히 전문가가 아닌 사람들이 작성한 보고서이거나, 모종의 의도 하에 각색을 거듭한 자료를 토대로 추리할 수밖에 없다면 탐정들은 뛰어난 현실감각을 동원해 정제된 자료를 찾아내고 그것을 기초로 원점에서 다시 추리를 시작해야 할 것이다. 이를 '제로베이스Zero-base 사고'라고 한다.

"살인은 어느 순간에나 일어날 수 있지."

'추리소설의 원조는 누구인가?'라고 묻는다면 대부분의 사람들은 에드거 앨런 포라고 답할 것이다. 그는 〈모르그 가街의 살인_The Murders in the Rue Morgue_〉을 시작으로 추리소설이라는 새로운 형식의 문학 장르를 개척한 작가로 꼽힌다. 또한 셜록 홈즈를 비롯해 각종 추리소설에 등장하는 탐정들의 원형적 인물이라 일컬어지는 오귀스트 뒤팽을 창조해낸 것으로도 유명하다. 이번 장의 이야기는 뒤팽이 등장하는 포의 작품, 〈마리 로제 미스터리_The Mystery of Mary Roget_〉로부터 시작된다.

포가 1842년에 발표한 이 작품은 뉴욕에서 실제로 일어났던 '마리 세실리어 로저스 살인 사건'의 무대를 파리로 옮겨 쓴 것이다. 6개월 전 뉴욕 경찰이 범인을 잡지 못해 미궁에 빠진 사건을 포는 사건 발생 당시 뉴욕의 여러 신문들이 작성한 기사만을 가지고 추리해나간다. 후일 이 소설을 읽은 관련자들은 포가 소설 속에서 지목한 인물이 실제 범인일 가능성이 높다고 증언한 바 있다. 이 작품에서 명탐정 오귀스트 뒤팽은 제로베이스 사고로 사건을 추리해 유력한 범인을 밝혀낸다.

마리 로제는 에스텔 로제의 외동딸이었다. 남편과 사별한 에스텔 로제는 하숙집을 운영하며 홀로 딸을 키웠다. 세월이 흘러 마리는 눈부시게 아름다운 처녀로 성장했다. 그녀의 미모를 눈여겨본 향수 가게의 주인 르블랑은 그녀를 점원으로 고용했다. 아름다운 마리가 점원이 되면 더 많은 돈을 벌어들일 수 있을 것이라고 생각했던 것이다. 왜냐하면 향수 가게의 주요 고객은 가게 주변을 무리지어 다니는 건달과 협잡꾼들이었기 때문이다. 르블랑의 기대처럼 아름답고 명랑한 마리 덕분에 가게는 나날이 번창했다.

마리가 일한 지 1년쯤 지났을 무렵, 그녀가 돌연 자취를 감추었다. 신문들은 앞 다퉈 사건을 보도했고, 본격적인 수사도 시작되려던 참이었다. 그런데 실종된 지 1주일째 되던 날, 마리가 가게에 나타났다. 표정이 다소 침울했다는 것 외에 특별히 이상한 점은 없었다. 경찰은 몇 가지 소소한 질문을 하고는 수사를 종결했고, 마리는 곧 가게를 그만두고 어머니의 집으로 돌아왔다. 그렇게 그녀의 실종사건은 세간의 기억에서 사라졌다.

그로부터 3년이 지난 어느 날, 마리가 또다시 사라졌다. 사건 당일, 그녀는 하숙생이자 약혼자였던 생 테스타슈를 집 앞에서 만났다. 마리는 집에서 약 3km 정도 떨어진 친척 아주머니 댁에 가서 하루 놀다 오겠다고 말했다. 그는 저녁에 아주머니 댁으로 그녀를 데리러 가기로 했지만, 오후에 폭우가 쏟아지는 바람에 그러지 못했다. 마리는 가끔 아주머니 댁에서 밤을 보내곤 했으므로, 그는 그날도 그러리라 생각했다고 했다. 결국 다음날이 되어서야 그녀가 아주머니 댁에 다녀가지 않은 사실이 밝혀졌다. 마리가 실종된 것이다. 소식을 들은 그녀의 어머니는 오열했다. "다시는 그 애를 보지 못할 거야!"

그 예언처럼, 그녀는 실종 나흘째 되던 날 세느 강에서 어부들에 의해 발견되었다. 어머니가 경영하는 하숙집 반대편 기슭 언저리에서 시체가 되어 떠올랐던 것이다. 그녀의 양쪽 손등에는 심한 상처가 있었고, 목 언저리에는 타박상과 긁힌 자국이 보였다. 검시의는 그녀가 야만적인 폭행을 당한 것 외에는 별다른 사인이 없다고 증언했고, 곧 장례가 치러졌다.

이 충격적인 살인 사건에 사람들의 관심이 쏠린 것은 당연한 일이리라. 신문은 매일같이 경찰의 수사 진척상황을 알리는 기사들을 쏟아냈다. 어떤 신문은 약혼자 생 테스타슈를 유력한 범인으로 지목했고, 어떤 신문은 그녀를 흠모하던 보베라는 건달을 용의자로 몰아가는 기사를 썼다. 심지어 〈레트왈르〉라는 신문은 마리가 죽은 것이 아니며 매장된 시신은 다른 사람의 것이고, 마리는 3년 전처럼 애인과 애정의 도피행각을 하고 있다고 주장하는 기사를 써서 시민들의 호기심에 영합하기까지 했다. 사건 발생 후 3주, 마침내 파리 경찰청장이 뒤팽을 찾아가 수사협조를 요청하기에 이른다.

사건이 발생한 지 3주나 지난 후에야 사건을 의뢰받았고, 시신은 이미 매장되었으므로 뒤팽은 1차 자료를 취득할 길이 없었다. 2차 자료에 의존할 수밖에 없는 뒤팽은 친구에게 이 사건과 관련된 모든 신문 기사를 수집해달라고 부탁했다. 그는 기사를 읽으면서 기자들이 억지 논리와 추측에만 매달려 사실에 거의 접근하지도 못했을뿐더러 사건을 관념화시키고 있다는 사실을 발견했다. 뒤팽은 의도성 기사와 추정 기사의 오류를 일일이 지적하고, 논리의 법칙에 맞는 증거만을 추려내기 시작했다.

이때 뒤팽에게 가장 필요한 능력은 '왜 그래야만 하지?'라고 의문을 품는 능력과 판단력이다. 왜 그래야만 하는지 의문을 제기한 뒤, 이에 답하면서 무엇이 사실이고 무엇이 추측인지 구별해내는 작업이 필요한 것이다. 그는 이렇게 찾아낸 사실, 그리고 사실에 근접한 자료만으로 처음부터 다시 논리를 쌓아가는 제로베이스 수사에 착수했다.

"〈레트왈르〉가 파리 시민의 호응을 얻고 있는 이유는 마리 로제가 살아 있다는 착상이 그럴 듯해서가 아니라, 그 기사에 삼류 통속극이 섞여 있기 때문이네. 심지어 마리가 애정의 도피중이라는 통속극을 연출하려고 마리의 실종과 시신 발견 사이의 시간이 너무 짧다고까지 주장하고 있어. '만약 마리가 피살되었다면 범인이 밤이 되기 전에 시체를 강에 버릴 수 있을 만큼 빨리 살해당했다고 보기 어렵다'는 것이지. 하지만 왜 그래야만 하지? 집을 나선 지 5분 만에 살해당하는 것이 왜 불가능하지? 살인은 어느 순간에나 일어날 수 있네."

뒤팽은 다른 자료에도 과학과 논리의 메스를 가한다. 〈레트왈르〉가 '물에 던져진 시체가 다시 떠오르려면 적어도 6일에서 10일이 걸린다. 따라서 매장된 사람은 마리가 아니다'라고 쓴 것에 대해 다음과 같은 논리로 오류를 지적한다.

"시체가 떠오르려면 비중이 물보다 작아져야 하는데 그러려면 부패가 일어나 시체가 부풀어야 하네. 하지만 이것은 물의 온도, 광물질 함유 정도, 깊이와 유속 등을 따져야 하기 때문에 얼마의 시간이 지나야 하는지 누구도 정확히 말할 수 없어. 만약 범인이 방부제를 사용했다면 아예 떠오르지 않을 수도 있지. 그러니 〈레트왈르〉의 주장은 전혀 앞뒤가 맞지 않는 것이야."

뒤팽은 〈르 코메르시엘〉의 기사에 대해서도 불완전한 논리와 관찰에 근거해 기사를 쓰고 있다고 비판한다. '그녀가 집을 나선 시각은 오전 9시였다. 사람들로 붐비는 시각이다. 얼굴이 널리 알려진 이 아가씨가 누구와도 마주치지 않고서 세 구간이나 걸어갔다는 것은 불가능하다'라는 기사에 대해 이렇게 논박한다.

"평일 그 시간이면 사람들이 거리에 많지. 그러나 그날은 일요일이었어. 사람들이 교회에 갈 준비를 하는 시간이야. 일요일 아침 8시에서 10시 사이는 거리가 유달리 한적하다는 것을 파리 사람이라면 누구나 알 수 있어. 그뿐 아니라 아주 유명한 인사라 할지라도 세 구간쯤은 남의 눈을 피해 걸어 다닐 수 있지 않나?"

뒤팽은 이렇게 1주일간 모든 신문기사를 면밀히 관찰한 뒤, 그중에서 몇 가지 사실을 발췌해 정리한다.

- 약 3년 반 전, 마리는 향수 가게에서 일할 때 1주일 간 자취를 감추어 지금과 유사한 소동을 일으킨 적이 있다. 〈이브닝 페이퍼〉, 6월 23일
- 마리는 3년 전 실종 당시 난봉꾼으로 유명한 해군장교와 함께 있었고, 두 사람은 말다툼 끝에 헤어지게 되어 집으로 돌아왔다. 현재 파리에서 근무 중인 그의 이름은 여기서 밝히지 않겠다. 〈르 메르퀴르〉, 6월 24일
- 이틀 전 흉악한 폭행사건이 파리 근교에서 일어났다. 저녁 무렵 어떤 신사와 그의 아내, 딸이 보트를 젓고 있는 6명의 젊은이에게 돈을 주고 강을 건너게 해달라고 했다. 강을 건넌 뒤 딸은 보트에 양산을 두고 내린 것을 깨달았고, 이를 찾으러 갔다가 그 패거리들에게 붙잡혀 끌려가 폭행당했다. 그녀는 보트를 탔던 지점 근처에 버려졌으며 악당들은 현재 피신 중이다. 경찰 추격 중. 〈모닝 페이퍼〉, 6월 25일
- 월요일, 어느 뱃사공이 세느 강을 떠내려가는 빈 보트 한 척을 발견했다. 돛은 보트 바닥에 놓여 있었다. 뱃사공은 보트를 사무소까지 끌고 갔다. 그러나 다음 날 아침 보트는 아무도 모르게 사라졌다. 현재 보트의 열쇠만 사무소에 보관돼 있다. 〈라 달리장스〉, 6월 26일

위에 정리한 자료들은 사실이거나 사실에 매우 근접한 자료로, 이제야 '정보'라고 부를 만한 것이 되었다. 신문들이 쏟아낸 의도성 기사나 왜곡 혹은 추측 기사에 담겨 있는 정보를 배제하고 추려낸 것들이다. 이 자료들과 사실임이 확인된 어머니와 약혼자의 증언을 토대로 뒤팽은 처음부터, 즉 '제로베이스'에서 다시 추리를 시작했다.

그는 사실에 근거한 정보와 논리만으로 약혼자와 건달 보베는 범인

이 아니라는 것을 밝혀냈다. 범인은 3년 전, 애정의 도피행각을 벌였던 바람둥이 해군장교라는 것이다. 마리는 3년간 해외근무를 마치고 돌아온 첫사랑 해군장교를 다시 만나자 이내 사랑에 빠졌고, 함께 도망가 살 것을 요구했다. 그러나 유부남인 바람둥이는 전혀 그럴 생각이 없었다. 마리의 집요한 요구가 큰 부담이 된 해군장교는 급기야 마리를 살해하고 말았다. 마리가 그와 다시 만나고 있다는 것을 어렴풋이 짐작하고 있었던 어머니는 그런 이유로 다시는 딸을 보지 못하리라고 울부짖었던 것이다. 뒤팽은 마리가 언론이 지목한 곳과 다른 곳에서 살해당했고, 범인은 보트를 훔쳐 마리를 강물에 버렸다고 결론지었다.

자신의 경험에 발등 찍힌다
: 휴브리스

제로베이스 사고는 기본적으로 '시간의 흐름 혹은 시대의 변화에 대한 적절한 대응'이라는 개념을 전제로 한다. 또한 새로운 조류에 대응할 때는 새로운 생각을 할 수 있는 능력, 즉 '창의력'이 중요하므로 이역시 제로베이스 사고와 매우 밀접하게 연계되어 있다.

사람은 누구나 과거의 경험과 이에 근거한 사고의 틀을 가지고 있다. 그래서 어떤 문제에 봉착하게 되면 과거로부터 형성해온 사고의 틀 안에서 문제를 해결하고자 한다. 그러나 때로 이러한 방법은 오히려 문제 해결에 걸림돌이 된다. 성공의 경험은 동전의 앞뒷면과 같아서, 또 다른 성공을 위한 자산이 되기도 하지만 자유로운 사고와 창의력의 발휘를 가로막는 장애요인이 되어 우리를 실패로 이끌 수도 있다. 성공의 경험은 사고의 범위를 한정지어 만약 그 범위 내에서 해결의 단서를 찾지 못하면 '해결할 수 없는 문제'로 결론짓도록 스스로를 유도하는 셈이 된다. 이때 제로베이스에서 시작한다면 '나의 경험과 사고의 틀 밖에 해결의 실마리가 있지 않을까?'라고 사고의 범위를 넓힐 수 있다.

이런 맥락에서 맥킨지McKinsey & Company의 한 컨설턴트는 "제로베이스적 사고는 매우 전향적이며 적극적인 정신"이라고 말한 바 있다. 만약 지금 반드시 해결해야 할 과제가 있다면 '이 과제를 해결할 수 있는 구체적인 방법이 어딘가에는 반드시 있을 것이다'라는 전제 하에, 기존의 사고의 틀과 경험의 범주에서 벗어나 제로베이스적 사고를 시작해보라.

제로베이스 사고가 필요한 가장 큰 이유는 개인의 경험을 우상화하는 오류에서 벗어나기 위해서다. 경험이란 소중한 자산임에 틀림없지만, 이를 지나치게 맹신하면 과거의 성공기억으로 미래까지 재단하는 우를 범하게 한다.

영국의 역사학자 토인비Arnold Joseph Toynbee는 과거에 성공했던 사람이 자신의 능력과 방법을 우상화함으로써 오류에 빠지는 현상을 '휴브리스Hubris'라는 용어로 표현한 바 있다. 토인비는 역사가 '창조적 소수Creative minority'에 의해 바뀌어가지만, 일단 역사를 변화시키는 것에 성공한 창조적 소수는 과거에 일을 성공시켰던 자신의 능력이나 방법에 고착되어 우상화의 오류를 범하기 쉽다고 보았다. 즉 자신의 능력 또는 과거의 방법을 절대적 진리로 착각하고 실패하는 경우가 있다는 것이다. 휴브리스는 역사해석학 용어에 그치지 않고, 과거의 성공 경험에 집착해 실패의 오류를 범하는 사람들을 통틀어 일컫는 말로 확대되어 사용되고 있다.

휴브리스는 그리스 비극에서 주인공을 신과의 갈등으로 끌어들여 몰락으로 유도하는 인간의 특성 중 하나로, '자만심', '오만함' 그리고 그로부터 유래되는 '폭력성'이라는 뜻으로 번역된다. 그리스의 3대 비극작가 중 한 사람인 소포클레스의 연극들은 그 비극적 결말에도 불구하고 높은 인기를 끌어, 그는 '아테네인들이 가장 좋아하는 극작가'라는 명성을 얻기도 했다. 소포클레스의 극중 핵심인물들은 최고 권력의 지위에서 영락零落, 즉 영(0)의 수준으로 추락한 사람들이다. 이처럼 운명이 일순간에 뒤바뀌는 것은 그들이 인간으로서의 오류, 그리고 자만의 상태인 휴브리스와 같은 치명적인 실수를 저지르기 때문이다.

소포클레스의 비극에서 누군가 인생의 절정에 있다면 그것은 추락이 멀지 않았다는 뜻이 되기도 한다. 왜냐하면 인간이란 인생의 절정에서 곧잘 자만에 빠지기 때문이다. 인간이 자신의 능력의 한계를 넘어 무엇인가 성취하고자 한다면 그것은 곧 자만이고, 그리스인들은 이를 휴브리스라고 불렀다. 인간의 자만은 율법의 여신 네메시스의 분노를 사게 되고, 신의 분노는 결국 보복이 되어 돌아온다. 그래서 '네메시스'는 오만한 자에 대한 신의 복수라는 의미로 전용되어 사용되기도 한다. 휴브리스와 네메시스는 마치 서로의 그림자 같은 관계.

내 몸은 저 드높고 맑은 하늘에 태어나서

숭고한 불멸의 법을 다루고자

모든 말이나 행동에서 경건한 정결을 지키는

운명과 함께 할지어다.

이 법은 올림포스만을 아버지로 하고 죽어야 할

인류가 만든 것은 아니며,

결코 망각의 잠 속에 빠지지 않는다.

신은 그 법에서 위대하시며 늙음을 모르신다.

오만은 폭군을 낳는다.

오만은 어울리지도 이롭지도 않은 재물에 이끌려,

드높은 돌벽 끝을 기어오르고

험난한 운명의 절벽에 떨어져서

여기엔 발 디딜 데도 없다.

그래도 나라에 이바지하려는

열망에 불탄 참다운 애국자를

신께서 보호해주시옵소서!

(註 : 소포클레스 저, 김혜니 역, 《소포클레스 그리스 비극》에서 발췌 인용함.)

　　소포클레스의 비극, 〈오이디푸스 왕 *Oedipus the King*〉 중에서 '코러스'가
왕의 운명을 예언하는 장면이다. 소포클레스의 작품 〈오이디푸스 왕〉
은 휴브리스가 곧 네메시스를 불러온다는 것을 주제로 삼은 희곡이다.
오이디푸스라는 이름은 '발에 관한 수수께끼를 알아낸 사람'이라는 의

미다. 오이디푸스는 여행길에서 스핑크스('목 졸라 죽이는 자'라는 뜻을 담고 있다)를 만나고, 스핑크스는 그동안 아무도 맞히지 못한 수수께끼를 낸다. "아침에는 네 발로, 낮에는 두 발로, 저녁에는 세 발로 다니는 동물은 무엇인가?" 그러나 오이디푸스가 단번에 답을 맞혀버리자 스핑크스는 분을 이기지 못해 그 자리에서 죽고, 오이디푸스는 인간적 오만과 그에 대한 신의 징벌인 휴브리스와 네메시스라는 운명을 맞이하게 된다.

오이디푸스는 신의 예언대로 테바이의 왕을 죽이고 왕위에 오른다. 어느 날 테바이 전역에 전염병이 돌자 그는 선왕 라이오스의 살인자를 벌해야 전염병이 사라질 것이라는 신탁을 받는다. 선왕의 죽음에 대한 사실을 알고 있는 여러 사람의 경고를 무시하고, 오이디푸스는 자신만이 테바이를 구할 수 있다는 오만함에 빠져 수사에 나선다. 결국 오이디푸스는 새로 맞이한 아내가 어머니라는 사실과 아버지를 죽인 범인이 자신이라는 사실을 알게 된다. 충격을 받은 오이디푸스는 자신의 두 눈을 찌르고 방랑의 길을 떠난다. 신의 복수, 네메시스였던 것이다. 소포클레스의 희곡은 도를 넘는 자만심과 오만 그리고 독선은 반드시 몰락을 가져온다는 것을 경고하고 있다.

결국 휴브리스는 자신의 과거 경험이나 능력을 절대적 진리로 믿고, 사람들의 생각이야 어떻든, 또 세상이 어떻게 바뀌었든 상관없이 과거에 했던 방식대로 일을 밀어붙이다가 실패하는 사람들의 부질없는 오만을 일컫는다. 이를 경계하기 위해 필요한 것이 바로 제로베이스 사고다.

과거를 부정하고, 뒤엎어라!
새로운 세계가 열릴지니

　제로베이스 사고는 쉽지 않다. 소포클레스가 간파했듯, 인간이란 자신의 경험을 우상화하고자 하는 욕망에서 한순간도 자유롭지 못하기 때문이다. 이 욕망을 이겨내려면 옳다고 여겨지던 수많은 '사실'에도 의심을 품을 수 있는 회의적 자세가 필요하다. 이 세상의 모든 위대한 발견 뒤에는 이런 회의적 사고가 있었다. '정말 그것이 진실일까?' 하는 의문을 품는 순간, 비로소 제로베이스 사고가 시작되는 것이다. 이러한 의문을 품으려면 상당한 용기와 지적인 기반 그리고 비판적, 독립적으로 사고하는 습관이 전제되어 있어야 한다. 그러나 대부분의 사람들은 이런 방식으로 사고하기를 게을리한다. 이에 대해 버트런드 러셀은 이렇게 꼬집은 적이 있다. "많은 사람들은 생각을 하느니 차라리 죽을 것이다."

　다윈이 처음 《종의 기원 On the Origin of Species》을 발표했을 때, 유럽은 발칵 뒤집혔다. 2,000년 가까이 유럽의 정신세계를 지배해왔던 패러다임을 일순간에 뒤집는 혁명적인 이론이었기 때문이다. 대부분의 사람들이 충격과 분노에 휩싸인 와중에, 비슷한 연구를 해오던 토머스 헉슬리 Thomas Henry Huxley 같은 생물학자는 무릎을 치며 "아! 내가 왜 그 생각을 못했던고!"라며 탄식했다. 다윈에게 선수를 빼앗긴 것을 안타까워했던 것이다. 그러나 헉슬리는 열렬한 진화론 옹호자로서 다윈을 지지했다. 그가 당시 최고의 논변가였던 윌버포스 주교와 벌였던 논쟁은 유명하다.

주교가 헉슬리에게 신랄한 어조로 물었다. "그래 그렇다면 당신은 당신의 조부와 조모 중 도대체 어느 쪽이 유인원과 친척이 되십니까?" 질문을 받은 헉슬리는 다음과 같이 말해 그를 제압해버렸다.

"인간의 조부모가 유인원이라고 해서 부끄러워해야 할 아무런 이유가 없습니다. 만약 나에게, 학문적 훈련을 받은 사람으로서 무지한 군중들을 속이기 위해 자기 논리를 사용하며, 논쟁을 하는 것이 아니라 사실을 왜곡하며, 나아가 심각하고 중대한 철학적 문제를 뒷받침하기 위한 합리적 사고를 우롱하는 사람과 유인원 중 어느 쪽을 조상으로 선택하겠냐고 묻는다면 나는 잠시도 망설이지 않고 유인원 쪽을 택할 것입니다."

다윈과 헉슬리같이 위대한 과학자들이 하는 사고의 기저에는 '정말 그것이 진실인가?'를 묻고 그것이 아니라면 원점에서부터 다시 분석의 사고를 시작하는 방법론, 즉 제로베이스 사고가 깔려 있다는 것을 알 수 있는 대목이다.

"그래도 지구는 돈다 Eppur si muove!" 갈릴레이는 진리라 여겨지던 것에 반기를 들고 새로운 인식의 지평을 연 인물로 손꼽힌다. 그는 1597년 요하네스 케플러 Johannes Kepler에게 보낸 편지에서 전통적인 아리스토텔레스 - 프톨레마이오스의 천동설이 바다의 조수 현상을 설명하지 못하기 때문에, 코페르니쿠스의 지동설을 신봉해왔다고 밝혔다. 그로부터 3년 후, 갈릴레이는 망원경으로 태양의 흑점, 달의 표면, 금성의 차고 기움과 목성의 4개 위성을 관찰했으며, 그러한 관찰 결과가 지동설을 뒷받침한다고 공표했다. '태양은 하늘의 중심에 있으며 움직이지 않은 채 정지해 있다', '지구는 하늘의 중심이 아니고 정지해 있지도 않으며, 동시에 이루어지는 이중운동, 즉 자전과 공전을 하며 움직인다'는 것이었다.

기원후 2세기 알렉산드리아의 천문학자 프톨레마이오스가 주장한 천동설은 당시 기독교적 우주관과 일치했기 때문에, 이는 의심의 여지가 없는 유럽의 우주관으로 받아들여졌다. 그런데 코페르니쿠스를 위시한 갈릴레이, 케플러 등의 과학자들이 여기에 정면으로 반기를 든 것이다.

갈릴레이의 지동설에 대해 당시 교황청 금서목록 위원인 벨라르미노 추기경과 위원회의 고문 신학자들은 '철학적으로 우매하고 신학적으로 이단적'이라는 의견을 제출하기에 이른다. 다음 날 추기경위원회는 갈릴레이에게 명령했다. "갈릴레이는 태양이 세계의 중심이고 돌지 않으며, 지구는 돌고 있다는 견해를 완전히 포기해야 한다. 지금부터 말과 글을 포함하여 어떤 방식으로든 그 견해를 지속적으로 주장하거나, 가르치거나, 옹호하지 말라." 갈릴레이는 이 명령을 수용했지만 지키지는 않았다고 한다. 그래서 1633년 다시 교황청에 소환되어 형을 받는다. 그에게 주어진 형벌은 종신 가택연금을 비롯해 사후 장례식을 하거나 묘비를 세우지 못하는 것까지 포함하고 있었다. 재판정을 나서던 갈릴레이가 실제로 '그래도 지구는 돈다'고 말했는지에 대해서는 여러 의견이 있지만, 그것이 뭐가 중요하랴!

1,000년 이상 세상의 진리로 여겨졌던 것에 의심을 품고 새로운 세계관을 제시하는 데는 분명 목숨을 거는 용기가 필요했을 것이다. 아니, 그 이전에 '진리를 의심하는' 용기가 필요했을 것이다. '정말 그럴까?', '진리처럼 받아들여지고 있는 이것은 사실일까?', '최근 입증된 새로운 이론과 간접적인 여러 증거들에 의하면 틀림없이 아닌데?' 갈릴레이는 코페르니쿠스의 이론을 입증해 보이기 위해 천체망원경을 제작해 관찰했고, 결국 지동설이 옳음을 증명했다. 기존의 틀에 얽매이지 않는 사고, 제로베이스 사고로 역사에 한 획을 그은 발견을 해낸 것이다.

제로베이스 사고는 기존의 정보를 의심하고 재검토한다는 점에서 필연적으로 '변화'를 이끌어낸다. 이런 면 때문에 제로베이스 사고는 오늘날 실제 비즈니스 현장에서도 강조되고 있다. 우리 주위를 둘러보면 제로베이스 사고를 활용해 놀랄 만한 성과를 거둔 기업이 많다. 물론 제로베이스 사고를 활용하지 못하고 기존의 틀에 갇혀 있다가 실패를 거둔 경우도 많다. 여기서는 두 가지 사례를 함께 소개하고자 한다.

1960년대 중반, 예일 대학교 학생 프레더릭 스미스Frederick Smith는 최단거리 여객노선을 활용해 화물을 운송하는 기존의 화물 항공운송 시스템과 달리, 운송의 모든 과정을 포괄하는 화물전용 항공운송 시스템을 고안해냈다. 인구분포 중심지역에 화물 집결지인 허브를 만들고, 이곳에 일단 모든 화물을 모은 뒤 다시 분류해 마치 바퀴살이 뻗어나가는 것처럼 미국 전역으로 배송하자는 것. 이는 화물 수취에서 도착까지 두 지점 간 최단거리 수송이 가장 효율적이라는 당시의 개념을 완전히 뒤집는 것이었다. 그는 이러한 이론을 바탕으로 논문을 제출했다. 그러나 이는 당시의 물류개념으로는 도저히 납득하기 어려운 것이었다. 결과는 C학점. 담당교수는 개념은 재미있고 구성도 좋지만, 좋은 학점을 받으려면 아이디어가 실행 가능한 것이어야 한다는 의견을 냈다. 한마디로 '현실성이 없다'는 것이다.

그러나 스미스의 생각은 달랐다. 그는 확신이 있었고, 결국 아이디어 하나를 밑천 삼아 사업에 뛰어들었다. 아이디어가 특이한 만큼 사업을 운영하면서도 기존의 관념이나 관행에 따르는 것은 철저히 거부했다.

'기존의 어떠한 관념과 관행도 당연시하지 마라!'

그의 제로베이스 사고와 철학이 잘 드러나는 구호다. 지역별 허브 개념을 도입하자 전체적 이동거리가 짧아졌고, 그에 따라 일처리가 훨씬 간단해지면서 그가 설립한 회사는 기존 물류 시스템의 업무효율을 100배 이상 증가시키는 성과를 창출했다. 이 회사가 바로 세계적인 항공화물회사, 페덱스Fedex다.

'현실성이 없다'고 평가받던 그의 이론이 실현되자 미국의 항공화물 서비스는 일대 혁신을 맞이하게 되었다. 그런데 이 좋은 아이디어가 왜 퇴짜를 맞았던 것일까? 기존의 것과 달랐기 때문이었다. 왜 학생이 생각해낸 서비스를 우체국이나 기존 택배회사들은 생각해내지 못했을까? 자신들이 해오던 방식이 최고라고 여겼기 때문이다. 기존에 하던 방식 외에 다른 더 좋은 방식이 있을 것이라는 생각을 전혀 하지 못했던 것이다. 아니, 아예 생각하기 싫었던 것은 아닐까?

이번에는 영국으로 가보자. 미국과 유럽에서는 비틀즈만큼이나 유명한 회사, 다이슨 사Dyson가 있다. 이 회사의 출입문에는 이런 슬로건이 붙어 있다. '전기를 이용한 최초의 선풍기는 1882년 발명되었다. 날개를 이용한 그 방식은 127년 동안 변하지 않았다.'

창업자 제임스 다이슨James Dyson은 이 점을 문제시했다. '왜 선풍기에는 꼭 날개가 있어야만 하는가?' 그는 이렇게 생각했다. '돌아가는 날개 때문에 바람이 중간 중간 끊기기도 하고, 아이들이 손가락을 다칠 위험도 있는데… 날개 없는 선풍기는 불가능한 건가?' 100년 넘게 지속되어온 선풍기의 경험과 개념을 원점에서 의심하기 시작한 것이다. 그 결과 다이슨 전자는 날개 없는 선풍기를 개발했고, 이 제품은 한겨울에도 주문이 밀리는 히트상품이 되었다. 제임스 다이슨은 영국 산업계의 이단아, 영국의 스티브 잡스로 불리며 전 세계 기업가들이 가장 만나고 싶어 하는 인물이 되었다.

다이슨 사의 제로베이스 사고는 주력상품인 청소기에서도 빛을 발했다. 최초의 현대적 진공청소기는 1901년 영국의 발명가 허버트 부스Hubert Cecil Booth에 의해 만들어졌다. 이후 100여 년 간 수많은 진공청소기가 만들어졌지만, 변치 않는 공통점이 있었다. 바로 '먼지봉투'였다. 다이슨은 생각했다. '왜 진공청소기에는 반드시 먼지봉투가 있어야 하지? 먼지가 봉투의 작은 구멍들을 막아버려 흡입력이 줄어드는데?' 그는 여러 번의 실패를 거듭한 끝에 원심분리 방식의 봉투 없는 청소기를 세계 최초로 만들어냈고, 이 청소기는 '비틀즈 이후 미국에서 가장 성공한 영국 상품'이라는 명성을 얻었다.

제임스 다이슨은 직원을 채용할 때도 기존의 관념을 뛰어넘고자 하는 자신만의 방식을 적용한다. 그는 경험이 풍부하고 노련한 전문가가 아니라, 경험이 부족한 마케팅 직원을 선호하는 이유에 대해 이렇게 말한다. "경험이 없는 사람이야말로 선입견이 없고, 맡은 일에 대해 생각하고 또 생각하기 때문이다. 그런 사람들은 스스로 마치 '탐험'하고 있다고 생각한다."

이렇듯 제로베이스 사고를 발휘해 최정상의 자리에 오른 사례가 있는가 하면, 휴브리스를 극복하지 못해 필생의 과업을 성취하지 못한 경우도 수없이 많다.

페르디낭 마리 레셉스Ferdinand Marie de Lesseps는 프랑스의 외교관이었다. 이집트에서 영사로 근무하던 그는 이집트의 여러 곳을 여행하다가 수에즈에 운하를 건설하면 어떨까 하는 구상을 했다. 그는 이를 구체화하여 이집트 왕에게 승낙을 받아냈고, 10년 만에 성공적으로 운하를 건설했다. '19세기 토목공사의 완결판'이라 불렸던 공사를 자신의 손으로 일궈낸 레셉스는 지중해의 포트사이드와 홍해의 수에즈를 잇는 신항로 개척의 선구자로서 하늘을 찌를 듯한 명성을 과시했다. 10년 후 파나마 운하 개발 계획이 발표되었을 때 그가 자신만 한 적임자가 없다고 생각한 것은 어쩌면 당연한 일이었다. 결국 그는 경력을 인정받아 파나마 운하 건설회사의 사장에 취임하기에 이른다.

그러나 파나마는 지형, 지질, 기후 등 여러 면에서 수에즈와 딴판이었다. 수에즈 운하의 경우 굴착을 해야 하는 공구의 평균높이가 해발 15m이였지만 파나마 운하의 경우는 그것의 10배인 150m에 달했다. 게다가 수에즈는 인부들이 기후와 싸워야 할 일이 별로 없었다. 그러나 파나마는 열대우림기후로 습하고 무더워 전염병의 위험이 상존했다.

하지만 레셉스는 이미 휴브리스에 빠져 있었다. 수에즈 운하를 성공적으로 건설했던 방법대로라면 파나마 운하도 문제없다고 생각했던 것이다. 여러 엔지니어들은 파나마 운하에 새로운 공법을 적용해야 한다고 제안했다. 우선 차그레스 강을 댐으로 막고 인공호수를 만든 뒤, 이 호수를 수로로 사용하면서 바다에 이르는 양측에 3단계의 갑문식 운하를 건설해야 한다는 것이었다. 그러나 레셉스는 수에즈 운하에 적용했던 대로 해수면과 같은 높이의 운하 건설만을 고집했다. 그 결과 굴착 공사에만 9년이라는 시간이 소요됐으나 공사구간은 전체 공구의 10분의 1에 불과했고, 자금은 고갈되었다. 게다가 습하고 무더운 기후 때문에 9년 간 2만여 명의 인부와 엔지니어들이 풍토병으로 사망했다. 실로 엄청난 손실이 아닐 수 없었다. 레셉스는 결국 불명예스러운 퇴진을 해야 했고, 회사는 파산했다.

레셉스는 수에즈에서 역사에 길이 남을 성공을 거두었으나, 휴브리스라는 덫에 걸려 역사에 길이 남을 실패자가 되고 말았다. 그는 이 실

패로 인해 정신착란을 일으키는 등 매우 불우한 말년을 보냈다고 전해
진다.

20세기 후반 전자산업의 최강자는 일본 기업들이었다. 아날로그 시
대, 일본 기업들은 거의 모든 가전제품 분야에서 경쟁자의 등장조차
허락하지 않을 정도로 막강한 기술과 디자인의 우위를 점하고 있었다.
그들은 아마 그 시대가 지속되기를 바랐을 것이다. 그러나 이런 바람
이 변화의 물결까지 막을 수는 없었다. 아날로그에서 디지털로의 전환
이라는 거대한 파도가 밀려온 것이다. LP판을 듣던 사람들은 CD로,
MP3로 옮겨갔다. 작은 캐비닛만 하던 컴포넌트 오디오 시스템이 주머
니 속에 들어가는 작은 플레이어로 바뀌었다. 브라운관형 컬러 TV는
PDP와 LCD를 거쳐 LED로 바뀌었고, 기계식 광학 카메라는 디지털
카메라와 휴대전화 장착형으로 바뀌었다.

아날로그 시대 일본과의 경쟁에서 패배했던 미국과 영원한 후발주
자였던 우리나라의 기업들은 이 기회를 놓치지 않았다. 반면 상대적으
로 기득권을 누리고 있던 일본 기업들은 안이하게 대처했다. 자신들이
그간 쌓아온 경험과 지식에 갇힌 것이다. 그 결과는 여러분이 아시는
대로다. 미국의 애플은 아이폰, 아이패드로 대변되는 'i 시리즈'로 디
지털 시대를 선도하는 대표적인 창의적 기업으로 등극했고, 우리나라
의 삼성전자, LG전자 역시 국내 시장은 물론 해외 시장에서도 그 위
상을 떨치고 있다.

자기 자신의 인식의 틀을 깨라

미국 항공화물 서비스에 일대 혁신을 일으킨 페덱스, 선풍기의 역사를 바꾼 다이슨, 파나마 운하의 실패자로 기억된 레셉스… 제로베이스 사고를 활용한 사례와 그렇지 못한 사례를 함께 살펴보았다. 그렇다면 제로베이스 사고는 어떻게 익힐 수 있을까? 관점의 다양화를 시도할 때에만 가능하다.

우선 먼저 해결해야 할 문제나 결정해야 할 사안에 대해 '왜Why?'를 반복해보라. 이는 '5Whys' 방법이라고도 불린다. 말 그대로 '왜 그래야만 하지?' 하고 다섯 번 반복해서 묻는 것이다. (이 방법에 대해서는 '단서 10'에서 자세히 다루기로 하자.)

뒤팽은 '만약 마리가 피살되었다면, 밤이 되기 전에 강에 시체로 버려질 만큼 빨리 살해당했다고 보기 어렵다'는 〈레트왈르〉의 주장에 대해 의문을 제기한다. "하지만 왜 그래야만 하지? 집을 나선 지 5분 만에 살해당하는 것이 왜 불가능하지? 살인은 어느 순간에나 일어날 수 있네." 그는 '왜?'라는 질문을 던짐으로써 사건의 본질 속으로 깊이 파고들었다.

관점을 미래에 맞추어보는 것도 제로베이스 사고를 훈련하는 좋은 방법이다. '미래에는 어떤 사회가 펼쳐질까?', '미래에는 어떤 상품이 잘 팔릴까?' 앞서 말했듯 제로베이스 사고는 시간의 흐름이나 시대의 변화와 관련이 깊기 때문이다.

1970년대 미국의 GE는 소형냉장고 생산에 박차를 가했다. '앞으로 미국의 가족구조는 핵가족으로 바뀔 것이다. 당시 미국은 노부부만 사는 가정이 늘어나고 젊은이들은 핵가족을 실현하게 되리라는 예측이 지배적이었다. 그래서 과거와는 달리 대형냉장고에 대한 수요는 줄어들고, 이제 중소형냉장고의 시대가 올 것이다'라고 판단했던 것이다. 그러나 이 예측은 보기 좋게 빗나갔다. 핵가족 시대는 도래했지만, 사람들의 소비와 생활 패턴도 바뀌어(대형 마트에서 수주일 치의 식료품을 사다 대형냉장고에 저장하는) 소형냉장고의 수요는 소폭 상승하는 데 그쳤고, 시장은 여전히 대형냉장고 천하였다. 이처럼 미래를 예측하는 것은 위험부담이 따르는 일이므로, 제로베이스 사고를 하기 전에 신중을 기해야 한다는 것 또한 잊지 말아야 할 것이다.

상대방의 관점에서 판단해보는 것 또한 제로베이스 사고를 수행하는 훌륭한 방법이다. 예컨대 여러분이 공급자라면 고객의 입장이 되어보는 것이다. '내가 고객이라면 어떻게 할까? 어떤 제품이 필요할까?'를 생각해봄으로써 생산자의 입장에서는 생각하기 어려운 재미있고 편리한 제품들이 고안될 수 있을 것이다.

'왜 주사약은 꼭 바늘로 찔러서 주입해야 하는 걸까? 뾰족한 바늘 때문에 주사 맞기가 더 무서운데, 바늘 없이 주사약을 주입할 수는 없는 걸까?' 이처럼 주사기에 대한 생각을 원점으로 돌린 제로베이스 사고에서 탄생한 것이 '바늘 없는 주사기'다. 바늘 대신 미세한 구멍이

뚫린 특수 앰플에서 순간적으로 주사약이 분출돼 피부에 흡수되는 원리다.

앞서도 이야기했듯, 인간은 자신이 경험한 것과 알고 있는 지식을 바탕으로 사물을 인식하고 판단한다. 그런데 모든 인간은 필연적으로 각자 다른 인생 경험과 지식을 갖고 있기 때문에 누구나 자신만의 고유한 관점을 가지게 되고, 이것이 개인 차원의 인식의 틀이 된다. 이 틀을 깨는 것은 정말 어렵다. 만약 누군가가 '현명한 사람'이라는 칭송을 받는다면 그는 자신만의 인식의 틀을 고집하지 않고, 다른 사람보다 다양한 각도의 관점을 갖고 사물을 관찰하고 이해하는 사람일 것이다.

이런 의미에서 제로베이스 사고는 타인의 관점을 받아들이려는 열린 생각의 소유자여야 가능하다. 나와 우리가 틀렸을 수도 있다는 생각, 내가 아는 것은 그리 많지 않다는 겸손한 마음, 자신이 가진 한정된 지식과 경험을 딛고 다양한 지식을 가진 사람들과 생각을 공유하려고 시도하는 열린 자세가 제로베이스 사고의 기본이라 할 수 있다.

결론，에서 시작한다

: 가설 사고

"우리는 여러 가지 가능성을 균형 잡힌 시각으로 바라보면서,
그중 가장 가능성이 높은 것을 선택합니다.
이것이 바로 상상력을 과학적으로 이용하는 방법이죠."
－〈바스커빌 가문의 개 The hound of the Baskervilles〉 중에서, 셜록 홈즈

"여기 가능성 있는 결론이 두 가지 있다.
결론이 가설을 확인해준다면, 당신은 제대로 예측한 것이다.
반면 결론이 가설의 반대라면, 당신은 새로운 발견을 한 것이다."
－ 엔리코 페르미 Enrico Fermi, 이탈리아의 물리학자

    중대한 사건이 이미 발생했고, 곧이어 또 다른 사건이 예견되는데도 불구하고 아직 이렇다 할 단서를 찾지 못했을 때, 탐정은 어떤 전략을 쓸 수 있을까? 이런 상황에서 탐정이 활용할 수 있는 가장 적중률 높은 전략은 '가설 추리'다.

    가설에 의한 추리, 가설 사고란 지금 가지고 있는 정보를 토대로 가장 그럴 듯한 해답이나 결론을 만들어보는 것이다. 그런 뒤 가설 사고 속의 용의자 주변에서 증거를 찾아가며 가설이 사실인지 확인해나간다. 만약 가설 속의 용의자가 범인이 아니라는 증거가 나타나면 그 가설을 폐기하고 다른 가설을 세워야 한다. 반면 채집한 증거와 자료들이 가설과 하나하나 맞아 떨어진다면 가설이 아닌 진실로 정리하면 된다. 포커스만 잘 맞춘다면 빠른 시간 안에 범인을 찾아내 2차 범죄를 예방할 수 있는 방법이 바로 가설에 의한 추리, 가설 사고라고 할 수 있다.

"문제를 해결하는 데 가장 중요한 것은 거꾸로 추리해나갈 수 있는 능력일세."

셜록 홈즈 시리즈 중에 〈위스테리아 별장 _The Adventure of Wisteria Lodge_〉이라는 단편이 있다. 이 단편에는 가설을 먼저 수립하고, 이 가설을 입증하기 위한 정보를 수집하면서 범인의 윤곽을 명확하게 그려 나가는 홈즈의 활약상이 잘 드러나 있다. 홈즈 같은 명탐정들은 어떻게 가설 사고를 활용하는지 생생하게 엿볼 수 있는 좋은 기회가 될 것이다. 사건이 없어 무료해하던 홈즈는 어느 날 정체불명의 사나이가 보낸 전보 한 통을 받는데, 여기서부터 이야기는 시작된다.

'믿을 수 없는 이상한 일을 당했음. 조사 의뢰차 찾아갈 것임. - 스콧 에클스'

홈즈를 찾아온 스콧은 중년의 영국 신사였다. 스콧은 사교 모임에서 만나 빠르게 가까워진 스페인 계 청년 가르시아의 초대를 받았다. 위스테리아에 있는 자신의 별장에서 하루 묵고 가시는 것이 어떻겠느냐는 것이었다. 스콧은 그의 초대를 흔쾌히 수락했다.

찾아간 별장에서는 가르시아와 스페인 계 하인 한 명, 혼혈인 요리사 한 명이 그를 맞이해주었다. 도착한 날, 스콧은 가르시아와 함께 저녁 식사를 마치고 잠자리에 들었다. 밤 11시가 가까운 늦은 시각이었으나, 스콧은 저녁 식사 내내 왠지 안절부절못하고 불안해 보이던 가르시아가 마음에 걸려 쉬이 잠을 이룰 수가 없었다. 시간이 얼마나 흘

렀을까, 방문을 두드리는 소리가 났다. 가르시아였다.

"선생님, 혹시 초인종을 누르셨습니까?"

"아닐세. 자네 아직 안 자고 있었구먼. 혹시 내일 아침 8시에 날 깨워줄 수 있겠나?"

"네, 그러지요, 선생님. 새벽 1시가 다 되었습니다. 어서 주무세요."

다음 날 아침, 잠에서 깬 스콧은 9시가 다 된 것을 알고 어리둥절했다. '분명 8시에 깨워달라고 했는데, 이럴 수가 있나?' 초인종을 눌렀지만 아무 대답도 없었다. 화가 난 스콧은 온 집 안을 뒤졌지만 가르시아는 물론 하인과 요리사 모두 연기처럼 흔적도 남기지 않고 사라진 뒤였다.

홈즈와 스콧이 한창 이야기를 나누고 있을 때, 위스테리아 별장을 관할 구역으로 두고 있는 베인즈 경감이 스콧의 행방을 좇아 홈즈의 사무실로 찾아왔다. 스콧이 홈즈에게 보낸 전보를 우체국에서 확인하고 온 것이었다. 베인즈 경감은 가르시아가 위스테리아 별장에서 약 2km 떨어진 외진 곳에서 살해된 채 발견되었다는 소식을 전해주었다.

"뭐라고요! 그가 살해됐다는 말입니까?"

"네, 그렇습니다. 스콧 씨. 아마도 새벽 1시 이전에 살해된 것으로 추정됩니다. 이건 별장의 벽난로 속에서 찾은 편지입니다. 수사에 도움이 될 것 같아 가져왔지요."

타다 만 편지에는 이렇게 적혀 있었다. '우리의 색은 녹색과 백색,

녹색은 열리고 백색은 닫힘. 정면 계단, 제1복도, 오른쪽에서 일곱 번째, 녹색, 부니 성공하기를. D로부터.'

여성의 필체로 쓰인, 암호와도 같은 이 편지를 보고 홈즈는 뭔가 심상치 않은 일들이 그 마을에서 벌어지고 있음을 직감하고 가설을 세워 추리를 시작했다.

우선 홈즈는 주변의 부동산 소개업자를 통해 위스테리아 별장으로부터 왕복 1시간 이내에 있는 대저택의 목록을 얻었다. 저택들의 면면을 살펴보던 홈즈는 핸더슨이라는 정체불명의 거부巨富와 두 딸, 그리고 가정교사인 버넷 부인, 비서인 루카스와 몇 명의 하인들이 살고 있는 집에 주목했다. 며칠 뒤 신문은 가르시아의 살해범으로 혼혈인 요리사가 체포되었다는 소식을 전했지만, 홈즈는 그가 범인이 아니라고 확신했다. 범인을 추리한 그의 논리구조를 함께 따라가보자.

이미 살인사건이 발생했고 또 다른 인명피해가 예상되자 홈즈는 가설 두 가지를 수립했다. 천천히 정보를 수집하고 논리적 추리를 통해 포위망을 좁혀나갈 시간이 부족했기 때문이다.

가설 1. 스콧, 그리고 하인 둘

가르시아가 스콧을 자신의 별장으로 초대한 데는 어떤 이유가 있었을 것이다. 가르시아는 그날 밤 무언가 일을 도모하려 했고, 그 초조함에 저녁 식사 때 불안한 모습을 보였을 것이다. 가르시아는 그날 밤 자신이 집을 비우고 무언가 일을 벌이고 돌아왔을 때 자신이 별장에 계속 있었다는 것을 증명해줄, 경찰 앞에서 자신의 알리바이를 증명해줄 사람으로 품위 있는 신사 스콧을 이용하고자 했던 것이다.

가르시아는 한밤중에 스콧에게 찾아와 '새벽 1시가 다 되었으니 어서 주무시라'고 말했지만, 사실 그때 시각은 12시 경이었을 것이다. 가르시아가 1시간 안에 일을 도모하고 돌아올 수 있는 거리에 어떤 일이 예정되어 있었다는 이야기다. 그러나 가르시아는 어찌된 영문인지 돌아오지 않았고, 하인들은 무언가 잘못되었다는 것을 직감하고는 서둘러 별장을 떠나 어딘가에 숨었다. 그중 한 명인 요리사가 범인으로 체포된 것이다.

가설 2. 범인 그리고 D

'D'라는 여성이 가르시아에게 보낸 편지에 묘사된 것은 분명 어느 대저택의 내부이며, 그 집에 가르시아의 살해와 관련된 주요 인물들이 있을 것이다. 여성은 저택의 내부를 잘 아는 사람으로 가르시아와 일을 공모했음에 틀림없다. 그렇다면 그 여성은 이미 살해되었거나, 큰 고초를 겪고 있을 것이다. 또한 사건이 신문에 보도되었고, 범인이 잡혔다는 기사가 나왔으므로 진짜 범인들은 곧 도주할 것이다.

이렇게 가설을 세웠다면, 가설이 어느 정도 신빙성이 있는지를 뒷받침할 수 있는 최소한의 사실적 근거를 찾아야 한다. 이를 가설의 검증 작업이라 한다.

홈즈는 집 주인 핸더슨의 비위를 거슬러 쫓겨난 워너라는 정원사를 찾아내 집안 내부 사정을 정탐했다. 핸더슨에게 나쁜 감정을 가지고 있던 워너는 자청해서 핸더슨의 집을 감시하는 역할을 했다. 정원사 워너의 말이다. "핸더슨은 정체를 알 수 없는 인물입니다. 그는 악마에게 돈을 받고 자신의 영혼을 팔았습죠. 언제 악마가 찾아올지 몰라 늘 불안해하고 비서 루카스 없이는 혼자 결코 외출하는 적이 없습니다요. 그는 하인들과의 접촉도 피하며 살고 있을 뿐 아니라 이 지역으로 이사 오기 전에 어디서 살았는지 무엇을 했는지 아무도 아는 사람이 없습니다." 그의 이야기는 핸더슨에 대한 홈즈의 의심에 신빙성을 더해주었다.

이제는 뭔가 행동에 돌입해야 할 때라고 생각할 즈음, 정원사 워너가 도주하는 핸더슨 일당의 손아귀에서 D여인을 빼내오는 데 성공한다. 여인은 축 늘어져 있었다. 몹시 시달림을 받은 듯 초췌한 모습이었다. 동공이 수축된 것으로 보아 강제로 아편을 먹인 것 같았다. 몸을 추스른 D여인은 사건의 전말을 털어놓았다.

"핸더슨은 아이티 섬에 있는 산 페드로의 독재자 돈 무릴로입니다. 오랫동안 사람들을 탄압하면서 독재 권력을 휘두르다가 사람들의 저항운동이 시작되고 더 이상 권력을 유지할 수 없게 되자 엄청난 재산을 빼돌린 뒤 그곳에서 도망친 것이지요. 뜻 있는 저항 운동가들은 무릴로를 없애기 위해 수차례 암살을 기도했으며, 가르시아도 그중 한 명이었습니다. 제 남편은 무릴로의 폭정으로 목숨을 잃었습니다. 저는 남편의 복수를 위해 무릴로의 집에 가정교사로 위장해 들어간 다음 가르시아를 도왔습니다. 저희는 그림자처럼 따라다니는 심복 루카스 없이 혼자 있는 유일한 때인 잠든 순간을 노려 그를 없애버리려 했습니다. 그런데 그만 일이 잘못되어 무릴로에게 들키고 말았고, 결국 가르시아가…."

비록 범인은 놓쳤지만, 홈즈의 가설 추리가 완벽히 맞아떨어지는 순간이었다.

〈위스테리아 별장〉 외에도 여러 작품에서 가설 사고를 즐겨 활용하는 홈즈의 모습을 찾아볼 수 있다. 그중 한 작품인 단편 〈신랑의 정체 *A Case of Identity*〉에서 뛰어난 홈즈의 가설 추리 사고력을 엿보도록 하자.

어느 날 홈즈에게 젊은 여성이 찾아온다. 그녀는 자신의 신랑이 결혼식장에 나타나지 않았을 뿐 아니라 어디론가 홀연히 사라져버린 사건을 해결해달라고 요청한다. 이는 홈즈에게는 아주 쉬운 사건이었다. 의뢰인의 진술만 가지고도 사건의 전말을 속속들이 파악할 수 있었기 때문이었다.

의뢰인 서덜랜드 양에게는 자신보다 겨우 다섯 살 많은 계부가 있었는데, 착한 의뢰인은 자신에게 매년 지급되는 숙부의 유산 100파운드를 모두 친모와 계부에게 주었다. 그러면서도 정작 자신은 타이피스트로 일하면서 번 돈만 가지고 스스로 만족할 만한 삶을 살고 있었다. 그러나 언젠가는 서덜랜드 양에게 멋진 구혼자가 나타날 것이고, 그렇게 되면 자신들에게 돌아올 돈이 끊겨버리지 않을까 두려워한 친모와 젊은 계부가 일을 꾸민 것이었다. 즉 서덜랜드 양에게 청혼한 그 남자는 감쪽같이 변장한 젊은 계부였던 것이다. 홈즈의 이러한 가설 사고는 젊은 계부의 입을 통해 사실임이 밝혀졌다.

이 사건을 해결한 뒤 홈즈는 왓슨에게 다음과 같이 가설 사고의 방법을 설명했다. "일단 용의자를 점찍은 뒤에 확증을 얻어내는 것은 쉬운 일이네."

홈즈는 〈빨강머리 연맹*The Red-headed League*〉에서도 가설 사고의 비법에 대해 밝히고 있다.

"나는 사건에 대한 설명을 조금만 들어도, 기억 속에 저장된 수천 건의 유사한 사건을 지표로 해서 판단을 내릴 수 있습니다."

홈즈는 수많은 유사한 사건으로부터 얻어낸 경험과 직관, 그리고 의뢰인의 진술을 토대로 가장 가능성 높은 용의자를 일단 추리해낸 뒤, 그것을 뒷받침할 수 있는 증거들을 찾아 나선다. 앞서 소개했던 《주홍색 연구》에서도 홈즈는 유사한 표현을 하고 있다.

"이런 문제를 해결하는 데 가장 중요한 것은 거꾸로 추리해나갈 수 있는 능력이죠. 누구에게나 많은 사실을 알려주면, 대부분의 사람들은 결과를 예측해냅니다. 그러나 결과를 먼저 말해주었을 때, 그러한 결과에 이르기까지의 단계를 마음속으로 더듬어낼 수 있는 사람은 드물다고 할 수 있지요."

즉 결론을 먼저 상정해놓고 그 이전 단계들을 되짚어간다는 뜻인데, 이는 가설 사고의 기본적인 틀을 설명하는 것이다. 이렇게 가설 사고를 통해 어떤 사건의 이전 단계를 추론하려면 그의 말대로 '기억 속에 저장된 수천 개의 유사한 사건들'이 있어야 가능하다.

프로야구 선수와 명탐정의 공통점은?

자, 그럼 가설 사고에 대해 좀 더 명확하게 정의해보도록 하자. 우선 가설에 대해 알아보자. '가설Hypothesis'이란 어떤 사실을 설명하거나 어떤 이론 체계를 연역하기 위해 설정한 가정을 일컫는 것으로, 사전적으로는 '일련의 현상을 설명하기 위해 어떤 학설을 논리적으로 구성하는 명제'라고 정의된다. 이미 알고 있는 진리나 개념으로부터 새로운 개념과 명제를 만들어낸다는 점에서, 가설을 수립한다는 것은 매우 창조적인 행위에 해당한다. 이러한 가설로부터 이론적으로 도출된 결과가 관찰이나 실험에 의해 검증되면, 가설의 위치를 벗어나 일정한 한계 안에서 타당한 진리가 된다.

우리는 누군가와 이야기를 나눌 때 '만일 ~라면' 혹은 '~라고 가정한다면'이라는 가정법을 흔히 사용한다. 쉽게 말하자면 가설 사고란 이러한 가정법을 사용해 구축해나가는 가정적 추론방식이자 논리적 사고법 중 하나다. 가설 사고는 앞서 살펴보았듯 탐정들이 사건을 해결할 때 주로 활용하는 방법 중 하나인데, 우리가 매일같이 직면하는 온갖 문제들을 해결할 때도 좋은 도구가 된다. 그래서 경영 컨설팅을 하는 컨설턴트들도 자주 이를 활용하고 있다. '팀의 매출을 향상시키려면 어떻게 하는 것이 좋을까?', 'R&D의 효율을 높이려면 어떻게 하는 것이 좋을까?' 하는 문제의 답을 구하는 방법으로 가설 사고를 활용하는 것이다. 과학자들 역시 실험을 설계할 때 가설 사고를 자주 활용한다.

그렇다면 우리가 왜 가설 사고를 배워야 하는지, 그 답은 이미 나왔다고 할 수 있다. 뛰어난 사업수완을 발휘하는 CEO, 어떤 사건이든 척척 해결해내는 명탐정의 공통점은 무엇일까? '남들보다 해답을 제시하는 속도가 빠르다'는 것이다. 그들은 충분한 자료가 될 만한 정보가 없는 상황, 분석 작업이 아직 진행되지 않은 상황에서 나름대로의 해결책을 수립한다. 한정된 정보를 가지고도 다른 사람보다 신속하고 정확하게 문제점을 발견하고, 이에 대한 해결책을 찾아낼 수 있는 능력의 소유자들이다. 그들이 제시한 해결책, 즉 아직 증명되지 않았지만 가장 정답에 가깝다고 판단되는 임의의 답이 바로 가설인 것이다.

우리는 정보의 중요성을 잘 안다. 정보가 풍부하면 의사결정 과정도 순탄하고, 얻어낸 결론 역시 적중률이 높을 것이다. 그러나 현실에서는 충분한 정보를 찾을 만한 시간적 여유가 없거나, 정보의 양 자체가 충분치 않은 경우가 많다. 이럴 땐 어떻게 해야 할까? 너무 정보가 많고 복잡해서 유효한 것만 골라내기가 어려울 때는? 혹은 너무 많은 정보가 오히려 판단력과 사고의 효율을 떨어트릴 수 있다고 판단될 때는 어떻게 하는 것이 좋을까? 이때 활용할 수 있는 유용한 도구가 바로 가설 사고다.

가설 사고의 장점은 무엇보다도 빨리 과제를 해결할 수 있다는 것이다. 세상은 우리에게 늘 '빠르고도 정확한' 해결책을 제시할 것을 요구한다. 이러한 상황에 늘 직면하는 현대인들에게는 충분한 정보를 하나씩 하나씩 수집할 시간이 부족하다. 이럴 때는 가설 사고를 활용해 해결책을 먼저 세워보라. 가설을 세운 뒤 시작하면 더 빠르게 문제를 해결할 수 있고, 이런 경험이 축적되면 질적으로 우수한 답을 찾아내게 되며, 그것이 최종 대안과 일치할 확률도 높아진다.

프로야구 선수 중에서 2할 5푼 대의 타율을 기록하는 타자와 3할 대를 기록하는 타자는 연봉 차이는 어마어마하다. 그렇지만 실제 그들의 차이는 경기당 안타를 하나 더 치느냐, 못 치느냐의 차이일 뿐이다. 비즈니스 컨설턴트의 세계도 이와 같다. 문제 해결 초기에 최종 대안에 근접한 가설을 얼마나 빨리 수립하느냐에 따라 연봉이 몇 배씩 차이나게 되는 것이다.

가설 사고를 수행하려면 그 영역에 대한 전문성이 전제되어 있어야 한다. 홈즈가 말했던 것처럼, 가설 사고를 통해 어떤 단계를 추론하려면 '기억 속에 저장된 수천 개의 유사한 사건들'을 필요로 하기 때문이다. 예를 들어 화학제품을 생산하는 기업이 경영상 어려움에 봉착했다면, 그 예상 원인은 수없이 많을 것이다. 직원들의 역량이 경쟁기업에 비해 낮거나, 제품이 시장의 니즈를 충족시키기 못하거나, 품질에 문제가 있거나, 생산성이 낮거나, 업계 전반에 불황이 닥쳤다거나, 기업의 재무구조가 부실하거나, 기업 이미지에 문제가 있거나… 무수한 변수들이 그 원인으로 지목될 수 있다. 그러나 이 분야에 대해 전문적 지식과 식견, 전체를 조망하는 시야를 갖고 있는 사람이라면 여러 변수들 가운데 무엇이 가장 가능성이 높은 원인인지 이미 알고 있거나 빠르게 알아낼 수 있다. 만약 '친환경 트렌드에 의한 화학제품 기피현상 때문'이거나, '저개발 국가 기업들의 저임금에 편승한 저가공세 때문'일 것이라고 범위를 좁혔다면, 이 두 가지 가설에 초점을 맞춰 문제해결에 필요한 분석방법을 선택하고 이에 필요한 정보를 수집해 문제를 해결할 수 있다.

가설은 크게 두 가지 국면에서 수립하게 된다.

첫 번째 국면은 문제를 발견하는 때다. 비즈니스 상의 문제들은 매우 포괄적인 경우가 많다. 예를 들어 '매출이 줄고 있다'는 문제가 발생했다고 해보자. 이 경우 좀 더 명확하게 문제를 정의해야 하는데, 이때 사용하는 가설 사고를 '문제 발견을 위한 가설 사고'라고 한다.

매출이 왜 부진한지, 그 이유에 대한 모든 가능성을 다 조사하기 시작하면 시간과 인력, 비용의 낭비를 초래할 것이 틀림없다. 따라서 경험과 지식을 바탕으로 몇 가지 가설을 세워보는 것이다. 첫째, 가격이 적절하지 않은 것은 아닌가? 둘째, 새로운 경쟁자나 경쟁상품이 등장한 것은 아닌가? 셋째, 디자인이 소비자의 기호를 반영하고 있지 못한 것은 아닌가?… 이와 같이 가설을 수립한 다음에는 한두 가지 검증도구를 사용해 가설들을 검증해본다. 예를 들어 시장을 분석해 우리를 위협할 만한 경쟁사가 등장했는지 파악하고, 경쟁상품의 가격을 조사해 최근 가격을 내리거나 할인행사를 한 적이 없는지 알아본다. 그리고 주요 소비계층을 대상으로 인터뷰를 해 디자인 선호도를 파악하는 등의 방법을 활용할 수 있을 것이다.

조사 결과 제품의 디자인이 주요 소비계층이 선호하는 디자인과 다소 거리가 있다는 것이 밝혀졌다고 해보자. 그렇다면 이제 해야 할 일은 '문제 해결을 위한 가설'을 수립하는 것이다. 가설 사고가 필요한 두 번째 국면은 바로 문제를 해결하는 때다. 소비자의 기호를 충족시킬 수 있는 디자인을 개발하기 위해 이번에는 방법론적인 가설들을 수립한다. 첫째, 경쟁상품 중 가장 잘 팔리고 있는 제품의 디자인을 벤치마킹한다. 둘째, 세계적인 디자인 회사에 개발을 의뢰한다. 셋째, 기존 제품의 디자인을 변형한다.··· 이처럼 문제 해결을 위한 여러 가설들을 수립하는 것이다. 그리고 해결을 위한 가설들 중에서 가장 현실성 있고 효과적인 해결책을 검증을 통해 추려내고 적용하면 된다.

'오! 람세스 대왕이시여!'

가설 사고는 어떤 논리체계를 가정해보는 것이다. 정보는 적고 시간은 부족할 때 적은 양의 단서를 가지고 범위를 좁혀가며 하나씩 답을 찾아나가는 것이다. 이는 기본적으로 가정법의 확대적용이라 할 수 있다. '아마도 ~일 것이다'라고 가정한 뒤에 그것이 참일 수밖에 없는 이유를 찾아나가는 것이다. 이것은 암호를 해독하는 데도 사용할 수 있다. 고고학자들이 뜻을 알 수 없는 고대 문자들의 의미를 밝혀내려

할 때도 이 방법을 사용한다.

4세기 이후 비잔틴 제국을 지배했던 것은 그리스도교였다. 391년 테오도시우스 1세Theodosius I는 로마 제국 안에 있는 이교도 신전을 모두 폐쇄하라는 칙령을 내리기에 이르렀다. 그 무렵 이집트에는 이미 전통적인 신을 신봉하는 사람이 많지 않았기에 종교적으로는 큰 파장이 없었을지도 모른다. 그러나 신전의 폐쇄는 예상치 못한 결과를 가져오고 말았다. 주민들이 사용하던 상형문자까지 함께 사라져버린 것이다. 이집트 상형문자는 점차 사람들의 기억 속에서 사라져갔다.

그로부터 1,400년 후, 프랑스 파리의 많은 학자들은 '이것'에 관심을 빼앗겼다. '이것'은 바로 나폴레옹의 이집트 원정 전리품인 로제타스톤이었다. 로제타스톤은 상형문자, 민용문자, 그리스어 세 가지로 표기되어 있는데, 학자들은 그중에서도 이집트 상형문자를 해독하기 위해 열을 올렸다.

천재적 언어학자였던 장 프랑수아 샹폴리옹Jean-François Champollion도 로제타스톤에 적혀 있는 고대 이집트 상형문자를 해석하는 데 뛰어들었다. 그는 기존의 잘못된 가설 몇 가지를 수정하는 것으로부터 해독을 시작했다. 기존의 가설들은 모두 이집트 문자를 해석하는 데 실패했다. 왜일까? 상형문자가 뜻글자라고만 생각했기 때문이다. 그는 '이집트 상형문자에는 뜻을 나타내는 문자만 있는 것이 아니라 음성기호로서의 역할을 하는 문자도 있는 것이 아닐까?'라는 새로운 가설을 세운 뒤 해독을 시작했다.

로제타스톤에 쓰여 있는 그리스어의 내용은 이렇다. 'B.C. 196년, 신관들이 모여 신전과 신관을 위해 애쓴 젊은 왕 프톨레미 5세를 칭송하는 글을 채택하고, 그것을 새긴 똑같은 돌들을 모든 신전에 바치기로 합의했다.'

샹폴리옹은 그리스어로 쓴 글이 프톨레미 왕을 칭송하는 것이므로, 상형문자로 쓴 글에도 프톨레미 왕의 이름이 들어 있을 것이라고 생각했다. 그렇다면 어떤 기호가 '프톨레미'를 나타내는지만 파악해도 몇 개의 발음기호를 알아낼 수 있을 것이다. 연구를 거듭하던 중, 샹폴리옹은 유난히 눈에 띄는 기호를 몇 개 발견하기에 이른다. 오른쪽 끝에 직선이 내리 그어진 타원형 박스 안에 표기된 기호였다. 그는 생각했다. '우리는 책을 읽다가 뭔가를 강조하고 싶을 때 박스를 친다. 고대인들도 그렇지 않을까? 그렇다면? 이건 칭송하고 싶은 왕의 이름이 아닐까?'

샹폴리옹은 자신의 가설을 로제타스톤과 이집트 필레에서 발견된 오벨리스크를 통해 증명하려 했다. 로제타스톤의 상형문자와 오벨리스크에 새겨진 상형문자에는 똑같은 기호가 오른쪽 끝에 직선이 내리 그어진 타원박스 안에 표기되어 있었다. 그리스어로 쓴 글과 대조한 결과 이 역시 프톨레미 왕을 표시하고 있었다. 샹폴리옹의 가설이 옳다고 판명난 것이다.

그런데 필레의 오벨리스크에는 프톨레미 왕 말고도 박스 표시가 되어 있는 또 다른 기호가 존재했다. 그리스어로 쓴 글에는 클레오파트라라는 이름이 나온다. 샹폴리옹은 어떤 생각을 했을까? 여러분이라면? 또 하나의 박스로 강조한 글자는 클레오파트라임에 틀림없었다. 샹폴리옹은 프톨레미 왕을 나타낸 글자와 이를 비교해 두 글자에 공통적으로 나타나는 기호를 찾아냈다. '프톨레미'와 '클레오파트라' 두 단어에 모두 등장하는 발음기호는 P, O, L이니, 그 기호들이야말로 P, O, L의 발음 기호임에 틀림없었다. 이런 방식으로 샹폴리옹은 27개나 되는 파라오의 이름을 해독함으로써 이집트 상형문자의 음가音價를 밝혀냈다.

그런데 마지막까지 풀지 못한 파라오 이름이 있었다고 한다. 맨 앞에는 원이 그려져 있고 뒤이어 M, S, S라는 음가가 적혀 있다는 것까지는 알아냈으나, 더 이상은 읽을 수가 없었다. 샹폴리옹은 고대 이집트인이 사용하던 콥트어, 즉 그리스 문자를 빌려 쓴 이집트 문어文語에서 태양신을 'Ra'라고 불렀다는 사실을 문득 떠올렸다. '그래, 원은 태양일지도 몰라.' 샹폴리옹은 M, S, S 앞에 RA를 놓고, 이집트 어에서 종종 생략되는 E를 S, S 사이에 넣었다. 'RAMSES.' 오! 람세스 대왕이시여!

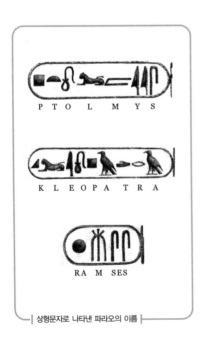

| 상형문자로 나타낸 파라오의 이름 |

그림 문자의 비밀을 풀어라

어느 날 밤부터, 당신에게 다음과 같은 암호문이 차례로 배달되었다. 그리고 당신의 주변에서 괴이한 일들이 벌어진다. '이게 도대체 무슨 일인가!' 도대체 사람 형상이 그려진 암호문과 연이어 발생하는 이상한 사건들은 어떤 관계가 있는 것일까? 자, 그렇다면 가설 사고를 활용해 이 사건을 직접 해결해보는 것은 어떨까?

앞의 암호는 셜록 홈즈가 등장하는 단편 〈춤추는 인형*The Adventure of the Dancing Men*〉에 나오는 것이다. 이 단편은 셜록 홈즈 시리즈 중 비극으로 끝나는 몇 안 되는 작품이기도 하다. 여기서 홈즈는 샹폴리옹이 이집트 상형문자를 해독한 것과 같은 방법을 사용해 암호문을 풀어나간다.

미국에서 건너온 정숙하고 아름다운 부인 엘시를 맞이해 행복한 삶을 살던 큐비트 씨는 이해할 수 없는 일들이 자꾸 생기자 홈즈를 찾아와 도움을 요청한다. 알 수 없는 암호문이 집 안 곳곳에 나타나기 시작한 것이다. 홈즈가 암호를 해독하는 동안 큐비트 씨는 악한으로부터 살해당하고, 그의 아내 엘시는 심각한 총상을 입고 만다. 결국 홈즈가 이 비밀스러운 암호를 해독해내 미국에서 건너온 흉악범을 사로잡는 것으로 이야기는 끝난다.

"첫 번째 그림을 보시지요. 큐비트 씨가 처음 가져온 암호문에는 사람 형상 15개가 그려져 있습니다. 그 15개 중에는 양손을 하늘로 올리고 왼발과 오른발을 쭉 뻗은, 같은 모양의 형상이 4개나 들어 있었습니다.

그것으로 저는 이 형상이 영어의 알파벳의 'E'라고 가정할 수 있었습니다. E는 영어에서 가장 자주 사용되는 문자이며, 짧은 문장에서는 더욱 많이 사용되기 때문이지요. 그다음에 형상을 좀 더 면밀히 살펴보았습니다. 손에 깃발을 들고 있는 것과 그렇지 않은 것이 있더군요. 깃발이 나타난 상태로 보아 단어와 단어를 나누는 표시임을 알 수 있었지요. 그러나 그다음부터가 어려웠습니다. E 다음에 오는 알파벳의 순서는 확실치가 않습니다. E 다음에 대충 T, A, O, I, N, S의 순서로 많이 쓰이지만, 이는 추측일 뿐이며 확실하다고 단정 지을 수는 없었습니다.

그때 마침 큐비트 씨가 각각 하나의 단어(깃발이 그려지지 않았으므로)와 두 개의 단어로 된 새로운 암호문을 가지고 왔습니다. 하나의 단어로 된 암호문의 두 번째와 네 번째 문자는 E였습니다. 그래서 나는 이 단어를 'SEVER(끊는다)', 'LEVER(지렛대)', 'NEVER(결코~아니다)' 세 가지 중 하나일 것이라고 생각했습니다. 그중에서 어떤 부탁이나 호소에 대한 응답으로는 'NEVER'가 가장 그럴 듯했고, 상황으로 보아 그것은 부인이 쓴 답장 같았습니다. 이 모든 가정이 맞는다면 N, V, R을 뜻하는 형상이 무엇인지 명확해지는 것이지요.

세 번째 그림을 보십시오. 만일 이 메시지가 부인의 처녀시절 그녀와 친하게 지냈던 사람이 보낸 것이라고 가정한다면, 처음과 끝이 E로 끝나고 가운데 세 글자가 있는 낱말은 틀림없이 부인의 이름 '엘시ELSIE'일 것입니다. 범인은 부인 엘시의 이름을 거듭 부르며 그녀에게 무엇을 절실하게 요구하고 있다는 것을 알게 되었습니다. 이러한 가정과 추리에 따라 L, S, I를 나타내는 그림 문자의 비밀도 풀 수 있었지요.

도대체 범인이 부인에게 무엇을 요구하는지, 문장을 살펴보니 E로 끝나는 네 글자 단어가 있음을 발견했습니다. E로 끝나는 단어는 무수히 많지만, 무언가를 요구하는 상황에서 가장 확률이 높은 단어는 이것이지요. 'COME(돌아오라).' 즉 범인은 부인에게 돌아올 것을 요구하고 있는 겁니다. 자, 이로써 C, O, M 세 글자에 해당하는 그림 문자도 찾게 되었습니다. 여기까지 생각한 뒤 한 단어로 된 암호문('NEVER')을 보니, 그건 '엘시, 돌아오라'는 암호문의 답장으로 부인이 쓴 것임을 알 수 있었습니다.

그다음 첫 번째 암호문을 다시 풀어보았습니다. 아직 해독하지 못한 문자를 O로 표시하여 적어보면 그 암호문은 다음과 같이 됩니다. 'OM O ERE O OE SLONE O' 이 문장으로 보아 첫 글자는 A라는 결론을 내렸습니다. 이렇게 짧은 문장 가운데 세 번이나 등장할 만큼 많이 쓰이는 글자는 E 외에는 A밖에 없기 때문이지요. 그러자 두 번째 단어가 시작되는 첫 글자는 H가 틀림없다는 확신이 들었습니다. 'AM HERE A O E SLANE O' 이렇게 되면 뒷 두 단어는 이름이라는 것을 알 수 있지요. 이름 가운데 글자는 쉽게 맞힐 수 있습니다. 'AM HERE ABE SLANEY(나는 여기에 왔다. 에이브 슬레이니).' 부인이 미국 출신이라는 정보에 기인해 생각해볼 때, 에이브는 에이브러햄이라는 미국식 이름의 약자일 것이라는 추론이 내려지더군요.

네 번째, 'A O ELRI O ES', 빠진 곳에 T와 G를 차례로 대입했더니 'AT ELRIGES(엘리지)'가 되었고, 이는 아마도 슬레이니라는 사람이 묵고 있는 곳이라고 추측할 수 있었습니다. 에이브 슬레이니라는 사람이 부인을 만나기 위해 미국에서 건너와 엘리지에 묵고 있는 것이지요. 저는 뉴욕 경찰에 있는 친구에게 전보를 쳤습니다. 그자의 신원을 조사해달라고 말입니다. 이것이 바로 그 전보의 회답입니다."

'시카고에서 가장 악명 높은 사람.'

"전보를 받던 밤, 큐비트 씨가 내게 또 하나의 암호문을 전보로 보냈습니다. 마지막 두 줄의 그림을 보시지요. 그간의 정보로 조합해보니 'ELSIE ○RE○ARE TO MEET THY GO○', 남은 글자 속에 P와 D를 끼워 넣자 암호문이 완전히 해독되었습니다.

'ELSIE PREPARE TO MEET THY GOD(엘시, 죽을 각오를 하라).'

이와 같은 종류의 암호를 일대일 대응암호라고 부른다. 이는 암호 중에서도 가장 기초적인 것에 속한다. 그러나 혹시 앞에 소개된 암호 해독을 시도하고자 하는 독자가 있다면 그러지 않는 편이 나을 것 같다. 훗날 전문가들이 이 암호에는 오류가 있다는 것을 밝혀냈기 때문이다. 홈즈가 어떻게 가설을 세우고 이를 확인해나가는지, 그 모습을 지켜보는 것만으로도 흥미진진할 테니 그 정도에서 만족해주기 바란다.

그래도 아쉬운 독자가 있다면 아래의 암호에 한번 도전해보기 바란다. 포의 단편 〈황금 풍뎅이*The Gold Bug*〉에 등장하는 것으로서, 해적들이 숨겨놓은 보물 상자의 위치를 알려주고 있다. 보물 상자를 찾아보자!

53‡‡†305))6* ; 4826)4‡.)4‡) ; 806* ; 48†8¶60))85 ; 1‡(; : ‡*8†83(88)5*† ; 46(; 88*96*? ; 8)*‡(; 485) ; 5*†2 : *‡(; 4956*2(5*—4)8¶8* ; 4069285) ;)6†8)4‡‡ ; 1(‡9 ; 48081 ; 8 : 8‡1 ; 48†85 ; 4)485†528806*81(‡9 ; 48 ; (88 ; 4(‡?34 ; 48)4‡ ; 161 ; : 188 ; ‡? ;

───┤ 해적들의 보물이 숨겨진 위치를 적은 암호문 ├───

답: A good glass in the bishop's hostel in the devil's seat forty-one degrees and thirteen minutes northeast and by north main branch seventh limb east side shoot from the left eye of the death's -head a bee-line from the tree through the shot fifty feet out.

주교 저택의 악마의 자리, 좋은 안경(해적들은 망원경을 안경이라고 불렀다) 41도 13분, 북북동 동쪽 큰 줄기 일곱 번째 가지, 죽은 자의 머리 왼쪽 눈에서 쏜 나무에서 탄착점을 지나 직선으로 15피트 바깥 쪽.

새로운 길을 제시하는 힘, 가설 사고

우리는 지금까지 가설 사고란 무엇인지, 가설 사고를 활용하면 어떤 유리한 점들이 있는지 살펴보며 그 유용함을 직접 확인해보았다. 가설 사고는 사건을 해결하는 탐정들이나 고대 문자를 연구하는 고고학자들은 물론이고, 일상에서도, 비즈니스 현장에서도 큰 도움을 준다.

만약 '가설을 수립하고 검증했는데, 가설이 틀렸으면 어떻게 하지?' 하는 불안감에 사로잡혀 있다면, 훌훌 털어버리기를 바란다. 일본의 대표적인 기업, 혼다Honda Motor Company의 이야기가 용기를 줄 것이다.

일본의 대표적인 자동차 생산 업체인 혼다는 원래 오토바이를 제조하는 기업이었다. 특히 50cc 소형 엔진을 장착한 오토바이 '슈퍼컵'은 일본 시장의 절반 이상을 장악했다. 일본에서 소형 오토바이로 큰 성공을 거둔 혼다는 미국 시장 진출을 모색했다. 일본 오토바이가 미국에 진출한 전례가 없었기 때문에, 혼다는 가설 사고를 동원해 전략을 수립했다. '미국의 소비자들은 대형 오토바이를 선호할 것이다. 50cc 수퍼컵은 미국인의 체형에 맞지 않기 때문에, 설령 어느 정도 판매가 되더라도 대형 오토바이를 선호하는 미국인에게 좋은 이미지를 남기지 못할 것이다'라고 생각했다. 이에 따라 혼다는 미국 시장을 노린 대형 오토바이를 개발했다.

이렇듯 가설 사고를 동원해 전략을 수립하고, 미국에 지사를 설립해 제품을 출시했지만 결과는 참담했다. 당시 혼다가 개발한 대형 오토바이용 엔진은 미국에 진출하기에는 심각한 기술 결함을 안고 있었다. 미국의 오토바이족들은 맹렬한 스피드를 즐겼고, 일본의 애호가들보다 훨씬 장거리를 달렸다. 혼다 오토바이의 엔진은 이러한 미국인들의 주행습관을 견뎌내지 못해 도로에 주저앉기 일쑤였고, 소비자들로부터 불만이 터져 나왔다.

그러던 어느 날이었다. 오토바이가 팔리지 않아 일이 많지 않던 LA 주재 혼다 지사원들이 수퍼컵을 타며 모래사장에서 놀고 있었다. 이를 호기심 어린 눈으로 바라보던 미국인들은 어디에 가면 수퍼컵을 살 수 있느냐고 물었다. 점점 입소문이 나면서 문의가 폭주하자, 미국 지사원들은 대형 오토바이용 엔진이 개발되는 동안 소형 오토바이를 판매해보자고 본사에 제안했다.

그 결과는 누구도 상상하지 못했던 것이었다. 미국인들은 소형 오토바이를 선호하지 않을 것이라는 애초의 가설과 달리, 혼다의 소형 오토바이는 날개 돋친 듯 팔려나갔다. '멋있는 사람은 혼다를 탄다'는 광고 역시 화제가 됐는데, 이 문구는 그때 모래사장에서 우연히 만나 동료가 된 UCLA 대학생이 수업과제로 만든 것이라고 한다. 이로부터 6년 후 혼다는 미국 오토바이 시장의 60% 이상을 장악하는 기염을 토했다.

혼다의 사례는 가설이 잘못되었다는 것이 입증되자, 즉시 가설을 고치고 새로운 전략으로 임하여 성공한 좋은 예다.

가설 사고로 수립한 전략으로 큰 성공을 거둔 일본의 어느 편의점 사례도 흥미롭다. 당시 모든 편의점들은 새로운 음료가 출시될 때마다 빠르게 도입해 매장 냉장고에 진열했다. 진열된 상품의 종류와 매출이 비례할 것이라는 생각이 지배적이었기 때문이다. 그러나 이 편의점 회사의 생각은 달랐다.

'매장 냉장고에 진열된 음료수를 봐. 탄산음료, 과일 주스, 차, 커피, 건강 음료… 너무 종류가 많은 건 아닐까? 손님들이 진짜 마시고 싶던 걸 찾지 못할 수도 있잖아. 진열상품의 종류를 줄여보면 오히려 좀 더 팔리지 않을까?' 현대인들은 상품에 대한 정보의 홍수 속에 살고 있으므로, 편의점에서 정보를 대신 선별해주는 것이 더 나을 것이라는 전제 하에 가설을 수립한 것이다.

이 편의점은 진열되는 음료의 종류를 3분의 2로 줄이는 특단의 조치를 단행했다. 진열상품의 종류를 줄이되, 인기 있는 상품의 진열 면

적은 오히려 넓혔다. 이렇게 하자 손님들이 원하던 것을 찾지 못해 못 사는 경우가 없어지고, 인기 있는 상품이 동나버리는 경우도 없어졌 다. 제품의 구성이 줄면 선택의 폭도 줄어들므로 매출이 떨어지리라는 통념을 바꾼 것이다. 수립했던 가설이 적중하면서 편의점의 매출은 30% 가까이 늘었다.

가설 사고를 활용하는 여러 가지 방법

가설은 어떤 현상이나 사태를 설명하기 위해 설정한 추측이기는 하 지만, 대충 만들어지는 것은 결코 아니다. 가설을 수립할 때는 풍부한 경험적, 과학적 지식에 근거해야 하며, 예리한 관찰과 필수적인 정보 에 의해 제기되어야 한다. 그러나 또한 가설은 때로 대담하게 제기될 필요가 있고, 그 결과는 매우 혁명적일 수도 있다. 그것이 가설의 매 력이기도 함을 부정할 수는 없을 것이다.

역사적 사건 중에서 그 대표적인 예를 찾아본다면 바로 폴란드의 과 학자인 코페르니쿠스의 지동설일 것이다. 천문학과 수학을 공부한 코 페르니쿠스는 고국으로 돌아가 어느 성당의 신부가 되었지만, 밤이 되 면 성당 옥상에 올라가 측각기를 이용해 우주를 관측하곤 했다. 프톨 레마이오스 천문학과 달력이 일치하지 않는 문제를 해결하려 했던 것 이다. 그는 관측 결과 진리라고 믿었던 기존의 지식이 틀렸다는 사실 을 알게 되었고, 몇 년이 지나고 나서야 그는 이를 설명할 수 있는 가설을 수립해 발표하게 된다.

이렇듯 가설을 세우는 것은 대부분 과학적 지식을 근간으로 하며, 이는 관찰로부터 시작되는 경우가 많다. 관찰을 하다 보면 어떤 질서를 발견하게 되는데, 이 질서가 가설을 수립하는 근거가 된다. 이를 논리학적으로 표현하면 귀납추리 혹은 유비추리를 사용했다고 말할 수 있다. 가설에서 결론을 이끌어내는 단계에서는 주로 연역추리를 활용한다. 그런 연후에 가설을 검증한다면 이것이 소위 '법칙'이 되는 것이다.

뉴턴이 만유인력의 법칙을 발견할 때에도 이 같은 방식의 사고를 했다. 함께 살펴보자.

1. 사과나무를 관찰했다 : **관찰**
2. 모든 사과(물체)는 위에서 아래로 떨어진다 : **질서 발견**
3. 지구가 사과를 잡아당기고 있는 것은 아닐까? : **가설 수립**
4. 물체의 자유낙하속도를 구하는 공식을 만들어낸다 : **검증**

이렇게 검증까지 마치고 나면 그것은 '만유인력의 가설'에서 '만유인력의 법칙'이 된다. 코페르니쿠스와 갈릴레이의 지동설이 상당기간 지동 '법칙'이 아닌 '설說'로 남아 있었던 것도 직접검증을 하지 못했기 때문이다. 일단 법칙이 되고 나면 이는 미래를 예측하는 도구가 될 수도 있다. 따라서 가설 사고는 자연과학과 사회과학적 발견의 도구로 사용된다. 과학사는 기존의 가설을 부정하고 새로운 가설을 제기하는 과정의 반복이었다 해도 과언이 아닐 것이다.

이렇듯 가설을 수립한 뒤에 실험을 거쳐 사실로 확인하는 일련의 절차를 '가설 연역'이라 한다. 가설 연역의 사전적 정의는 다음과 같다. '이제까지의 지식이나 관찰을 모아 하나의 가설을 세우고, 이 가설로부터 필연적으로 연역되는 명제를 실험적으로 검토하는 방법.' 연역법은 전제가 되는 가설을 참으로 인정하고 시작하지만, 가설 연역적 추론은 전제로 삼은 가설이 '참' 또는 '거짓'인지를 알아내는 것에 목적을 둔 추론이라 할 수 있다. 제시된 명제가 모두 실험에 의해 '참'인 것이 확인되면 원래의 가설은 진리성을 부여받게 된다.

화학 분야에서 주기율표를 만든 러시아의 화학자 멘델레예프Dmitrii Ivanovich Mendeleev. 그의 어머니는 아들의 교육을 위해 시베리아 토볼스크에서 모스크바까지 머나먼 길을 마다하지 않은 러시아 판 '맹모삼천지교孟母三遷之敎'의 주인공이기도 하다. 상트 페테르스부르크 대학의 화학과 교수였던 멘델레예프는 종이카드 63장에 각각의 원소 이름과 원자량, 성질 등을 쓴 다음 다양한 방식으로 배열해보았다. 연구를 거듭하던 어느 날 깜빡 잠이 들어 꿈을 꾸었는데, 그는 그 꿈에서 주기율표를 완성했다. 훗날 멘델레예프는 이 경험을 이렇게 진술했다.

"나는 꿈속에서 모든 원소들이 정확히 있어야 할 곳에 자리 잡은 표를 보았다."

그는 꿈에서 깨어나자마자 즉시 그것을 기록했다. 그리고 몇 주 후 그는 이를 정리해 〈원소의 구성 체계에 대한 제안〉이라는 논문으로 발표했다. 이 논문에는 수직으로는 원자량이 증가하는 순서에 따라, 수

평으로는 성질의 유사성에 따라 원소들이 배열되어 있었다. 그러나 몇 가지 원소의 배열은 당시 알려져 있던 것과 달랐으며, 빈칸도 여기저기 눈에 띄었다. 그의 표를 본 사람들은 표에 오류가 많다고 지적했다. 그러나 멘델레예프는 자신의 생각이 맞다고 확신했다. 요오드 등 자신의 표와 차이가 나는 원소들은 원자량이 잘못 계산된 것이며, 빈칸에 들어갈 원소들은 조만간 발견되리라고 확신했다. 나아가 그는 빈칸에 들어갈 원소들의 특성까지 예언했다.

멘델레예프의 가설은 하나하나 입증되었다. 1875년 프랑스 화학자 부아보드랑Paul mile Lecoq de Boisbaudran이 멘델레예프가 예측한 원소들 중 하나를 발견했다. 갈륨이었다. 그러나 갈륨은 그가 예측했던 것과 성질은 유사했지만 비중이 달랐다. 이때도 멘델레예프는 자신의 예측이 옳고 보드랑의 계산이 잘못된 것이라고 주장했다. 물론 후일 멘델레예프가 옳다는 것이 실험으로 입증되었다. 몇 년 후인 1886년에는 독일의 화학자 클레멘스 빙클러Clemens Alexander Winkler가 새로운 원소를 발견하여 게르마늄이라 명명했다. 이 원소에 대한 멘델레예프의 예상 역시 딱 들어맞았다. 몇 번의 검증과정을 거친 멘델레예프의 화학주기율표는 법칙이 되었고, 이제 예측의 도구로 쓰이게 되었다. (註 : 폴 스트레턴 저, 예병일 역, 《멘델레예프의 꿈》에서 발췌 인용함.)

멘델레예프가 빈칸을 두었던 것이나 그 칸에 어떤 원소들이 들어가게 될 것이라는 사실을 정확히 예측할 수 있었던 까닭은 그가 가설 연역적 사고를 했기 때문이다. 멘델레예프는 원소들이 일정한 법칙 하에 존재한다는 것을 기존의 지식과 관찰로부터 깨닫고 가설을 세웠다. 이 일정한 법칙은 연역적 대전제가 되는데, 이를 표로 나타낸 것이 바로 주기율표다.

미국의 심리학자 스탠리 밀그램Stanley Milgram이 예일 대학교에서 실시한 '복종에 관한 심리 실험' 역시 가설 사고를 활용한 것이다. 이 실험 결과는 1963년 〈복종에 관한 행동의 연구〉라는 논문으로 발표되어 엄청난 파장을 일으켰다.

실험은 이렇다. 두 명의 참가자 중 신문 광고를 통해 모집한 사람은 교사 역할을, 실험 관계자인 학생은 학생 역할을 맡는다. 학생은 의자에 묶인 상태에서 단어를 암기하고, 교사는 학생이 틀릴 때마다 단추를 눌러 전기 충격을 가하도록 했다. 단추의 전압은 15V에서 450V까지 단계적으로 높아졌다. (물론 실제 전기 충격을 가한 것은 아니다. 학생 역할을 맡은 실험 관계자들은 교사가 전기 단추를 누르면 비명을 질러 고통 받는 연기를 했다.) 실험 전 실시한 예측조사에서 응답자들은 '교사 역할을 맡은 사람은 어느 정도 이상이 되면 단추를 누르지 않을 것이고, 450V 단추를 누르는 사람은 0.1%도 되지 않을 것'이라고 예상했다. 밀그램 박사는 이 예측조사를 토대로 '사람은 다른 사람에게 비이성적인 고통을 주지 않을 것이다'라는 가설을 세웠다.

그러나 전기 단추를 누르라는 권위자(실험을 주최한 밀그램 교수 등)의 명령에 교사 역할을 맡은 사람들 중 65%는 학생이 죽을지도 모르는 절박한 위험 상황에도 불구하고 전기 단추를 최고 단위인 450V까지 눌렀다. 가설이 틀린 것이다. 이로써 인간은 비이성적인 명령에 복종하는 존재라는 불편한 진실이 밝혀졌다. 이 실험은 이전에 받았던 교육을 망각하고 복종에 대한 욕구가 우선한다는 것을 보여줌으로써 인간에게 자유의지라는 것이 과연 존재하는가에 대한 의문을 제기하여 큰 충격을 던져주었다.

붉은털원숭이를 대상으로 동일한 실험을 실시한 결과는 놀라웠다. 두 마리 원숭이를 두고, 한 마리 원숭이가 먹이를 먹기 위해 전기 단추를 누를 때마다 다른 원숭이에게 전기 충격이 가해지는 실험이었다. 비록 권위자가 명령하는 일은 없었지만, 원숭이들은 먹이를 선택할 때마다 동료 원숭이가 전기고문으로 고통스러워하는 모습을 보고는 15일간이나 전기 단추를 누르지 않았다. 물론 원숭이는 이 기간 동안 먹이를 먹지 못했다.

이렇듯 가설과 실증이 결합된 것이 과학적 탐구의 도구인 가설 연역법이다. 어떤 사물이나 현상을 연구할 때 먼저 관찰, 실험, 조사 등으로 입수한 자료를 검토해 가설을 세운다. 그리고 그 가설로부터 뽑은 몇 개의 명제를 실험이나 관찰, 관측을 통해 조사함으로써 그 결과가 전제로 삼은 가설이 '참' 또는 '거짓'임을 검증한다. 앞서 예로 들었던 뉴턴의 만유인력의 법칙이나 스탠리 밀그램의 심리 실험 역시 엄밀하게 말하면 가설 연역의 영역에 속한다고 할 수 있다. 그러나 전체적으로 보면 가설은 개별적인 현상에 대한 관찰로부터 일반적 법칙을 이끌어내므로 귀납적이라고 할 수 있다.

자, 이제 가설 사고에 대해 정리해보도록 하자. 가설 사고란 문제의 얼개를 파악한 상태에서 일단 해결책을 모색해보는 것이다. 즉 아직 자세한 정보를 조사하지 못한 단계에서 가설을 먼저 세워보는 것이다. 조사해야 할 사실과 수행할 수 있는 분석은 사실상 무한히 많기 때문이다. 특히 비즈니스 상의 문제점들은 복잡한 변수로 가득 차 있기 때문에, 모든 사실을 조사한 뒤에 이를 바탕으로 해결책을 만들려 한다면 시간과 노력만 허비하게 될 수 있다. 먼저 가설을 수립하고, 가설이 옳은지 그른지 증명하려는 목표를 세우고 사실을 조사하는 것이 현명하다. 우선순위가 명확해지기 때문에 불필요한 곳에서 시간낭비를 하지 않아도 되기 때문이다. 이는 훨씬 효율적일뿐더러 효과적이기도 하다. 가설은 말 그대로 '가설'이다. 가설이 꼭 최종 결론과 같아야 할 필요는 없다. 다만 중요한 것은 사실을 조사하기 전에 설득력 있는 가설을 세우려 고민하고, 연구하고 노력해야 한다는 것이다.

풍요로운 지식을 제안, 한다

: 가추법

"논리적인 사람은 한 방울의 물에서
대서양이나 나이아가라 폭포의 가능성을 추리해낼 수 있다.
… 인생 전체는 하나의 사슬이 되고,
우리는 그 사슬의 일부를 보고 전체를 알 수 있는 것이다."

- 〈주홍색 연구〉 중에서, 셜록 홈즈

일리노이 대학의 기호학자 토머스 시벅Thomas. A. Sebeok은 기호학 학술지에 에세이를 기고하며 이렇게 운을 뗀 적이 있다. "퍼스의 전문가라면 코난 도일의 셜록 홈즈 시리즈를 적어도 한 번은 통독했을 것이다. 그러나 저 많은 열광적인 홈즈의 팬들은 아마 퍼스의 이름조차 들어보지 못했을 것이다."

미국의 철학자 찰스 샌더스 퍼스Charles Sanders Peirce. 그는 일정한 규칙과 그 결과로부터 어떠한 사례에 도달하는 논리적 방법론을 귀환법歸還法, Law of Return 혹은 가정적 추론이라고도 일컬어지는 '가추법Abduction'이라고 명명했다. 이것이야말로 추리 소설의 대표적 주인공 뒤팽과 홈즈가 관찰을 통해 단서를 찾아낼 때 사용하는 가장 일반적인 방식이다.

"이 미스터리는 아주 쉬워 보이는 해결책 때문에 오히려 해결하기 어렵겠군. 이 점이 바로 이 사건의 기이한 성격일세." 포의 작품 〈모르그 가의 살인〉에서 뒤팽은 이렇게 말한다. '아주 쉬워 보이는 해결책' 이라는 것은 별다른 특징 없이 평범해 보이는 사건이라는 뜻으로, 이런 종류의 사건은 오히려 일반적인 방식으로는 해결하기가 쉽지 않을 것이라는 뜻으로 풀이된다. 포의 팬이기도 했다는 퍼스는 이를 언급하면서 가추법적 논리로 단서를 찾아야 함을 강조했다.

"남는 것 하나가 진실이기 마련이지."

홈즈 또한 가추법의 대가다. 장편《네 사람의 서명 *The Sign of Four*》에서 홈즈는 가추법 적용의 대가로서의 진면모를 보여준다. 왓슨은 얼마 전 시계를 하나 얻었다며 홈즈 앞에 꺼내놓는다. 그리고는 이 시계를 갖고 있던 사람의 성격이나 습관에 대해 추리해보라고 부추긴다. 시계를 한참 들여다본 홈즈는 이렇게 말을 시작한다.

"쓸 만한 정보가 거의 없군. 최근에 시계를 청소하는 바람에 중요한 흔적이 모두 날아가버린 것 같네. 자네 큰형님이 쓰던 시계를 얻었구면. 아버님이 물려주신 것이지?"

"시계 뒷면의 머리글자 'H. W.'를 보고 알아낸 것이로군?"

"그렇네. 자네의 성이 왓슨, 'W' 아닌가. 장남은 아버지의 이름을 따르는 경우가 많지. 이건 거의 50년 전에 만들어진 시계이고, 머리글자가 새겨진 것도 그 무렵이네. 그러니 이 시계는 돌아가신 어르신께서 구입하신 것이 분명하지. 이런 귀중품은 대개 장남이 물려받지 않는가. 전에 들었던 바에 의하면 자네 아버님은 돌아가신 지 꽤 오래되었어. 그렇다면 이 시계는 오랜 기간 자네의 형님이 사용했을 것이네. 전에 뵌 적이 있지만 자네의 형님은 좀 덜렁대고 부주의한 편이지. 자, 보게나. 시계에 그 성격이 고스란히 드러나 있다네. 뚜껑 아래쪽을 보면 두 군데 움푹 파인 곳이 있을 뿐 아니라, 동전이나 열쇠 같은 단단한 물건과 같이 주머니에 넣었는지 사방이 온통 긁힌 자국이라네. 50기니씩이나 하는 시계를 그렇게 험하게 다루는 사람의 성격을 추리해내는 것은 어려운 일이 아니지. 이 시계는 전당포에도 여러 번 다녀왔구먼. 전당포 주인들이 뚜껑 안쪽에 미세한 핀으로 새겨놓은 번호가 4개나 있다네. 비싼 유품을 물려받았으면서도 전당포를 들락거렸다는 것은 상당한 재산을 다 날려먹었다는 걸 뜻하지. 또한 태엽을 감는 구멍을 들여다보면 주위에 유난히 긁힌 자국이 가득한데, 이는 술꾼이 만든 자국이지."

"홈즈, 탄복하지 않을 수가 없구먼. 자네가 한 말은 모두 한 치의 오차도 없는 사실일세. 도대체 어떻게?"

"아, 순전히 운이 좋았던 것이네. 나는 여러 가지 가능성을 견주어 보고 가장 그럴듯한 것을 말할 수 있을 뿐이지."

"그럼 그저 시계를 보고 단순한 추측으로 내 형님에 대해 말한 것이 아니란 말인가?"

"아니, 절대 아닐세. 나는 근거 없는 추측 같은 건 하지 않아. 추측은 논리력 자체를 파괴해버리고 말지. 자네는 내가 추리하기까지 어떤 생각을 하고, 무엇을 관찰했는지 그 중간 단계를 보지 못했던 것뿐일

세. 그렇게 의아하게 여기는 것도 무리는 아니지."

홈즈는 가추법을 활용해 왓슨의 아침 일과를 추정해내며, 간략한 설명을 덧붙인다.

"나는 관찰을 통해 자네가 오늘 아침 위그모어 가의 우체국에 다녀왔다는 것, 그리고 추리를 통해 자네가 거기서 전보를 부쳤다는 것을 알게 되었네. 너무 간단해서 설명할 필요도 없겠지만 한번 이야기해보지. 난 자네 구두코에 붉은 흙이 묻은 것을 관찰을 통해 발견했네. 위그모어 가의 우체국 바로 건너편이 공사 중이라 그곳을 지날 때면 붉은 흙을 밟을 수밖에 없지. 이 근처에 그런 흙이 있는 곳은 내가 아는 한 거기밖에 없으니까. 여기까지는 관찰이고, 이 이후는 추리네. 아침 내내 자네와 함께 있었으니 자네가 편지를 쓰지 않았다는 사실을 알고 있지. 그런데 우체국에 갔다면 전보를 부치는 것 말고 달리 무슨 할 일이 있겠는가? 여러 가지 가능성 중에서 제외된 가능성을 빼고 나면 남는 것 하나가 진실이기 마련이지."

홈즈는 몇 가지 제안 중에서 가장 개연성이 높은 것을 이야기했음을 진술하고 있다. 그의 진술을 퍼스의 관점에서 살펴보는 것이 가추법을 이해하는 데 도움이 될 것이다.

홈즈는 '관찰'에 의해 오늘 아침 왓슨 박사가 위그모어 가에 다녀왔다고 말했지만, 퍼스적 관점에서 보면 이것은 관찰이 아니라 가추법에 의한 '추론'이다. 위그모어 가 주변의 도로는 공사 중이다. 또한 그 주변에는 붉은 흙이 있다. 위그모어 가 건너편에는 우체국이 있다. 따라서 왓슨의 구두에 묻은 붉은 흙은 그가 우체국에 다녀왔다는 것을 뜻한다. 물론 작가 코난 도일 경은 이 소설을 쓸 당시 퍼스의 가추법에 대한 이론을 알지 못했을 것이다. 따라서 그는 '가추법' 혹은 '가정적 추론'이라는 용어 대신 그저 '관찰'이라는 표현을 사용하고 있다.

'단순한 추측이 아니란 말인가?'라는 질문에 홈즈가 '나는 근거 없는 추측 같은 건 하지 않아. 추측은 논리력 자체를 파괴해버리고 말지'라고 답한 것 역시 퍼스의 이론에 따르면 '가추적 제안'에 대한 설명이다. 최소한의 논리와 날카로운 관찰로 몇 가지 가추적 제안을 하고, 그중에서 논리적으로 설명되지 않는 것을 하나씩 제거함으로써 수를 줄여나가면서 그중 가장 타당성이 높은 이유를 선택한다는 것이다. 홈즈가 열거한 각종 추리들이 반드시 참이란 보장은 없다. 그러나 여러 가지 정황을 함께 고려한다면 상당히 높은 정확성을 자랑하게 되는데, 이것이 가추적 제안의 풍요로움이다.

불완전한 가능성에서 진리를 찾는다

기존 논리학이 지식의 확실성을 추구하고 진리에 도달하는 사고로서의 역할을 수행했다면, 퍼스는 이제부터의 논리학은 새로운 지식을 획득하는 도구로 사용되어야 한다고 주장했다. 기존의 연역법, 귀납법과 함께 가추법이 또 하나의 기본적인 논증법이 되어야 한다는 것이다. 그는 '새로운 지식이란 연역이나 귀납에 의해서가 아니라 추측과 가정에 의해 얻어지는 것'이라고 확신했다.

퍼스에 따르면 연역법과 귀납법만으로는 새로운 지식에 도달하지 못한다. "연역법은 어떤 일이 있어야만 한다는 것을 증명할 수 있다." "귀납법은 같은 종류의 경험은 어떠한 징후 없이 변화하거나 멈추지 않는다는 우리의 확신에 근거한다. 또한 어떤 일이 실제로 어떻게 작동하는가를 보여준다." 가추법은 어떤 현상을 규정짓는 조건들에 대해 추측해서 조만간 현상 그 자체가 나타나리라는 우리의 희망에 근거한다. 다시 말해 어떤 일이 있을지도 모른다는 것을 제안한다."고 퍼스는 말한다.

어떤 추측의 확실성이 떨어진다는 것은, 역으로 말하면 뭔가 새로운 것을 발견해낼 수 있는 가능성이 높아진다는 것을 의미한다. 이를 활용하는 것이 바로 가추법이다. 가추법에는 비록 연역이나 귀납에서와 같은 확실성은 결여되어 있지만, 대신 풍성하고 새로운 지식을 기대하는 희망이 있다.

이야기를 시작한 김에 연역법과 귀납법, 가추법의 차이에 대해 정리하고 넘어가는 것이 좋을 듯하다. 이 과정에서 각각의 논리적 사고법에 대해 명확히 이해할 수 있을 것이다. 앞서 소개했던 《주홍색 연구》와 〈신랑의 정체〉를 통해 이를 살펴보기로 하자.

《주홍색 연구》에서 홈즈는 다음과 같은 글을 신문에 기고한다. "누군가를 만날 때, 그 사람의 내력과 직업을 첫눈에 알아보는 법을 배우도록 하자. 물론 이를 연습하는 것이 철없는 행동으로 비칠 수도 있겠지만, 이를 통해 관찰 능력을 기를 수 있으며, 어디를 보고 무엇을 찾아야 할지 알 수 있게 된다. 상대방의 손톱, 코트 소매, 구두, 바지의 무릎 부분, 엄지와 검지에 박힌 못, 표정… 이러한 것들을 유심히 살펴보면 상대의 직업을 쉽게 알 수 있다. 뛰어난 관찰자가 이 모든 정보를 가지고 추리에 실패한다는 것은 거의 생각할 수 없는 일이다." 홈즈는 이 글에서 가추적 지식 생산의 풍성함을 잘 보여주고 있다.

앞서 소개했던 〈신랑의 정체〉에는 실제로 사건 의뢰인 서덜랜드 양의 옷을 보고 그녀의 직업을 추론하는 홈즈의 모습이 그려진다.

"왓슨, 전체적인 인상에 의지하지 말고 항상 세부적인 것에 집중하게. 여자를 볼 때 나는 항상 소매를 먼저 보지. 남자라면 무릎을 보는 게 나을 걸세. 서덜랜드 양의 소매는 흔적이 잘 남는 옷감으로 되어 있더군. 소매에 난 두 줄의 주름은 타자를 칠 때 탁자에 눌려 난 자국이지. 그녀는 아마도 타자를 치는 일을 직업으로 삼고 있을 걸세."

그렇다면 서덜랜드 양의 옷주름을 연역법과 귀납법, 가추법에 의해 해석하면 어떤 결론이 나오는지 살펴보자. 먼저 연역법을 적용해보자.

법칙: 타자를 많이 치는 사람은 소매에 눌린 자국이 남는다.

사례: 그 여자는 타자를 많이 쳤다.

결과: 그러므로 그 여자의 소매에 눌린 자국이 생겼다.

연역법은 법칙과 사례로부터 결과에 도달한다. 연역법은 법칙에 해당되는 전제인 명제가 참이면 결과도 필연적으로 참이다. 그러나 연역법은 우리에게 새로운 그 무엇도 말해주지 않는다. 알고 있는 지식에 확신을 더해줄 뿐이다. 즉 지식을 견고하게 해줄지는 몰라도 지식의 발전에 아무런 도움도 주지 못한다.

이번에는 귀납법을 적용해 살펴보도록 하자.

사례: 그 여자는 타자를 많이 쳤다.

결과: 그 여자의 소매에 눌린 자국이 있다.

법칙: 그러므로 타자를 많이 치는 사람은 소매에 눌린 자국이 남는다.

앞서도 말했지만, 귀납법은 이러한 속성 때문에 근대과학의 기본적인 논리구조로 사용되었다. 귀납법은 사례와 결과로부터 법칙을 도출해낼 수 있어 새로운 지식의 생산성은 높지만, 범위가 좁고 그 결론의 확실성이 떨어진다.

이번에는 가추법을 적용해보도록 하자.

법칙: 타자를 많이 치는 사람은 소매에 눌린 자국이 남는다.

결과: 그 여자의 소매에 눌린 자국이 있다.

사례: 그러므로 그 여자는 타자를 많이 쳤다.

가추법은 법칙과 결과로부터 사례를 이끌어낸다. 이제 탐정들이 가추법에 강한 이유를 알 수 있을 것이다. 탐정들은 관찰로 찾아낸 법칙과 결과들을 가추법을 활용해 분석하고, 이로부터 결정적인 단서를 얻어낸다.

가추법의 단점은 결론의 확실성이 귀납법보다도 더 떨어진다는 것이다. 왓슨은 홈즈를 만난 지 얼마 되지 않아 그의 가추적 논리에 대해 "추론은 빈틈없이 논리적이었지만, 결론은 억지스럽고 과장된 것처럼 보였다."고 말했는데, 이는 어떻게 보면 당연한 일이다. 가추적 논리를 활용해 생산한 지식은 확실성이 많이 떨어지고, 자칫 엉터리가 될 수도 있다. 단지 그럴 '개연성'이 충분할 뿐이다. 그녀의 소매에 눌린 자국이 있다는 것으로부터 그녀가 타자를 많이 쳤을 것이라는 결론을 이끌어냈지만, 사실 소매에 눌린 자국은 타자를 많이 쳤을 때만 생기는 것은 아니다. 단지 '그럴 것이다'라고 추측할 수 있을 뿐이다.

이렇듯 가추법은 연역법과 귀납법에 비해 확실성이 현저히 떨어지지만, 그 '생산성'에 장점이 있다. 퍼스의 유명한 콩 주머니의 예를 살펴보자.

법칙: 이 주머니에서 나온 콩들은 모두 하얗다.
결과: 이 콩들은 하얗다.
사례: 그러므로 이 콩들은 이 주머니에서 나왔다.

위의 예는 가추법에 따른 추론이다. 문제는 법칙과 결과로부터 찾아낸 사례의 확실성이다. '그러므로 이 콩들은 이 주머니에서 나왔다'가 항상 참은 아니라는 것이다. '아마도' 참일 가능성이 있지만 참이 아닐 가능성도 없지 않다. 단지 일반적인 예측을 할 수 있을 뿐이다. 그렇다면 가추법은 추론의 방식으로서 자격이 없는 것일까? 이에 대해 퍼스는 이렇게 강변하고 있다. "단순히 우연에 기대기보다 사실에 부합하는 추측을 훨씬 더 많이 해낼 수 있는 인간의 통찰력이 없었다면, 인류는 오래전에 생존경쟁에서 도태되고 말았을 것이다."

정리하자면, 가추법을 통해 우리는 일반적인 예측을 할 수 있다. 그것이 꼭 맞으리라는 보장은 없다. 그럼에도 예지의 방법으로서 가추법은 미래를 이성적으로 다스릴 수 있는 거의 유일한 희망을 제공한다. 연역법이나 귀납법으로는 할 수 없는 일을 가능하게 해주는 것이다.

퍼스는 기존에는 합쳐놓을 생각도 못했던 것들을 합쳐놓는다는 관념이 새로운 제안을 떠올리게 한다고 말했다. 예컨대 이 콩들이 희기 때문에 이 주머니에서 나왔을 가능성이 매우 높다는 가정을 해보는 것이 우리에게 '섬광처럼' 다가오는 '가추적 제안'이라고 했다. 그의 주장을 대변하듯, 《주홍색 연구》에서 홈즈는 왓슨에게 이렇게 말한다. "그냥 아는 것이 왜 알게 되었는지를 설명하는 것보다 쉽지요. 만약 당신이 '2+2=4'라는 것을 증명해야 한다면, 당신은 그것이 참이라는 것은 알지만 왜 그런지 설명하기는 어렵지 않겠습니까?"

18세기 볼테르, 20세기 코난 도일을 표절하다?

탐정소설의 기원에 대해서는 두 가지 설이 있다. 하나는 앞서 3장에서 이야기했던 것처럼 에드거 앨런 포를 추리소설의 창시자로 보는 것이다. 1841년 4월 미국 필라델피아에서 포가 〈그레이엄스 매거진〉에 단편 〈모르그 가의 살인〉을 기고하면서 세계 최초의 탐정소설이 탄생했다는 입장이다. 또 하나의 설은 18세기 프랑스의 계몽사상가요 철학자이자 문학가인 볼테르Voltaire의 저작 등 다양한 책에 실린 연역의 사례야말로 수사나 추리의 초기적 형태라고 주장하는 것이다. 포의 작품은 살펴보았으니, 이번에는 볼테르의 작품을 한 편 살펴보도록 하자. 어떤 작품이 그를 추리소설의 기원으로 보게 한 것일까? 여기서 소개할 작품은 그의 대표작 중 하나인 〈자디그Zadig〉다.

〈자디그〉는 고대 바빌로니아의 철학자였던 자디그의 삶에 대해 쓴 철학적 콩트다. 볼테르는 역사적 사실성에 구애받지 않고 자신이 살았던 18세기 프랑스의 정치적, 사회적 문제를 자디그가 맞닥뜨린 문제들로 가장해 이야기를 풀어냈다.

자디그는 선한 마음씨를 지닌 바빌로니아 출신의 아름다운 청년이었다. 실연의 상처를 딛고 결혼을 했으나, 곧 결혼의 권태로움에 염증을 느낀 나머지 모든 것을 떠나 조용한 곳에서 자연에 대해 공부하며 살아가기로 마음먹었다. '신이 우리 눈앞에 펼쳐놓은 이 광대한 책(데카르트도 이와 같은 표현을 사용한 적이 있다)을 읽는 철학가보다 더 행복한 사람이 있을 것인가?' 자디그는 유프라테스 강을 끼고 있는 자그마한 마을에 집을 마련하고, 연구와 명상으로 평온한 나날을 보냈다. 그는 특히 동물과 식물의 특징을 중점적으로 연구했는데, 그 결과 그 분야에서 다른 사람들은 넘볼 수 없는 통찰력을 발휘하게 되었다.

어느 날 산책을 하던 자디그는 왕비의 수행원들이 매우 심각한 표정으로 무언가 찾아 헤매는 것을 보았다.

"여보시오. 혹시 왕비마마의 개를 보지 못했소?"

이에 자디그는 이렇게 답했다.

"정확히 말하면 최근에 새끼를 낳은 암캐입니다. 왼쪽 앞발을 절고, 귀가 아주 길지요."

"당신, 틀림없이 그 개를 보았군. 어디서 보았소?"

"아닙니다. 저는 그 개를 본 적도 없고, 왕비마마께서 개를 키우신다는 사실조차 몰랐습니다."

이때 우연히도 왕의 마구간에서 가장 훌륭한 말이 달아나, 말을 쫓아오던 수행원 일행을 만나게 되었다.

"여보시오, 혹시 폐하의 말을 보지 못했소?"

이에 자디그는 이렇게 답했다.

"정확히 말하면 그 말은 마구간에서 제일 날쌘 놈입니다. 키는 5피트, 꼬리는 3.5피트 정도이고 발굽은 아주 작군요. 재갈에는 23캐럿의 순금 장식이, 발굽에는 11페니 정도의 순도인 은장식이 되어 있습니다."

"당신, 틀림없이 그 말을 보았군. 어디로 갔소?"

"아닙니다. 저는 그 말을 본 적도 없고, 폐하께 그런 말이 있다는 사실조차 몰랐습니다."

수행원들은 자디그가 왕의 말과 왕비의 개를 훔쳤다고 확신했다. 그는 재판장으로 끌려가 태형과 함께 시베리아에서의 종신 유배형을 선고받았다. 다행히도 선고가 내려지고 나서 말과 개를 찾게 되어 판결이 취하됐지만, 대신 400온스의 금이 벌금으로 부과되었다. 본 것을 보지 않았다고 우긴 죄 값이었다. 벌금을 물고 난 뒤에야 비로소 자신을 변론할 수 있게 된 자디그는 이렇게 말했다.

"존경하는 재판관님, 신께 맹세코 말하지만, 저는 왕비마마의 고귀한 암캐나 폐하의 신성한 말을 결코 본 적이 없습니다. 저는 작은 덤불 옆을 산책하고 있었는데, 그곳에서 훌륭하신 수행원들을 만나게 되었습니다. 저는 모랫바닥에 동물의 발자국이 난 것을 보고 그것이 작은 개의 발자국이라는 것을 쉽게 알아보았습니다. 발자국 사이에 길고 얇은 홈이 파여 있어서 그 동물이 최근에 새끼를 낳아 젖이 늘어진 암캐라는 것도 알 수 있었습니다. 앞발 옆의 모래를 계속 긁는 듯한 자국도 보았고, 그래서 한쪽 귀가 길다고 추측할 수 있었습니다. 마지막으로 네 발자국 중 유독 한 발자국엔 모래가 덜 파여 있어서 우리 존엄하신 왕비마마의 암캐가 아마도 약간 다리를 저는 것 같다고 결론을 내렸던 것입니다.

또한 산책을 하다가 길에 난 말발굽 자국을 보았는데, 그 폭이 모두 일정해서 완벽할 정도로 잘 달리는 말임을 알았습니다. 길의 흙이 중앙을 중심으로 좌우로 3피트 6인치 정도 퍼져 있었으므로 3.5피트 정도 길이의 꼬리를 마구 휘날렸다는 것을 알 수 있었습니다. 길 양옆의 나무들은 키가 5피트 정도 되었는데, 가지에서 금방 떨어진 듯한 나뭇

잎 몇 개가 길에 나뒹굴고 있었습니다. 그래서 말의 키가 나무들을 건드릴 만한 5피트 정도라는 것을 알았습니다. 말이 돌에 재갈을 비빈 것을 발견하고 재갈이 금인 것을 알았고, 자갈에 생긴 말발굽 자국을 보고서 발굽이 11페니 순도의 은으로 만들어진 것이라고 추측하게 되었습니다."

이 일을 계기로 자디그는 지나치게 많이 아는 것이 때로 아주 위험할 수 있다는 것을 깨달았고, 다음에는 무언가를 보아도 말하지 않기로 결심했다. 그런데 그 결심을 지킬 수 있는 기회가 뜻밖에도 빨리 찾아왔다. 죄수 하나가 탈옥하면서 하필 자디그의 집 창문 아래를 지나간 것이다. 자디그는 죄수를 본 적 있느냐고 심문을 받았지만 아무런 대답도 하지 않았다. 그러나 그가 창밖을 보고 있었다는 것이 밝혀졌고, 그는 본 것을 보지 않았다고 우긴 죄 값으로 금 500온스를 물게 되었다. 자디그는 혼자 이렇게 중얼거렸다.

"오, 신이시여. 왕비의 암캐나 왕의 말이 지나다니는 숲을 걷는 사람을 불쌍히 여기소서. 창밖을 내다보는 것은 얼마나 위험한 일이던가! 행복한 삶을 누리기가 이 얼마나 어려운가!"(註 : 움베르트 에코, 〈아리스토텔레스의 뿔, 볼테르의 말발굽, 홈즈의 발등〉, 《논리와 추리의 기호학》에서 발췌 인용함. 볼테르, 《Zadig, or The Book of Fate》에서 번역 인용함.)

볼테르다운 풍자와 역설로 가득한 글이다. 이 글은 그가 살던 시대의 부조리함을 한껏 비웃으며 유럽의 많은 계몽 사상가들을 고무시켰다. 그러나 지금 우리가 초점을 맞추어야 할 부분은 다른 데 있다. 에드거 앨런 포와 아서 코난 도일보다 100여 년 앞서 가추적 판단으로 가득한 글을 볼테르가 썼다는 사실이다.

UCLA 교수인 이탈리아 출신의 문화역사학자 카를로 긴즈부르그Carlo Ginzburg는 그의 에세이 〈단서와 과학적 방법 : 모렐리, 프로이트, 셜록 홈즈〉에서 추측의 모델이라는 개념을 이렇게 설명하고 있다.

"수천 년 동안 인간은 사냥으로 먹고 살았다. 무언가를 끝없이 추적하고 또 추적하고… 이러한 과정에서 사냥꾼들은 눈에 안 보이는 사냥감의 모양새나 움직임을 그 흔적으로 재구성해내는 법을 터득했다. 예컨대 부드러운 땅에 생긴 발자국이나 부러진 가지, 배설물, 나무에 걸린 털이나 깃털, 냄새, 웅덩이, 질질 흘린 침 등이 그 근거가 된다. 그래서 사냥꾼들은 아무리 사소한 흔적을 발견하더라도 그 뜻을 파악해내려고 애쓰게 되었다. 그 뒤를 이은 사냥꾼들은 이러한 지식의 유산을 더 풍부하게 해 그다음 세대에 물려주었다. (…) 우리가 관찰할 수 있는 사소해 보이는 사실을 뛰어 넘어 적어도 직접적으로는 볼 수 없는 복잡한 실체로 들어가게 하는 것이 그 특징이라 할 만하다."

긴즈부르그는 애매하거나 상관없을 것 같은 단서를 추정해 하나의 인식론적 모델을 세우는 이 개념이 우리의 필수적인 문화유산이 되어야 한다고 주장하고 있다. 가추법에 대한 옹호론이다.

또한 파리 8대학의 프랑스 문학 교수이자 정신분석학자인 피에르 바야르Pierre Bayard는 저서 《예상 표절》에서 "아무리 선의를 갖고 보더라도,

볼테르가 추리소설의 역사상 가장 유명한 탐정인 셜록 홈즈의 모험담을 '예상 표절했다'는 사실을 못 알아볼 수가 없다."고 쓰고 있다. 18세기 계몽사상가 볼테르가 19세기와 20세기를 살았던 작가 코난 도일을 표절했다니, 무슨 말일까? 바야르는 이렇게 설명한다.

"수 년 혹은 수 세기의 간격을 둔 텍스트 사이에서 확인되는 묘한 유사성은 우연이나 고전적인 형태의 표절만으로는 설명되지 않는다. 미래의 작품이나 아이디어를 앞선 세대에서 도용하는 표절을 '예상 표절'이라고 하자. 예상 표절은 파렴치한 행위가 아니라 시대를 초월하는 감응과 영감의 원천이다."

그의 말대로 18세기의 작품 〈자디그〉의 주인공이 가추법을 자유자재로 활용하는 것을 19~20세기의 포와 코난 도일이 보았다면 어땠을까? 이 두 사람은 경탄해 마지않으며, 가추의 능력이 유전적 진화의 결과임을 인정하지 않았을까.

인간에 내재한
가장 자연스러운 지식 생산법

지금까지 우리는 가추법이 무엇인지에 대해 살펴보았다. 정리하자면 가추법이란 우리가 일반적인 예측을 할 수 있게끔 도와주는 도구다. 물론 반드시 성공한다거나 그것이 참이라는 보장은 없지만, 예측을 가능하게 해 미래를 그리게 하고, 그에 따라 지식의 범위를 확장시킬 수 있다는 점에서 충분한 매력을 지닌다. 그렇다면 가추법은 언제, 어떤 상황에서 활용할 수 있을까? 이 답을 구하기 위해, 퍼스가 직접 가추법을 활용해 문제를 해결한 이야기를 들어보자.

퍼스는 증기선 브리스톨 호를 타고 보스턴에서 뉴욕으로 가고 있었다. 뉴욕에 도착하자마자 서둘러 내리는 바람에, 그는 외투와 값비싼 시계, 그리고 시계줄을 그만 선실에 두고 내렸다. 실수를 깨닫고 선실에 가보니 물건은 이미 사라진 뒤. 이에 퍼스는 탐정으로 변신해 자신의 논리에 따라 범인을 찾아냈다. 그 과정을 퍼스는 이렇게 설명했다.

"우리가 갖고 있는 가추법의 능력은 새가 지저귈 줄 알고 하늘을 날 줄 아는 능력에 비견할 만하다. 이는 둘 다 본능적인 능력이며, 그중에서도 가장 귀중한 것이기 때문이다. 이성적으로 추론하는 사람의 생각과 가추법에 의한 자연스러운 추리 사이에는 충분한 유사성이 있다. 추측이 관찰에 의해 확인될 수 있는 한, 가추법은 믿을 만한 것이 된다. 인간의 이성은 자연의 방식을 따라 사유하기 때문에, 이는 자연 법칙의 영향 아래서 계발되었음이 틀림없다."

다시 말해 자연적 진화의 결과로 인간이 세계에 대해 올바르게 추측할 수 있게 되었다는 뜻이다. 퍼스는 가추법이야말로 과학적 추론의 첫 단계이며, 새로운 생각을 할 수 있게 해주는 유일한 논증형태로서 일종의 본능이라고 말하고 있다. 자, 우리 퍼스를 따라 진화의 과정에서 자연스럽게 취득된 가추법을 일상생활에서 활용해보는 것은 어떨까?

단서 6

새로운 지식을 생산한다

: 귀납법

"나는 결코 예외를 두지 않는다네.
예외라는 것은 규칙이 틀렸음을 증명하는 것이지."

– 〈네 사람의 서명〉 중에서, 셜록 홈즈

"가추법은 단지 예비단계일 뿐이다. 가추법을 통해 사람들은 놀라운 사실을 예견할 수 있는 명제나 가정을 받아들인다. 그러나 가정이 가지고 올 필연적이고 가능한 결과를 추적하는 것은 연역법이며, 이 가정을 실험적으로 시험해보는 것은 귀납법이다."

가추법의 제안자 퍼스는 가추법과 연역법, 그리고 이번 장에서 살펴볼 귀납법의 관계에 대해 이렇게 말한 적이 있다. 즉 가추법으로 결정적인 단서들을 찾아낸 뒤에는 이것들을 귀납적 논리에 대입시켜 논증의 완전무결함을 입증해야 한다. 홈즈 역시 정확히 이 방식을 따르고 있는데, 이번 장에서 소개할 단편 〈실버 블레이즈*Silver Blaze*〉에서 그 예를 확인할 수 있다.

"그날 밤, 개는 짖지 않았다."

'개별적인 사실이나 현상에서 그러한 사례들이 포함되는 일반적인 결론을 이끌어내는 추리의 방법', 이것이 귀납Induction의 사전적 정의다. 말은 어렵지만 그 개념은 간단하다. 1주일 전 어느 날 번개가 쳤는데, 곧이어 천둥이 울렸다. 3일 전에 번개가 쳤는데, 곧 천둥이 울렸다. 오늘도 번개가 쳤는데, 곧 천둥도 울렸다. 이런 사실을 경험적으로 인식한 후, 다음날 번개가 쳤을 때 곧 천둥이 울릴 것이라고 예측하는 것이 바로 귀납추론이다. 개개의 구체적인 사실이나 현상에 대한 관찰로 얻은 인식을 그와 같은 분류 전체에 대한 일반적인 인식으로 이끌어가는 절차인 것이다.

이처럼 귀납은 주어진 사실이나 현상에 근거해 새로운 정보와 지식을 얻을 수 있으므로 일상에서도 쉽게 활용할 수 있는 사고방식이다. '영수는 어제도, 그저께도 늦었으니까 소풍날인 오늘도 늦을 거야'라고 생각한다면, 이것이 바로 귀납추론인 것이다. 늘 지각하는 영수에 대한 관찰과 경험은 '소풍날인 오늘도 늦을 것이다'라는 확장적 결론을 내리도록 이끌었다.

이렇듯 귀납추론은 지식을 확장해주기 때문에 '진리 확장적 논증'이라고 불리지만, 전제가 결론의 필연성을 논리적으로 확립해주지 못하기 때문에 '진리 비非보존적 한계'를 지닌다. 즉 매일 늦던 영수가 소풍날인 오늘은 늦지 않을 수도 있기 때문이다. 귀납추론은 앞서도 설명했듯 근본적으로 관찰과 실험에서 얻은 부분적이고 특수한 사례를 전체에 적용시키는 이른바 '귀납적 비약'을 통해 이루어진다. 따라서 귀납에서 얻어진 결론은 필연적인 것이 아니라 단지 '그럴 가능성이 높다'는 개연성을 지닌 일반적 명제 혹은 가설일 뿐이다.

인간이 보았던 백조는 모두 흰색이었다. 즉 경험적으로 백조는 흰 새였던 것이다. 그러나 17세기 한 생태학자가 호주에서 검은 백조를 발견하게 됨으로써 '백조는 흰 새'라는 명제는 '거짓'으로 밝혀지게 되었다.

그러므로 우리는 언제나 귀납법의 한계를 고려해야 한다. 귀납법은 과연 객관적이고 믿을 만한가? 귀납의 출발점인 우리의 경험은 과연 확실한 근거가 될 수 있는 것인가? 귀납에 의한 지식은 언제든지 번복될 수 있는 가설이거나, 공리나 법칙이 되기 이전 단계의 불완전한 진리다.

그럼에도 귀납법은 '진리 확장적' 속성 때문에 새로운 원리나 속성을 찾고자 하는 자연과학과 사회과학의 각 분야에서 폭넓게 활용되고 있다. 겉으로 드러난 사실 이면에 있는 기본적인 법칙이나 보편적인 원리 혹은 문제의 원인이나 사건의 범인을 밝혀내는 논증법으로 귀납법이 유용하게 사용될 수 있기 때문이다. 홈즈 역시 귀납추론을 활용해 사건을 멋지게 해결해낸다. 단편 〈실버 블레이즈〉를 살펴보자.

이마에 은색 별 모양의 무늬가 있는 '실버 블레이즈'는 경마대회에서 늘 우승을 차지하는 명마다. 주인인 로스 대령은 실버 블레이즈를 자랑스러워했다. 그런데 큰 경기를 앞둔 어느 날, 실버 블레이즈가 감쪽같이 사라지는 사건이 발생했다. 실버 블레이즈를 돌보던 조교사는 인근 황야에서 시체로 발견되었다. 곧 있을 대회에서 실버 블레이즈에게 큰 돈을 걸었던 로스 대령과 도박사들은 돈을 날릴까봐 전전긍긍했다.

사건이 발생하던 날 밤 마구간 근처를 배회하던 마권판매상 심슨이 유력한 용의자로 붙잡혔지만, 그가 범인이라는 결정적 증거를 찾지 못한 그레고리 경감과 로스 대령은 홈즈에게 사건을 해결해달라고 의뢰하기에 이르렀다. 사건 현장을 둘러본 홈즈는 심슨이 범인이 아니라고 단정했다.

"경감님, 밤에 개에게 이상한 일이 일어난 것 같습니다. 실버 블레이즈가 있었던 마구간에는 경비견이 매어져 있었습니다. 실버 블레이즈가 끌려 나갈 때 경비견은 무엇을 하고 있었을까요? 이상하다고 생각하지 않습니까?"

그러자 경감이 대답했다.

"그날 밤 개는 전혀 짖지 않았답니다."

다시 홈즈의 말이다.

"그러니까 이상하다는 겁니다."

그렇다. 마구간의 경비견은 낯선 사람만 보면 그렇게 짖어댄다고 한다. 이를 바탕으로 추리를 시작해보자. 그 개는 낯선 사람 A가 다가오면 맹렬하게 짖어댄다. 낯선 사람 B가 다가와도 맹렬히 짖는다. 낯선 사람 C가 다가와도 마찬가지다. 따라서 실버 블레이즈를 끌고 나간 낯선 범인, 즉 심슨에게도 맹렬히 짖어댔어야 옳다. 그러나 그날 밤 경비견은 짖지 않았다. 이것은 귀납추론상 모순이다. 따라서 심슨은 범인이 아니라는 뜻이 된다. 더불어 범인은 개가 보아도 짖지 않을 사람, 즉 개가 잘 아는 사람으로 좁혀진다. 범인은 과연 누구일까?

종족, 동굴, 시장 그리고 극장의 우상

프랜시스 베이컨은 르네 데카르트와 함께 근대 철학의 문을 활짝 열어젖힌 사람이다. 그는 아리스토텔레스의 관념적 물리학을 수정하고자 했던 코페르니쿠스와 갈릴레이의 노력, 그리고 과학적 발견에 큰 감명을 받았다. 특히 베이컨은 갈릴레이가 천체망원경을 제작하고 사용했던 것에 경탄을 금치 못하며, 이 일이 천문학에 큰 획을 그은 사건이라고 평가했다. 왜냐하면 이 도구에 의해 학문의 진보가 가능해졌기 때문이다. 고대인들은 은하수의 구성 성분을 알지 못했던 반면, 이제는 망원경을 사용해 은하수가 멀리 떨어진 별들의 집합체임을 알게 된 것이다.

베이컨은 과거의 학문을 무용한 것이라고 주장했다. 당시 과학이 조직적이고 논리적이지 못한 사고, 신학, 심지어 미신과 뒤섞여 있었기 때문이다. 16세기까지 철학과 과학을 독무대처럼 누비던 아리스토텔레스는 어린아이가 북풍을 맞으면 건강해진다고 했으며, 불면증에 시달리는 코끼리는 따뜻한 물을 섞은 소금 올리브유로 어깨를 문질러주면 치료된다고 주장했다. 그리고 사람들은 이를 과학이라 믿었다.

그러나 베이컨은 이를 '환영' 혹은 '유령'이라 불렀다. 그러면서 이런 과학으로는 과학 본연의 역할, 자연의 근본적인 원리를 발견하는 방법을 찾아낼 수 없다고 생각했다. 따라서 베이컨은 과거의 지식을 모두 청산하고, 사실을 수집하고 설명하기 위한 새로운 방법론을 만들고자 했으니, 이것이 바로 귀납법이다. 그는 '새로운 방법론'이라는 뜻의 저서 《노붐 오르가눔*Novum Organum*》을 통해 아리스토텔레스의 논리학 저작 전체를 일컫는 '오르가논'을 비판하고, 이에 대비되는 귀납추론을 제시했다.

베이컨은 귀납추론을 통해 과학을 재래학문의 굴레에서 벗어나게 하고, 과학적 진리를 신학의 계시적 진리와 분리시키고, 관찰의 방법과 자연에 대한 새로운 해석에 기반을 둔 새로운 철학을 체계화하고자 했다. 논리학에 대해서도 마찬가지다. 연역추론의 대표적인 예인 아리스토텔레스의 삼단논법은 명제들 사이의 관계만을 밝힐 뿐, 새로운 지식을 발견하도록 도와주지는 못한다. 그래서 베이컨은 귀납추론을 통해 개별적인 사례를 정확히 관찰하고 일반적인 명제를 이끌어내어, 결국에는 법칙이 될 수 있는 것을 도출해내고자 했던 것이다.

베이컨을 논할 때 빠질 수 없는 것이 그의 '우상론偶像論'이다. 그는 인간의 정신은 유리나 거울과 같아서 사물을 비추게 되는데, 전통적인 학문, 즉 관찰이나 실험이 아니라 일반적인 명제들에 기초한 학문의 오류 때문에 그 표면이 울퉁불퉁하고 거칠어지게 된다고 비유했다. 이런 울퉁불퉁한 표면으로 세상을 잘못 반사하면 지식을 왜곡하게 되는데, 그 결과가 바로 '이도라', 즉 우상이다. 쉽게 말하자면 우상은 참된 지식에 도달하는 것을 방해하는 편견이나 속단, 미신, 오류 같은 것들이라 할 수 있다. 베이컨은 유명한 4가지 우상을 제시하면서, 이 우상을 극복할 수 있는 방법은 '관찰과 실험에 의한 귀납추론'뿐이라고 주장했다.

　그가 이야기하는 첫 번째 우상은 '종족의 우상'이다. 세상에 존재하는 모든 것을 인간이라는 종種의 입장에서 파악함으로서 생기는 편견을 일컫는다. 인간의 모든 행동에는 목적이 있다. 따라서 자연물이나 우주도 어떤 목적을 가지고 존재할 것이라고 생각하는 것, 심지어는 인간을 위해 존재한다고 생각하는 것 등이 종족의 우상이다. '나무가 바람에 춤을 춘다', '새가 재잘재잘 노래한다'와 같은 의인화를 비롯해 돼지는 인간의 식량이 되기 위해 존재하고, 꽃은 인간을 기쁘게 하기 위해 존재한다고 생각하는 것 등이다.

　두 번째 우상은 '동굴의 우상'이다. 플라톤의 '동굴의 비유'에서 따온 것으로, 종족의 우상이 인간이라는 '종'의 한계를 표현하고 있다면 동굴의 우상은 '개개인'의 한계에서 오는 편견과 오류를 일컫는다. 개인이 자기만의 동굴에 갇혀서 세상을 제대로 인식하지 못하는 것으로, 개개인의 관습과 식견 등 자신이 중요하다고 생각하는 관념에서 오는 편견을 말한다. '장님 코끼리 만지듯' 하는 경우가 바로 이에 해당한다.

　세 번째 우상은 '시장의 우상' 혹은 '언어의 우상'이라고도 한다. 사람이 많이 모이는 곳이 바로 시장이다. 시장은 사람이 많이 모이는 곳이다. 시장에서는 온갖 소문들이 떠도는데, 이런 것들은 관찰이나 경험

없이 귀에서 귀로 전달되고 근거 또한 희박한 소위 '사이비' 지식들이다. 이를 그대로 받아들여서 그 말에 대응되는 실제의 대상이나 사건이 있을 것이라고 믿어버리는 것을 시장 혹은 언어의 우상이라고 한다. 유니콘이나 용, 도깨비 같은 것이 존재한다고 믿는 것이 한 예다.

네 번째 우상은 '극장의 우상'이다. 자신의 깊은 사색이나 경험에 근거해 판단하지 않고, 연극의 멋진 주인공처럼 권위나 전통을 지닌 사람의 학설이나 주장을 맹목적으로 받아들이는 태도를 말한다. 베이컨은 '지속되는 전통과 소홀한 사고에 의해 쉽게 받아들여져온 과학의 모든 원리 및 공리도 이에 포함된다'고 강조했다. 중세 신학과 아리스토텔레스 철학과 과학에 대한 맹목적 신봉 같은 것이 이에 해당된다.

그는 이러한 우상을 극복할 수 있는 유일한 방법으로 귀납추론을 제시한다. 그는 귀납법 역시 연역법과 함께 학문의 방법으로 채택될 수 있음을 명백히 보여줌과 동시에, 그리스 철학을 빌려 기독교 신앙을 정리하고 이를 논증하려고 했던 중세 스콜라 철학의 압제로부터 인간의 정신을 해방시켰다.

원인과 결과,
인과관계를 밝혀내는 방법

베이컨에 이어 귀납법을 과학적 탐구의 매우 중요한 도구로 생각했던 이가 있었으니, 바로 존 스튜어트 밀 John Stuart Mill이다. 밀은 귀납적 연구방법을 차이법, 공변법, 일치법, 잉여법, 일치차이병용법 등 5가지로 정리했다. 이 5가지 방법은 사건의 원인과 결과, 즉 인과관계를 밝혀내는 훌륭한 도구다.

차이법

차이법 Method of difference은 어떤 현상이 발생하는 경우와 발생하지 않는 경우를 비교해 만약 모든 요소가 공통으로 나타나고 단 하나의 요소가 다르게 나타난다면, 그것을 현상의 결과나 원인 혹은 그 중요한 일부로 판단하는 방법이다.

예를 들어보자. 소화불량으로 고생하는 사람이 있었다. 이 사람은 왜 소화가 잘 안 되는지 원인을 찾고 싶었다. 그는 곰곰이 생각한 끝에 밀가루 음식 때문일 것이라는 가설을 세웠다. 그는 며칠 동안 다른 음식은 그대로 먹되, 밀가루 음식만 입에 대지 않았다. 그랬더니 소화불량이 서서히 없어져 증세가 호전되었다. 모든 조건이 동일하고 단 하나의 조건만 다르게 했는데 문제가 해결된 것이다. 이를 정리해 함수로 표현하면 다음과 같다.

1. f(A, B, C) = (a) → A, B, C는 현상 a의 선행요소다.
2. f(B, C) = ( ) → B, C가 선행요소일 때는 나타나는 현상이 없다.
   ∟ 그러므로 A는 a의 원인이다.

차이법을 활용할 때 주의할 점은 단 한 가지를 제외한 나머지 요소들은 모두 동일해야 한다는 것이다. 그래서 물리학이나 화학에서 인위적으로 조건을 통제하고 실험을 실시할 때 이 방법을 주로 활용한다. 만약 조건이나 요소를 통제하기 어려운 상황에서 적용하면 잘못된 추론을 하게 될 위험이 있다. 예를 들어 사람의 행동은 통제하기 어려운 여러 가지 감정적 요소에 의해 결정되므로 이를 연구할 때는 활용하기 어려운 한계를 지닌다.

공변법

공변법 Method of contemplation은 어떤 현상이 변함에 따라 다른 현상도 변한다면, 전자의 변화가 후자의 변화의 원인 또는 결과라고 판단하는 것이다.

공변법을 이야기하려면 '최초의 철학자'라 불리는 탈레스를 등장시키는 것이 좋을 것 같다. 탈레스는 기하학과 천문학에 능통한 철학자였다. '원圓은 지름에 의해 2등분된다', '이등변삼각형의 두 밑각의 크기는 같다' 등의 정리를 발견했으며, 자석이 금속을 끌어당기는 작용에 대해서도 밝혀냈다. 또한 자연을 깊이 관찰한 끝에 '만물의 근원은 물이다'라고 주장했다. 이는 이전 사람들이 신이나 초자연적인 존재의 힘으로 자연 현상을 설명하려 했던 것에서 벗어나 과학적 사유를 통한 설명을 시도했다는 점에서 높이 평가받는다.

아리스토텔레스가 《정치학》에서 전하는 재미있는 일화가 있다. 탈레스는 세속의 일에 대해서는 관심이 별로 없었기 때문에 늘 가난했다고 한다. 그러자 사람들이 탈레스를 비난하기 시작했다. 철학이라는 무용한 학문을 함으로써 처자식을 곤궁에 빠뜨렸다는 것이다. 그러자 탈레스는 자신의 천문학적 지식을 활용해 그 해 올리브 농사가 대풍작이 될 것을 예견하고, 아주 적은 돈으로 근방에 있는 올리브 압착기의 이용권을 모두 사들였다. 그 해 올리브 농사는 그의 예측대로 대풍이었다. 그러나 올리브유를 짜기 위한 압착기는 이미 탈레스의 손에 들어간 후였으므로, 농장주들은 탈레스에게 기존의 몇 배에 달하는 값을 지불한 뒤에야 이를 이용할 수 있었다. 이로써 탈레스는 철학자도 원한다면 많은 돈을 벌 수 있다는 것을 증명했다.

여기서 탈레스가 사용한 귀납적 사고가 공변법이다. 올리브 농사가 풍년이라면 그 후에는 어떤 일이 벌어질까? 올리브유를 짜내기 위한 압착기가 많이 필요할 테고, 그렇다면 압착기 사용료가 올라갈 것이다. 반대로 올리브 농사가 흉년이라면 같은 이유로 압착기 사용료가 내려갈 것이다. 올리브의 소출이 많아지느냐 적어지느냐에 따라서 압착기 사용료가 달라진다. 이것은 두 가지 요소가 '아마도' 서로 인과적 관계에 있다는 것을 추론하는 좋은 근거가 된다.

그러나 공변법을 활용할 때는 특별히 주의를 기울여야 한다. 경우에 따라 결과와 원인 사이에 발견된 귀납적 결론이 우연에 의한 것일 수 있기 때문이다. 압착기의 임대료가 올라간 것이 올리브의 풍작 때문이 아니라 같은 시점에 기름을 짤 수 있는 콩과 같은 다른 곡식이 대풍을 맞았기 때문일 수도 있지 않은가. 이런 경우에는 인과적 관계가 실재한다는 것을 확인할 수 있는 다른 증거를 찾아 제시해야 한다. 이를 정리해 함수로 표현하면 다음과 같다.

1. f(A1, B, C) = (a1) → A1, B, C는 현상 a1의 선행요소다.

2. f(A2, B, C) = (a2) → A2, B, C는 현상 a2의 선행요소다.

3. f(A3, B, C) = (a3) → A3, B, C는 현상 a3의 선행요소다.

└→ 그러므로 A는 a의 원인이다.

일치법

일치법 Method of agreement은 어떤 현상이 나타나는 몇 가지 경우 중에서 한 가지 요소만 공통되고 나머지 요소는 다르다면, 유일하게 공통되는 요소를 현상의 원인이라고 인정할 수 있다는 것이다. 따라서 일치법은 공통점을 찾아내는 방법이라고도 할 수 있다. 어떤 결과에 대해 하나의 공통요소나 특징을 발견할 수 있다면 우리는 이것이 '아마도' 결과에 대한 원인일 것이라고 추정할 수 있다.

예를 들어 어느 마을에 집단 식중독이 발생했다. 환자들은 모두 같은 학교에 다니는 학생들이다. 그들은 모두 점심으로 학교에서 제공한 급식을 먹었다. 그렇다면 식중독의 원인은 아마도 급식일 것이라고 추정하는 것이 합당하다.

물론 일치법을 적용할 때에도 공변법을 적용할 때처럼 주의해야 할 점이 있다. 표피적인 공통점을 현상의 원인으로 상정해서는 안 된다는 것이다. 열이 나는 환자가 많다고 해서 열이 나는 환자는 모두 동일한 병에 걸렸다고 생각해서는 안 된다. 이를 정리해 함수로 표현하면 다음과 같다.

1. f(A, B, C) = (a) → A, B, C는 a라는 현상의 선행요소다.

2. f(A, C, D) = (a) → A, C, D는 a라는 현상의 선행요소다.

3. f(A, E, F) = (a) → A, E, F는 a라는 현상의 선행요소다.

    ↳ 그러므로 A는 a의 원인이다.

잉여법

잉여법Method of residues은 어떤 현상에서 이미 귀납적으로 인과관계가 밝혀진 것을 차례로 제거할 때, 그 현상에서 남은 부분을 나머지의 원인이나 결과라고 판단하는 방법이다.

예를 들어보자. 몇 개국을 여행하고 돌아온 사람에게서 이상한 전염병 증세가 나타났다. 어느 국가에서 전염병에 걸린 것일까? 그가 여행한 국가들 중 동일한 증상의 전염병이 발병한 적이 없거나 발병 가능성이 없는 국가를 제외한다면, 나머지 한 국가가 이상한 전염병을 발병시킨 원인을 제공한 것이 된다. 이를 정리해 함수로 표현하면 다음과 같다.

1. f(A, B, C, D) = (a, b, c, d) → A, B, C, D는 a, b, c, d라는 현상의 원인이다.

2. f(A) = (a) → A는 현상 a의 원인이다.

3. f(B) = (b) → B는 현상 b의 원인이다.

4. f(C) = (c) → C는 현상 c의 원인이다.

    ↳ 그러므로 D는 d의 원인이다.

홈즈도 잉여법을 자주 활용하는데, 〈창백한 병사 *The Adventure of the Blanched Soldier*〉에서 그 예를 찾아볼 수 있다. 어느 날 홈즈는 제임스 도드라는 젊은이의 방문을 받는다. 홈즈는 도드의 외모만 보고서도 그가 남아프리카 보어전쟁에서 돌아온 지 얼마 되지 않은 군인이라는 사실을 알아내 그를 놀라게 한다. 도드가 의뢰한 사건의 개요는 이러하다.

도드는 보어전쟁에 참가해 고드프리라는 절친한 친구를 얻게 됐다. 고드프리는 준수한 외모에 서글서글한 성격을 갖춘 용맹한 병사로, 둘은 생사고락을 함께하는 전우이자 각별한 친구가 되었다. 그러나 전쟁 발발 1년 후 고드프리가 전장에서 총을 맞고 실종된다. 전쟁이 끝난 후 귀국한 도드는 걱정스러운 마음에 고드프리의 아버지 엠스워드 대령에게 편지를 보내 그의 안부를 물었으나 엠스워드 대령은 아들이 귀국해 곧바로 세계일주 여행을 떠났으며, 1년 후에나 돌아올 것이라는 퉁명스런 답장을 보내왔을 뿐이다. 고드프리처럼 좋은 친구가 귀국 후 자신에게 아무런 연락도 없이 세계일주 여행을 떠났다는 것이 믿기지 않았던 도드는 친구의 집으로 찾아갔다.

도드는 무언가 이상한 낌새를 느꼈다. 아들의 절친한 친구를 만난 아버지 엠스워드 대령의 태도가 이상했던 것이다. 그렇지만 별 도리가 없었던 도드는 하루만 머무르겠다고 청한 뒤 잠을 자려는데, 창 밖에서 마치 탈색된 것처럼 몹시 창백한 얼굴을 한 고드프리가 자신을 내려다보고 있는 것을 발견했다. 도드는 열심히 뒤를 쫓지만 이미 그는 어둠속으로 사라진 후였다. 다음 날 그 근처를 살피던 도드는 누군가정원의 별채를 나오면서 자물쇠로 문을 잠그는 것을 보았다.

'그래! 고드프리는 지금 갇혀 있는 거야.'

그를 만나 건재함을 직접 확인할 길이 없자 도드는 홈즈를 찾아와 도움을 요청하게 된 것이다. 홈즈는 도드로부터 사건의 전말을 듣고 난 뒤 엠스워드 대령의 집으로 함께 갈 것을 청했다. 그러고는 놀라운 추리력으로 사건을 해결했다. 작품의 결말에서 홈즈는 자신이 사용한 추리의 방법을 설명하는데, 바로 밀이 제시한 잉여법이다. 홈즈의 이야기를 들어보자.

"제 추리는 불가능한 일들을 모두 배제한 나머지가 바로 진실일 것이라는 가정에서 출발합니다. 처음에는 당연히 여러 가지 가정을 하게 되지만 조사를 거듭하다보면 증명할 수 있을 만큼 확실한 가정만 남게 됩니다. 처음에 저는 대령님이 고드프리 군을 집 밖에 격리하거나 감금했다는 가정 하에 세 가지 경우를 생각해보았습니다. 가족들이 범죄를 저지른 고드프리 군을 숨겨주었거나, 정신병에 걸렸는데 병원에 보내고 싶지 않아 집 근처에 감금해두었거나, 다른 병 때문에 어쩔 수 없이 격리했을 거라고 말이지요. 제가 도드 군으로부터 상황을 듣고 난 뒤 추리할 수 있는 것은 이뿐이었습니다.

저는 그 가정들을 일일이 조사하고 비교했습니다. 문제는 조사를 통해 해결되니까요. 최근 이 지역에서 범죄가 발생했다는 보고는 없더군요. 범죄가 아직 발각되지 않은 상태라면 그를 집 안에 숨기기보다는 해외로 도피시키는 게 나았을 겁니다. 그러니 이 가정은 별로 유용하지 않았습니다.

　두 번째 가정은 그보다 더 설득력 있었습니다. 저는 오두막에 있는 사람이 관리인일 거라고 생각했습니다. 외출할 때 그가 문을 잠그는 것을 보고 그가 집 안에 감금되어 있는 누군가, 바로 고드프리 군을 통제하고 있다는 확신을 굳히게 되었습니다. 하지만 통제는 그렇게 심하지 않아서 고드프리 군은 친구를 보러 집을 빠져나올 수 있었던 것이지요. 그러나 정말 고드프리 군이 정신병에 걸린 것일까요? 전문적인 의학지식을 갖춘 사람을 간병인으로 두고 관청에 신고를 하면 합법적으로 정신병자를 보호할 수 있습니다. 그렇다면 고드프리 군의 병을 필사적으로 감출 이유가 없지 않겠습니까? 그래서 저는 이 가정도 틀릴 수 있다는 생각을 했습니다.

　이제 세 번째 가정이 남았습니다. 이 가정을 적용해보니 모든 상황이 맞아 떨어지는 것 같았습니다. 바로 '한센병'입니다. 남아프리카에서는 한센병이 흔치 않습니다. 아주 특이한 경우가 아니면 걸리지 않는 병이지요. 그러나 탈색된 것마냥 창백한 피부는 한센병의 일반적인 증상입니다. 가족들은 한센병에 걸린 고드프리 군을 격리해두고 싶지 않았기 때문에 위험을 감수하기로 한 것입니다. 소문이 퍼지면 관청에서 개입할까봐 철저히 숨긴 것이지요. 그런데 가까이서 보니 아드님은 한센병이 아닌 것 같군요. 저희와 함께 온 저명한 피부과 전문의를 소개해드리지요."

　이 이야기에서 홈즈는 세 가지 가설을 먼저 세우고 귀납을 활용해 원인이 아닌 것을 하나하나 제거해나간다. 범죄 때문에 그를 보호했을 것이라는 가설은 참이 아니다. 정신병자가 된 그를 집 안에 감금했을 것이라는 가설도 참이 아니다. 그렇다면? 얼핏 보기에 가능성이 없어 보일지라도 논리적 추론을 거치고 나면 남은 한 가지가 진짜 원인이 되는 것이다. 이 사건의 해결로 홈즈는 한 젊은이의 인생을 구했을 뿐 아니라 가족에게도 평화를 돌려주었고 두 명의 좋은 친구 관계도 복원시켜주었다.

일치차이병용법

일치차이병용법Joint method of agreement and difference이란 현상이 나타나는 몇 가지 경우에는 한 가지 공통된 요소가 존재하는데, 현상이 나타나지 않는 몇몇의 경우에는 이런 요소가 존재하지 않는다면, 이 요소가 곧 현상의 원인이라고 인정하는 귀납적 논리다.

갈릴레이 이전의 아리스토텔레스의 운동론에서는 정지 상태에서 동시에 두 물체를 떨어뜨리면 무거운 물체가 가벼운 물체보다 빨리 낙하한다고 설명했다. 그러나 아리스토텔레스의 운동론은 관념적인 것이었다. 실험에 의해 이런 결론을 내린 것이 아니었기 때문이다. 갈릴레이는 실험과 관찰을 통해 이 명제의 진위 여부를 가리는 것이 옳다고 생각했다. 이때 갈릴레이가 사용한 실험법이 일치차이병용법이다.

갈릴레이는 신중하게 실험을 설계했다. 그는 먼저 차이법을 활용했다. 피사의 사탑 맨 꼭대기로 올라간 그는 질량은 동일하지만 형태의 차이가 있는 물건을 떨어뜨려 보았다. 그러자 땅에 떨어질 때까지의 시간에 차이가 발생했다. 이를 바탕으로 갈릴레이는 차이법에 의해 낙하속도의 차이가 생기는 원인은 물체의 체적과 형태에 있다는 결론(결론 1)을 내렸다. 그리고 이를 일치법으로 증명하고자 했다. 즉 같은 높이에서 서로 다른 질량을 가진 물체를 체적과 형태를 동일하게 만들어 낙하시켰더니 이번에는 땅에 도착할 때까지의 시간이 같았다. 이 실험으로부터 갈릴레이는 낙하속도가 동일한 원인은 물체의 체적과 형태가 같은 데서 비롯된 것이라는 결론(결론 2)을 내리게 되었다.

갈릴레이가 사용한 방법이 차이법과 일치법을 결합해 결론 1을 결론 2에서 증명하는 방법, 즉 일치차이병용법이다. 이를 통해 같은 높이에서 떨어지는 물체의 자유낙하속도의 차이는 그 물체의 질량이 아니라 물체의 형태와 체적의 차이에 의해 결정된다는 결론(최종결론)을 도출한 것이다. (실제로 갈릴레이는 무거운 공과 가벼운 공을 동시에 낙하시켜서 두 공이 바닥에 동시에 떨어지는 것을 보였다고 한다. 하지만 공기 중에서 쇠로 만든 공과 깃털을 동시에 떨어뜨리면 쇠공이 먼저 떨어지는 것을 볼 수 있다. 즉 갈릴레이의 법칙은 공기 저항이 없는 진공 상태에서 성립한다.) 이를 간략히 정리해 함수로 나타내면 다음과 같다.

적극적 사례

1. $f(A, B, C) = (a) \rightarrow$ A, B, C는 현상 a의 선행요소다.

2. $f(A, D, E) = (a) \rightarrow$ A, D, E는 현상 a의 선행요소다.

3. $f(A, F, G) = (a) \rightarrow$ A, F, G는 현상 a의 선행요소다.

소극적 사례

1´. $f(B, N, M) = (\ ) \rightarrow$ B, N, M이 선행요소일 때 현상 a가 없다.

2′. f(D, O, P) = ( ) → D, O, P가 선행요소일 때 현상 a가 없다.

3′. f(F1, Q, R) = ( ) → F1, Q, R이 선행요소일 때 현상 a가 없다.

    └, 그러므로 A는 a의 원인이다.

과학자의 사고는 귀납적이다

과학자가 새로운 과학적 지식을 발견하기 위해 연구에 매진할 때 사용하는 생각의 도구는 어떤 것일까? 언뜻 무척 낯설고 심오한 도구를 쓸 것 같지만, 사실 논증법을 과학이라는 영역에 대입한 것에 불과하므로 새롭거나 어려운 것은 아니다. 다른 영역보다 조금 더 체계화된 논증법이라고 보면 이해가 쉬울 것 같다.

과학자들의 생각의 도구를 세분화해보면 크게 7단계의 논리적 사고 프로세스로 구성되어 있음을 알 수 있다. 그 논리들은 본질적으로 귀납적이다.

1단계: 새롭게 나타난 현상에 대해 의문을 갖고, 연구를 시작한다.

2단계: 관련 사실을 관찰한다.

3단계: 자신의 지식체계에 포함된 지식을 활용해 현상을 파악한다.

4단계: 현상을 설명할 수 있는 가설을 수립한다.

5단계: 가설을 설명하기 위한 가정을 설정한다.

6단계: 가정된 현상들이 참인지 여부를 파악하기 위해 그 이상의 관찰이나 실험을 통해 가설을 테스트한다.

7단계: 가설이 참 혹은 거짓이라고 판단한다.

옛날 어느 마을에 한 과학자가 살았다. 과학적인 사고를 하는 그는 설명할 수 없는 일들이 터질 때마다 미신적 사고에 빠져드는 마을 사람들을 답답해했다. 어느 추운 겨울날 이른 아침, 과학자는 늘 하던 대로 산책을 나섰다. 마을 중앙에 있는 우물가를 지나던 그는 사람들이 모여 웅성대고 있는 것을 발견했다.

"마을에 이상한 일이 일어났습니다. 아무래도 좋지 않은 징조인 듯해서 이렇게 모여 있는 것이지요. 이웃 마을에서 무당이라도 불러다 고사라도 지내야 할 것 같습니다."

"도대체 무슨 일이 일어났기에 그럽니까?"

"그게 글쎄… 지난 여름에 강풍으로 쓰러졌던 마을 어귀 고목 말입니다. 그 쓰러진 고목이… 어휴! 무서워 입에 담지도 못하겠네. 글쎄 그 고목이 벌떡 일어났지 뭡니까? 오늘 새벽에 마을 어귀에 나갔던 목동이 이런 시답잖은 소리를 하기에 가보았더니 정말 그렇더군요. 우리 모두 두 눈으로 똑똑히 봤습니다. 이게 무슨 흉흉한 일이란 말입니까? 내년에 우리 마을에 역병이라도 돌리는 것은 아닐까요?"

과학자는 도저히 믿을 수 없었다. 어떻게 쓰러진 고목이 일어설 수 있단 말인가? 과학자는 발걸음을 재촉해 마을 어귀로 향했다. 현장은 정말 놀라웠다. 자신도 여러 번 본 적이 있는 쓰러진 고목이 벌떡 일어서 있는 것이 아닌가? 그는 신음 소리를 내며 속으로 중얼거렸다. '나

는 과학이 아닌 것은 믿지 않는 사람이다. 원인을 밝혀내고야 말겠다.'

집으로 돌아온 과학자는 생각을 가다듬기 시작했다. '쓰러졌던 고목이 다시 벌떡 일어났다. 그렇다면 가능성은 두 가지다. 누군가가 한 짓이거나 어떤 자연적 현상의 결과일 것이다. 마을 사람들이 두려워하는 것처럼 어떤 초월적인 힘이 작용한 미스터리는 절대로 아닐 것이다. 그런데 사람이 한 일은 아닐 가능성이 높다. 그 무거운 고목을 한두 사람이 다시 일으켜 세운다는 것은 불가능하다. 적어도 어른 예닐곱은 있어야 한다. 순박한 마을 사람들 중에 누가 무슨 의도로 그런 일을 한단 말인가? 그러니 자연적인 현상일 가능성에 무게를 두고 생각하자.'

과학자는 차분하게, 논리적으로 사고를 해나갔다. '지난 여름과 가을엔 유난히 비가 많았다. 땅은 무르고 많은 습기를 품고 있어 축축했지. 무덥고 길었던 여름에 비해 가을은 짧았고, 추위는 일찍 시작되었어. 하지만 기온이 영하로 내려간 적은 없었지. 급격히 추워진 것은 사흘 전 눈보라가 몰아치던 날부터였어. 그렇다면…?'

"그래! 흙이 머금고 있던 수분이야! 수분을 머금은 흙이 혹한으로 얼어붙으면서 급격한 수축 작용을 한 거야! 물은 얼 때 부피가 늘어나지만 여름 내 푹신하리만큼 부풀어 있던 흙이 가을, 겨울이 오자 조금씩 말랐고, 땅 속 수분이 얼어붙으면서 흙을 잡아 붙들었을 거야. 그래서 뿌리가 흙 속에 박혀 있던 고목이 벌떡 일어선 거야!"

과학자는 다시 마을 어귀로 가서 주변 환경을 살폈다. 다시 일어선 고목의 주변은 그의 추론과 매우 유사했다. 주변의 흙은 수십 년째 켜

켜이 자란 이끼로 뒤덮여 있었고, 뿌리는 반쯤 흙 밖으로 나와 있었지만 남은 반은 흙 속에 깊이 박혀 있었다. 그는 자신의 추론이 옳을 것이라고 확신했지만, 이것만으로 그의 추리가 입증되었다고 할 수는 없었다.

그는 집으로 돌아와 날이 풀리기를 기다렸다. 기온이 다시 영상으로 올라간 날, 그는 커다란 궤짝에 흙을 퍼 담고 물을 뿌린 다음 땔감으로 쌓아두었던 잔가지를 하나 가져와 궤짝에 비스듬히 꽂아두었다. 밤이 되자 기온은 다시 떨어졌다. 아침 일찍 일어난 과학자는 뒤뜰로 나가보았다. 아니나 다를까, 전날 비스듬히 꽂아두었던 잔가지가 수직에 가깝게 벌떡 일어서 있었다! 이제 남은 건 공포에 사로잡혀 있는 마을 사람들에게 이를 이해시키는 일이었다. 그는 마을 사람들을 모아놓고 동일한 실험을 반복했다. 마을 사람들은 환호했고, 더 이상 공포에 떨 필요가 없어진 그들은 과학자를 위해 잔치를 열었다.

이 과학자의 추론을 앞에서 제시한 7단계의 논리적 사고 모델에 대입시켜 보자.

1단계: 쓰러졌던 나무가 벌떡 일어선 현상을 과학적으로 설명할 수 없자, 연구를 시작한다. (현상에 대한 의문점이 발견되어 연구를 시작)

2단계: 마을 사람들의 이야기를 듣고 직접 마을 어귀로 나가 쓰러진 나무가 다시 일어선 것을 확인한다. (관련 사실 관찰)

3단계: 여름과 가을의 비, 물기를 머금은 여름의 흙, 겨울의 건조한 날씨, 온도와 수분과의 상관관계 등에 대해 생각한다. (자신의 지식을 활

용해 현상 파악)

4단계: 기온이 내려가면서 흙이 머금은 물이 얼고 그것이 나무를 일으켜 세웠을 것이다. (현상을 설명할 수 있는 가설 수립)

5단계: 만약 가설이 옳다면 흙이 들어 있는 궤짝에 나뭇가지를 꽂아놓아도 동일한 현상이 일어날 것이다. (가설을 설명하기 위한 가정 설정)

6단계: 실험을 한다. (가정된 현상들이 참인지 여부를 결정하기 위해 관찰이나 실험을 통해 가설 테스트)

7단계: 실험 결과 가설이 옳았음이 밝혀진다. (가설이 옳거나 그르다고 판명)

이 한 편의 이야기에서 귀납적 사고의 모든 것을 살펴볼 수 있다. 과학자는 몇 가지 사례를 관찰하거나 실험해보고 '모든 A는 B다'라고 결론지었다. 이는 귀납적 비약이며, 과학자는 이를 통해 결론을 일반화 generalization하려고 한다. 어떤 경우에도 적용이 가능한 일반 원리를 찾아내는 것이 과학의 주된 관심사이므로, 일반화는 과학자들이 즐겨 사용하는 방법이다.

그러나 문제는 일반 원리라는 것을 100% 신뢰할 수 있는가 하는 데 있다. 귀납적 일반화는 '그럴 가능성이 높다'는 개연성에 머물 수밖에 없다. 모든 증거를 하나도 빠짐없이 관찰했다는 것을 결코 확신할 수 없기 때문이다. 단지 과학자들이 확신할 수 있는 것은 이 일반 원리들이 통계적으로, 혹은 확률적으로 신뢰할 만한 가능성이 높다는 것이다. 즉 정확히 말하자면 '모든 A는 B다'는 '(어떤 상황에서만) 모든 A는 B다'가 된다.

지식이 아니라 논리에 의존한다
: 페르미 추정

"지식의 발전을 멈추게 하려는 행동은 소용없는 일이다. 아무것도 모르는 무지한 상태는 무언가를 아는 상태보다 결코 나은 것이 아니기 때문이다." 이탈리아 물리학자 엔리코 페르미는 이렇게 말했다.

오늘날의 귀납추리는 그 결론의 확률적 높낮이에 따라 귀납적 강도가 강한지, 약한지가 결정된다. 따라서 귀납추리는 거의 확률론으로 수렴하고 있고, 확률론의 뒷받침을 받아 통계학이 발생했으므로 통계적 추정인 '페르미 추정'은 귀납적 사고의 확장된 형태라고 할 수 있다. 페르미 박사가 시카고 대학교에서 학생들을 가르치며 사고력을 평가하기 위해 출제한 문제 유형에서 유래한 페르미 추정은 통계학에서 사용하는 '자료분석, 자료산출, 자료로부터의 추론' 3단계를 머릿속에서 어림잡아 수행해내는 것이다. 이해를 돕기 위해 통계학의 단계를 간략히 살펴보기로 하자.

1단계 자료분석: 특정한 모집단(통계적 관찰의 대상이 되는 집단 전체)을 대상으로 수집한 자료에 통계적인 분석방법을 적용해 모집단에 대한 정보를 생산하는 단계

2단계 자료산출: 인간의 주관적인 판단을 비주관적인 확률로 바꾼 결과물을 얻어내는 단계

3단계 자료로부터의 추론: 통계치를 확률분포 이론에 근거해 모수의 구간

추정과 가설의 유의성을 검증하는 단계 (표본으로 얻은 통계치의 주어진 오차의 범위 내에 모수가 있다면, 이는 신뢰할 수 있는 통계다.)

그러나 페르미 추정은 이런 3단계를 생략한 채 실제로 조사하거나 가늠하기 어려운 수를 몇 가지 단서를 통해 논리적으로 추론하고, 단시간 내에 근사치를 도출해내려는 것이다. 페르미 추정을 '봉투 뒷면 계산'이라고도 하는데, 이는 문제가 떠올랐을 때 근처에 있는 봉투 뒷면에 어림잡아 간단히 계산하는 것과 같은 논리이기 때문이다. 주로 본격적인 계산에 앞서 빠르게, 개략적이지만 기준이 될 만한 수치를 얻어내기 위해 사용한다.

그러므로 페르미 추정에는 정답이 따로 없으며, 완벽한 답을 요구하지도 않는다. 그저 숫자와 통계를 이용해 일상의 문제들을 해결해보려는 노력의 일환이다. 또한 통계를 쉽게 이해하고 획일화된 생각을 다양화하며, 논리적으로 사고하는 능력을 훈련하는 훌륭한 도구이기도 하다.

'시카고에는 몇 명의 피아노 조율사가 있을까?'는 페르미 추정의 고전에 속하는 문제다. 놀라운 것은 페르미 추정을 통해 도출해낸 답과 실제 답이 크게 차이나지 않았다는 것이다.

생각해보자. 시카고 정도 크기의 도시라면 인구가 300만 정도는 될 것이다. 한 가구의 구성원이 보통 4명이라고 가정한다면 시카고에는 약 75만 가구가 존재한다. 10가구당 1대의 피아노가 있다고 가정하면

이 도시에는 7만 5,000대의 피아노가 있을 것이다. 조율을 평균 1년에 1회 정도 한다고 가정하면 연간 조율 건수는 7만 5,000건이다. 조율사 한 사람이 하루에 조율할 수 있는 피아노가 3대라고 가정하고 조율사가 연간 250일을 근무한다고 가정했을 때 조율사 한 사람이 1년에 조율할 수 있는 피아노 대수는 750대다. 따라서 조율사는 100명이다.

물론 이는 어디까지나 추정이므로 정확한 답이 아닐 가능성이 높다. 그러나 페르미 추정에서 중요한 것은 정답이냐 아니냐가 아니라 얼마나 '논리적으로 사고했는가' 하는 것이다. 현대사회처럼 정답이 없는 문제들이 시시각각 발생하고, 이를 해결하기 위해 빠른 의사결정이 요구되는 시대에는 앞서 다루었던 가설 사고와 함께 페르미 추정적 사고가 절실하다고 할 수 있다. 그래서 요즘 MS 등 기업에서는 신입 사원을 채용할 때 그들의 논리력, 순발력, 창의력, 설득력 등을 알아보기 위해 페르미 추정을 요하는 문제들을 출제한다고 한다. 여러분도 페르미 추정을 통해 다음의 답을 구해보기 바란다. 논리적 사고력을 연습할 수 있는 좋은 기회가 될 것이다.

1. 서울에서 하루에 팔리는 자장면은 모두 몇 그릇일까?
2. 골프공의 표면에는 몇 개의 딤플이 있을까?
3. 두루마리 화장지의 길이는 몇 미터일까?
4. 63빌딩에서 사과를 떨어뜨리면 지상에 다다를 때까지 몇 초나 걸릴까?

새로운 지식을 생산하는 여러 가지 방법

　귀납추리에는 여러 유형이 있다. 여기서는 그중 하나인 완전 귀납추리와 불완전 귀납추리를 소개하고자 한다. '수학의 왕자'라 불리는 독일의 수학자 가우스Karl Friedrich Gauss. 그가 어린 학생이었을 때의 일화다. 수학 시간에 선생님이 가우스에게 문제를 하나 냈다.

　'1+2+3+ … +99+100=?'

　소년 가우스는 문제가 끝나자마자 답을 말해버렸다고 한다. 어떻게 그렇게 빨리 답할 수 있었을까? '1+100=101, 2+99=101, 3+98=101… 50+51=101, 그러므로 101×50=5,010'이라고 암산한 것이다. 이런 방식을 '완전 귀납추리'라고 한다. 이렇게 도출된 결론은 대상의 부류 전체를 확인한 뒤에 이끌어낸 결론이기 때문에 확실성을 갖는다. 완전 귀납추리는 그 부류에 포함되는 대상의 수가 제한적일 때만 사용할 수 있기 때문에 사용범위가 한정되어 있다.

　반면 '불완전 귀납추리'는 한 부류의 일부 대상들이 어떤 속성을 가지고 있다는 것으로부터 그 부류의 대상 전체가 그런 속성을 가지고 있다는 결론을 도출하는 귀납추리를 말한다. 불완전 귀납추리는 결론을 이끌어내는 논리적 조작과 근거의 차이에 따라 통계적 귀납추리와 인과적 귀납추리로 나뉜다.

　'번개가 치면 천둥소리가 난다', '눈이 많이 오면 보리풍년이 든다'와 같은 것들은 '통계적 귀납추리'다. 통계적 귀납추리는 몇 가지 사실을 확인한 뒤 귀납적 비약을 통해 결론을 이끌어내기 때문에, 그 결론은 필연성이 없고 개연성만 갖추고 있다. 반면 '인과적 귀납추리'란 어떤 부류의 일부가 가지고 있는 필연적 연관성을 인식한 뒤, 그것을 근거로 부류 전체에 대한 일반적인 결론을 이끌어내는 방법이다. 즉 '철은 열을 가하면 팽창한다', '구리는 열을 가하면 팽창한다', '아연은 열을 가하면 팽창한다', '따라서 모든 금속은 열을 가하면 팽창한다'와 같은 추리다.

통계적 귀납추리와 인과적 귀납추리는 얼핏 보기에는 같아 보이지만 분명한 차이가 있다. 통계적 귀납추리는 관찰한 같은 종류의 대상들에서 동일한 속성이 반복되어 나타나고, 그와 모순되는 경우가 한 번도 일어나지 않았다는 것에 근거해 일반적인 결론을 이끌어낸다. 따라서 결론이 개연적이다. 반면 인과적 귀납추리는 어떤 부류에 속한 사물의 일부 대상들과 그 속성 간에 필연적인 연관이 있다는 것에 근거해 일반적인 결론을 도출한다. 따라서 근거로 하는 사실이 옳고, 필연적인 연관에 대한 분석이 정확하기만 하면 결론은 확실한 것이라고 믿을 수 있다.

귀납법은 논리적 사고의 대표적 예로 접근하기 쉽고, 활용하기도 쉬우며 그 효용 범위 또한 넓다. 일상에서 벌어지는 여러 가지 사건, 함께 생활하는 여러 사람들의 행동에 귀납법을 적용해보는 것은 어떨까? 논리적 사고를 훈련할 수 있는 하나의 좋은 방법이 될 것이다.

지식을 진리로 만든다

: 연역법

"과학의 거대한 목표는
아주 적은 수의 가설과 공리로부터 논리적 연역에 의해
수많은 경험적 사실들을 밝혀내는 것이다."

– 알버트 아인슈타인

'모든 사람은 죽는다. 소크라테스는 사람이다. 그러므로 소크라테스는 죽는다.' 우리가 연역추론에 대해 이야기할 때 가장 흔히, 먼저 드는 예일 것이다. 과거에 철학, 논리학, 과학을 독무대처럼 누비고 다녔던 아리스토텔레스가 연역 논증을 위해 이 유명한 '삼단논법'을 확립했으니, 연역적 추론 규칙과 형식에 대한 탐구의 역사는 매우 오래된 셈이다.

연역법 Deductive method에 대해 살펴볼 이번 장에서는 드디어 아가사 크리스티가 창조한 불멸의 탐정, 제인 마플이 등장한다. 오귀스트 뒤팽, 셜록 홈즈에 견줄 만한 추리력을 발휘하는 그녀가 우리를 연역의 세계로 안내해줄 것이다. 이제 작품 《화요일 클럽의 살인 *Tuesday Club Murders*》을 통해 우리의 이야기를 시작해보도록 하자.

"그런 남자가 그녀를 가만히 놔뒀을 리 없지."

'화요일 클럽'은 작가 레이먼드 웨스트, 레이먼드의 이모인 제인 마플, 화가인 조이스 렘프리에르, 헨리 클리더링 경, 목사인 펜더 박사, 변호사 페더릭, 이렇게 여섯 사람이 매주 화요일 저녁에 모여 한 사람씩 돌아가며 자신이 전모를 파악한 사건에 대해 이야기하고, 나머지 다섯 사람이 범인을 추론해내는 사교모임이다. 첫 번째 이야기는 헨리 경이 들려준다.

"1년 전에 일어난 사건인데, 미궁에 빠졌던 것이 얼마 전에 해결되었지요. 사건은 아주 단순합니다. 제약회사에서 영업을 하는 존스 씨와 부인, 부인의 말동무로 고용된 클라크 부인, 이렇게 세 사람이 함께 저녁 식사를 했습니다. 그런데 밤늦게 세 사람이 모두 복통을 호소해서 급히 의사를 불렀지요. 두 사람은 곧 증세가 호전됐지만 한 사람, 존스 부인은 숨을 거두고 말았습니다. 존스 씨는 쉰 살 정도였고 부인은 마흔다섯, 클라크 부인은 예순이었으며 미혼이었습니다. 여러분이 추리할 때 도움이 될 만한 몇 가지 정보들을 더 알려드리지요."

그가 추가로 알려준 정보는 다음과 같았다.

- 존스 씨는 같은 마을에 사는 의사의 딸인 서른두 살 난 미모의 젊은 여성에게 호감을 품고 있었다. 실제로 한동안 이들은 가깝게 지냈지만, 사건이 발생하기 두 달쯤 전에 관계를 청산했다.
- 사건이 발생하기 며칠 전 존스 씨가 묵었던 호텔 방을 청소하던 청소부

들이 거액의 유산을 의미하는 'hundreds and thousands'라는 메모쪽 지를 발견했다고 증언했다.

- 존스 부인이 사망하면 존스 씨가 수백만 파운드를 상속받는다는 소문이 돌았지만, 확인 결과 상속받을 수 있는 금액은 8,000파운드뿐이었다.
- 그날 저녁 식사는 존스 씨 집에 고용된 아름다운 하녀 글래디스 린치 양이 준비했다. 글래디스 양의 말에 의하면 그날 재료는 모두 신선한 것이었다고 한다.
- 그날 저녁 식사 후에는 디저트로 크림 카스텔라를 먹었다. 클라크 부인 은 다이어트 중이었다.
- 존스 부인의 시체를 부검한 의사는 부인이 비소에 중독되어 사망했다 고 밝혔다.

세 사람이 같이 식사를 했는데 왜 존스 부인만 사망한 것일까? 도대 체 범행의 동기는 무엇일까? 헨리 경과 제인 마플을 제외한 나머지 네 사람의 추리가 시작되었다. 어떤 이는 '의사의 딸이 범인일 것이다. 관 계를 청산했다고 하지만 확인된 것이 없지 않은가?'라고 주장했다. 또 다른 이는 범인이 클라크 부인일 것이라고 추리했다. 다른 이는 존스 씨가 범인일 것 같지만 근거는 댈 수 없다고 말했다. 사건의 전모를 알 고 있는 헨리 경은 네 사람의 추리에 고개를 가로저었다. 이때 제인 마 플이 정확히 범행 동기와 방법을 추리했다. 마플은 그녀의 트레이드마 크인 자상한 표정과 부드러운 말투로 이야기를 시작한다.

"범인은 존스예요. 여기서 'hundreds and thousands'라는 말은 거

액을 상속받는다는 뜻이 아니에요. 요리사들은 알지요. 그것은 케이크 위에 뿌리는 장식용 슈가파우더를 가리키는 말이기도 하답니다. 그렇습니다. 범행의 도구는 디저트였던 크림 카스텔라입니다. 존스는 하녀 글래디스 양에게 비소가 섞인 슈가파우더를 카스텔라 위에 뿌리게 했던 것이죠. 제약회사 외판원인 존스가 비소를 구하는 것은 그다지 어려운 일이 아니었을 겁니다. 존스는 자기 아내가 카스텔라를 먹는 것을 확인한 뒤에 자신의 것에 있는 슈가파우더를 긁어냈을 것이고, 클라크 부인은 다이어트 중이었으니 크림 카스텔라는 먹지 않은 것이지요."

그녀의 말대로 범인은 존스였다. 헨리 경이 말해준 사건의 전모는 이러했다. 존스는 디저트로 내올 크림 카스텔라에 글래디스로 하여금 비소를 섞은 슈가파우더를 뿌리게 했다. 존스는 글래디스를 강제로 정부로 삼고, 그녀에게 자기 아내가 죽으면 결혼해주겠다고 했다는 것이다. 사건 후 글래디스는 죄책감에 시달리다 존스의 아이를 사산했고, 얼마 지나지 않아 본인 역시 숨을 거두었다. 그리고 숨을 거두기 전 헨리 경에게 모든 사실을 털어놓았다는 것이다.

자신의 추리에 놀라는 조카에게, 마플은 이렇게 말했다.

"레이먼드, 너는 나만큼은 인생에 대해 잘 모르지. 존스 같은 유형의 남자는 음탕하고 교활한 사람이야. 나는 그 집에 어여쁜 아가씨가 있다는 말을 듣자마자 그가 그녀를 가만히 내버려두지 않을 거라고 느꼈단다. 이런 일이 그리 드문 일은 아니지…."

제인 마플은 연역추론을 활용해 존스와 글래디스의 관계를 파악해낸다. 연역은 어떤 전제로부터 결론을 도출해내는 것이므로 일정한 명제를 출발점으로 하는데, 연역의 출발점이 되는 최초의 명제는 연역에 의해 도출되는 것이 아니라 다양한 경험이나 실천의 결과를 일반화하는 과정을 통해 형성된다. 마플의 추론은 존스가 마을의 젊은 여성과 관계를 맺은 이력이 있는, '그렇고 그런 유의 중년 남자'라는 것에서부터 시작한다.

'존스는 마을 의사의 딸에게 그랬던 것처럼, 젊고 아름다운 여자를 밝히는 바람기 있는 중년 남자다. 그런 그가 아름다운 하녀 글래디스를 그냥 두었을 리 없다.' 이것이 최초의 명제가 된다. 마플은 그간의 관찰과 경험으로 '그렇고 그런 유의 중년 남자'들이 어떤 행동을 하는지 알고 있었고, 존스 역시 그 예상을 크게 빗나가지 않으리라 생각했던 것이다. 그래서 마플은 '레이먼드, 너는 나만큼은 인생에 대해 잘 모르지…'라는 말을 꺼냈던 것이다. 이는 홈즈가 〈사라진 신랑〉과 〈빨강머리 연맹〉에서 '기묘한 것의 답을 찾으려면 삶 그 자체 속으로 들어가야 해. 인생은 항상 그 어떤 상상보다 더 극적인 것을 보여주곤 하지'라고 말한 것과 궤를 같이한다.

이처럼 '연역 논증 Deductive argument'이란 이미 알고 있는 하나 혹은 둘 이상의 명제를 전제로, 명확히 규정된 논리적 형식들에 근거해 새로운 명제를 결론으로 이끌어내는 추론의 방법이다. 달리 표현한다면 '일반적인 사실 혹은 원리에서 개별적이고 특수한 사실이나 원리를 이끌어내는 것'이라고 정의할 수 있다.

앞서 이야기했듯 연역은 결론의 내용이 이미 전제 속에 포함되어 있다는 점에서 진리 보존적 성격을 지닌다. 즉 연역은 전제에 없었던 새로운 사실적 지식의 확장을 가져다주지 못하므로 진리 비非확장적이며, 이미 전제 속에 포함되어 있는 정보를 명징하게 정리하고 도출해낼 뿐이다.

그렇다고 해서 연역추리가 쓸모없는 것은 절대 아니다. 어떤 사실이나 현상에 대한 논리적 일관성과 체계성을 확보해주므로 활용 범위가 광범위하고, 효용성 또한 크다. 따라서 연역추리는 학문을 연구할 때도 많이 쓰이지만 일상생활에서도 폭넓게 활용된다. 이처럼 주어진 전제들에서 논리적인 방식으로 결론을 도출하는 연역적 추리의 방법과 절차를 논리적으로 체계화한 것이 바로 연역법이다.

연역적 추리의 방법은 하나의 전제에서 결론이 도출되는 직접추리와 둘 이상의 전제에서 결론이 밝혀지는 간접추리로 나뉜다. '대전제→소전제→결론'의 삼단논법은 간접추리의 전형적 형식이다. 이때 결론의 주어 개념을 '소개념', 결론의 술어 개념을 '대개념', 대전제와 소전제에 공통으로 포함되어 두 전제를 연결하는 개념을 '매개념'이라고 한다. 대전제는 대개념을 포함하고, 소전제는 매개념을 포함한다. 그리고 결론은 언제나 소개념을 간직하고 있어야 한다. 앞서 살펴본 소크라테스 삼단논법을 예로 들어 정리해보면 다음과 같다.

- 모든 사람은 죽는다. A → B : **대전제**
- 소크라테스는 사람이다. C → A : **소전제**

- 소크라테스는 죽는다. C → B : **결론**

이때 '소크라테스'가 소개념, '죽는다'가 대개념, '사람'이 매개념이
되는 것이다.

정리해보자. 연역은 전제로부터 결론을 도출해내는 것이므로 일정
한 명제를 출발점으로 한다. 그런데 앞서 말했던 것처럼 모든 연역의
출발점이 되는 최초의 명제는 결코 연역에 의해 도출될 수 없다. 출발
점은 결국 제인 마플이 보여준 것처럼 인간의 다양한 경험이나 실천으
로부터 얻은 결과를 일반화하는 과정을 통해 형성된다. 때문에 실제
학문 연구가 순수하게 연역적 형태로만 이루어질 수는 없으며, 관찰이
나 실험 등의 증명 과정과 결합해 적용된다.

'나는 생각한다, 고로 나는 존재한다.'

앞서 소개한 베이컨과 함께 중세 철학과 근대 철학의 경계선에 서
있는 또 한 사람을 소개하자면 바로 프랑스의 르네 데카르트다. 베이
컨과 마찬가지로 데카르트도 고대와 중세 철학의 지배자였던 아리스
토텔레스를 극복하고자 했다. 중세까지 대부분의 지식이라는 것은 신
학적 지식이거나 아리스토텔레스의 지식이었다. 그러나 데카르트는 단
지 권위를 가진 사람이 주장했다는 이유만으로 지식을 참인 것으로 받
아들이지 않으려 했다. 아리스토텔레스의 명성도, 도전할 수 없을 것

같은 교회의 권위도 그가 추구한 지식의 확실성을 확보해줄 수는 없었다. 그는 본래 인간의 정신은 두 가지 힘, 즉 공리가 자명한 진리임을 아는 지적인 능력인 '직관'과 '연역'을 소유하고 있으며, 이러한 두 힘에 의해 우리는 착각의 두려움 없이 사물에 대한 지식에 도달할 수 있다고 믿었다.

데카르트는 중세의 지식들이 올바른 인식에 도달하지 못한 또 다른 이유가 그들이 사용한 방법론에 문제가 있기 때문이라고 보았다. 데카르트의 주된 관심은 지식의 확실성에 있었다. 그는 스스로 '나는 유럽에서 가장 명망 있는 학교에서 교육받았다. 그러나 나 자신이 많은 의심과 오류에 빠져 있음을 알고 놀랐다'고 말했다. 그리고 이렇게 덧붙였다. '나는 단지 범례와 관습에 의해 확신을 갖고 있던 것은 아무리 확실해 보여도 절대로 믿지 않기로 했다.'

참된 진리를 추구하던 데카르트가 채택한 방식은 수학적 연역이었다. 수학은 필연적이고 보편적이며 확실한 지식을 가지고 있는 학문이므로, 수학적 방법론을 확대하면 세상에 대한 의미 있는 지식을 발견할 수 있을 것이라고 생각했던 것이다. 그는 저서 《방법서설》의 1부 '학문에 관한 고찰'에서 이렇게 말한다.

"나는 특히 수학을 좋아했는데, 그것은 확실함과 명증성明證性 때문이었다. 그러나 나는 수학의 참된 용도를 전혀 깨닫지 못하고 있었다. 그러다 수학이 기계적 기술에만 응용되고 있음을 생각하고서 그 기초가 아주 확고하고 건실함에도 불구하고 아무도 그 위에 더 높은 건물을 세우지 않는 것을 이상하게 여겼다. 나는 도덕을 다룬 이교도들(여기서는 중세 신학자들을 일컫는다)의 저술은 화려하고 웅장하나 모래와 진흙 위에 세운 궁전이라고 생각한다. (…) 나의 방법은 산술의 규칙에 확신을 주는 모든 것을 다 포함한다. 나는 사실상 지식의 전부가 보편적 수학이 되기를 원한다."

그래서 데카르트는 기하학과 산술에 주목했다. 그는 "수학은 공리에 기초해 이를 토대로 논리를 전개시켜 나간다. 공리란 수학적 체계의 기초로서 가정한 명제이며 그 자체로 자명한 원리로, 증명할 수 없다. 따라서 직관으로 아는 것이다."라고 주장했다. 여기서 그가 말하는 공리란 '두 점의 최단거리를 잇는 선은 직선이다'라든가, '두 개의 평행선은 서로 교차하지 않는다'와 같은 것들이다. 데카르트는 철학 즉 인식론에도 이런 공리가 있을 것이라고 생각하고, 이를 '제1원리'라 칭했다. 그 자체로 자명한 철학의 제1원리는 바로 이것이다. '나는 생각한다, 고로 나는 존재한다 Cogito, ergo sum.' 왜냐하면 모든 지식이 잘못되었다고 가정해도, 지금 현재 무언가를 사고하는 '나'가 존재한다는 것만은 부정할 수 없는 사실이기 때문이다.

데카르트는 공리가 자명한 것임을 아는 직관과 연역을 유사한 것으로 보았다. 그는 연역을 '확실하게 알려진 사실에서 나오는 필연적인 모든 추론들'이라고 정의하면서, 직관과 연역이 모두 진리를 포함하고 있다는 점에서 유사하다고 말했다. 그는 직관에 의해 직접적으로 진리를 파악한 후에, 정신의 연속적 사고 작용인 연역을 통해 진리에 도달한다고 보았던 것이다. 이런 데카르트에게 연역은 개념들 간의 상호관계를 나타내는 삼단논법이라기보다는 진리들 상호간의 관계를 나타낸다. 즉 확실하게 알려진 사실에서 그 사실이 내포하고 있는 결론으로 진행하는 것이다. 이는 아리스토텔레스의 연역을 보다 깊은 지식탐구의 도구로 발전시킨 것이라 할 수 있다.

정리해보자. 데카르트는 인간의 정신이 충분한 추론과 사고를 거치면서 진리를 발견하게 되는데, 그러기 위해서는 수학적인 연역의 증명방식을 따라야 한다고 생각했다. 어떤 원리를 스스로 증명해내고 그것을 토대로 이성적, 즉 수학적인 사유를 해서 또 다른 진리로 나아가는 방식을 제시한 것이다.

현대 철학자 화이트헤드Alfred North Whitehead는 데카르트에 대해 이렇게 평했다. "유럽 철학이 플라톤에 대한 각주라면, 근대 유럽 철학은 데카르트 철학에 대한 각주다." 그렇다. 데카르트는 중세를 지배하던 신神 중심의 존재론적 사고에서 벗어나 인간의 이성을 토대로 한 인식과 과학의 발전의 문을 연 인물이었다.

명제가 참임을 증명하라

논증Reasoning은 참이라는 것이 이미 확증된 명제에 근거해 어떤 명제가 '참'이라는 것을 증명하는 사유과정으로, 입증이라고도 한다. 즉 참임을 확증해주는 논거를 들어 논제(또는 가증명제可證命題)를 증명하는 과정이 곧 논증이다.

논거는 가증명제를 증명하는 전제가 되므로, 논거로 삼을 수 있는 명제는 실험적 방식으로 밝혀진 자료이거나 과학적으로 증명된 법칙, 또는 그 자체로 자명하여 증명할 필요가 없는 공리 등이 된다. 논증은 논거를 전제로, 그리고 가증명제를 결론으로 하는 추론 형식을 취한다. 그러나 논증은 결론이 이미 주어져 있다는 점에서, 몇 개의 증거를 바탕으로 어떤 사실이 성립됨을 '미루어 추측하는' 추론과는 다른 것임을 이해해야 한다.

논증에는 다양한 형식이 있는데, 이 장에서는 연역법과 관련된 연역 논증에 대해 알아보도록 하자.

연역 논증이란 연역추리의 형식을 이용한 논증이다. 대전제, 소전제로부터 필연적인 결론을 이끌어내는 것으로서, 결론은 전제에 의해 좌우되거나 결정된다. 그러므로 결론으로 도출되는 내용들은 이미 전제에 모두 포함되어 있으며, 단지 전제를 다시 한 번 확인하고 확증할 뿐이다. 앞서 말했던 것처럼 이러한 연역 논증은 크게 직접 추리와 간접 추리로 나눠진다.

먼저 직접 추론에 대해 살펴보자. 직접 추론에는 환위Conversion, 환질Obversion, 이환Contraposition의 세 가지가 있다.

첫째, 환위란 말 그대로 명제의 위치를 바꾸는 것이다. 즉 주어와 술어를 바꾼다. 예를 들어보자. '모든 동물은 식물이 아니다'의 환위는 '모든 식물은 동물이 아니다'다. 이 둘은 완전히 같다. 따라서 환위는 완전히 타당하다.

둘째, 환질은 명제의 질을 변화시키는 것이다. 즉 긍정을 부정으로, 부정을 긍정으로 바꾸는 것이다. 이는 주어는 그대로 두고 술어만 반대로 만든 뒤, 그것을 부정하는 방식으로 이루어진다. 예를 들어 '모든 회원은 우리 클럽에 입장이 가능하다'의 환질은 '모든 회원은 우리 클럽에 입장이 불가능하지 않다'이다. 이중부정은 긍정이기 때문에 가능하다.

셋째, 이환은 명제를 환질시킨 뒤 환위와 환질을 다시 하는 것이다. 이렇게 되면 이환된 명제는 본래의 명제와 같게 된다. '모든 회원은 우리 클럽에 입장이 가능하다'를 환질하면 '모든 회원은 우리 클럽에 입장이 불가능하지 않다'가 된다. 이를 환위시킨 뒤 다시 환질하면 이렇게 된다. '입장이 불가능한 사람들은 모두 우리 클럽의 회원이 아니다.'

간접 추리의 대표적인 예는 정언적 삼단논법이다. 이에 대해서는 이미 살펴보았으니, 여기서는 다른 방법들에 대해 간략히 이야기해보도록 하자.

첫째, '조건 삼단논법'과 '선언 삼단논법'을 보자. 이는 기본적인 삼단논법을 변형한 것으로, 먼저 조건 삼단논법은 연쇄적인 인과관계로 구성되어 있다. 예컨대 '운동을 하면 건강해질 수 있을 것이다'와 '건강해져야 하는 것은 행복한 삶을 위해서다'라는 전제 뒤에서는 '그러므로 운동을 하면 행복해질 수 있을 것이다'라는 결과도 참이 된다. 반면 선언 삼단논법은 두 가지 요소 중 어느 하나를 배제함으로써 나머지 하나를 확증하거나 긍정하는 형식을 말한다. '톰과 스미스 중 한 명이 범인이다' 뒤에 '톰은 범행현장에 없었다'는 전제가 온다면? '그러므로 스미스가 범인이다'라는 결과가 나온다.

둘째, '전건 긍정'과 '후건 부정'이 있다. '전건前件'과 '후건後件'은 원인과 결과라는 말 대신 논리학에서 쓰는 용어로, 앞에 등장하는 원인을 전건, 뒤에 등장하는 결과를 후건이라 한다. 전건 긍정이란 전건이 긍정되면 후건이 자연적으로 긍정되는 추론 방식을 말한다. '눈이 많이 오면 보리풍년이 들 것이다'와 '눈이 많이 왔다'라는 전제가 있다고 가정해보자. 그렇다면 '그러므로 보리풍년이 들 것이다'라는 결과는 참이 된다. 즉 전건이 긍정되면 후건은 자연적으로 긍정된다. 그러나 후건인 '보리풍년이 들었다'가 긍정된다고 해서 전건인 '눈이 많이 왔다'가 긍정되는 것은 아니다. 보리풍년이 든 데는 많은 눈 말고도 다른 여러 가지 이유가 있을 수 있기 때문이다.

반면 후건 부정이란 후건을 먼저 부정함으로써 전건이 자연적으로 부정되는 추론 방식이다. 예를 들어 '신이 있다면 신을 믿는 사람은 부귀영화를 누려야 한다'와 '신을 믿는 사람만 부귀영화를 누리는 것은 아니다'라는 전제가 있다면, '그러므로 신이 있다는 것은 사실이 아니다'는 참이 된다.

이번 장에서는 지식을 진리로 만들어주는 연역법에 대해 정리해보았다. 제인 마플은 연역법을 활용해 다른 사람들은 풀지 못한 문제를 손쉽게 풀어낸다. 경험과 판단의 결과를 일반화하는 과정을 통해 형성되는 연역법은 일상생활에서 충분히 훈련할 수 있는 논리적 사고력 중 하나다. 우리도 일상생활에서 연역법을 연습해 마플처럼 활용해보는 것은 어떨까?

관계.에서
법칙을
발견한다

: 유비추리

"유추는 알려진 것으로부터
알려지지 않은 것을 설명하려는 시도로서,
모든 과학적 방법의 초석이다."
- A. E. 히스A. E. Heath, 철학자

"유추의 확장을 고려함으로써 이론의 확장을 이룩하는 것,
이것이 유추의 주요 기능이다.
왜냐하면 이론의 주제 그 자체가 우리에게 주는 지식보다
유추가 가져다주는 지식의 양이 훨씬 많기 때문이다."
- 아이작 뉴턴

"우리가 알고 있는 것이 무엇인지 정확히 알아야만 하네.
그래야 새로운 사실이 나타나면 비교해볼 수 있지 않겠는가."
- 〈악마의 발The Adventure of the Devil's Foot〉 중에서, 셜록 홈즈

여기 두꺼비 한 마리와 개구리 한 마리가 있다. 이 둘의 일련의 속성이 동일하다는 사실에 근거해 그것들의 나머지 속성도 동일하리라는 결론을 이끌어내는 추리를 '유추Analogy', '유비추리'라고 한다. 논증의 방식으로서 유비추론은, 어떤 유類에 속하는 종種이나 개체에 적용할 수 있는 명제는 같은 유에 속하는 다른 종이나 개체에도 적용할 수 있다는 논리에 의지한다. 요컨대 유추는 복수複數 성질의 상관관계에 관한 추리인 것이다.

우리는 일상생활에서 이러한 유비추리를 무수히 행하고 있다. 문제를 해결하는 데 탁월한 능력을 보이는 탐정들 중에도 유추의 사고를 활용하는 이들이 많다. 홈즈도 물론 예외는 아니다. 홈즈 시리즈 중 하나인 〈기어 다니는 사람*The Adventure of the Creeping Man*〉을 통해 이야기를 시작해보자.

"위험한 사람들은
위험한 개를 키우기 마련이지."

홈즈 시리즈의 단편 〈기어 다니는 사람〉에는 홈즈가 유비추리를 활용해 사건의 단서를 찾는 장면이 등장한다. 홈즈의 이야기를 들어보자.

"이보게 왓슨, 개에 대한 내 생각도 비슷하네. 개는 가족생활을 반영하는 동물이거든. 개는 자신이 가족의 일원이라고 생각하지. 까부는 개가 우울한 가정에서 나올 리 없고, 반대로 우울한 개가 행복한 가정에서 나올 리 없다네. 서로 고함치며 사는 사람들은 으르렁대는 개를, 위험한 사람들은 위험한 개를 키우기 마련이지. 그렇기 때문에 개가 갑자기 변했을 때는 키우는 사람 중 어떤 이의 변화를 반영하고 있다고 봐야 하네."

개에 대해 잘 모르는 왓슨은 홈즈의 추측이 지나치다고 생각한다. 그러나 개를 가족처럼 키워본 사람이라면 홈즈의 진술이 상당 부분 옳다는 것을 알 수 있을 것이다.

실제로 개를 키우는 애견가들은 이렇게 말한다. 만약 개에게 그림을 그릴 수 있는 능력이 있어 자신의 모습을 그리게 한다면, 개는 가족 중의 한 사람과 닮은 모습으로 자신을 묘사할 것이라고. 개도 가족의 일원으로서 가족들이 가지고 있는 속성을 공유할 수 있다고 본 홈즈의 사고는 유비추리에 근거하고 있다고 보아도 무방하다. 〈기어 다니는 사람〉을 좀 더 자세히 살펴보며 유비추리에 대해 알아보기로 하자.

어느 날, 홈즈는 이상한 사건을 의뢰받는다. 생리학자로 유명한 노교수 프레스버리가 자신의 헌신적인 친구였던 울프하운드 종의 개로부터 두 차례나 공격을 당했을 뿐 아니라, 가까운 비서와 딸에게도 이상한 모습을 보여 주위 사람들을 근심과 공포에 떨게 했다는 것이다. 결국 교수의 비서이자 딸의 약혼녀인 베넷 씨가 이 사건을 홈즈에게 의뢰하기에 이른다.

오래전 아내와 사별한 뒤 혼자 살아온 프레스버리 교수는 자신의 자식뻘 되는 동료 교수의 딸과 약혼해 결혼을 앞두고 있었다. 그러던 어느 날, 교수가 갑자기 잠적했다가 2주 만에 돌아온 사건이 발생했다. 주위에서 걱정을 했지만, 교수는 자신이 어디에 다녀왔는지 결코 입을 열지 않았다. 다만 며칠 뒤 교수 앞으로 배달된 편지가 체코 프라하에서 온 것이었고, 프레스버리 교수님을 만나 뵙게 되어서 반가웠다는 내용이었던 것으로 미루어 그가 프라하에 다녀왔을 것이라 짐작할 뿐이었다. 그런데 그 일이 있은 후부터 프레스버리 교수가 기이한 행동을 하기 시작한 것이다.

어느 날 베넷은 밤에 몰래 자신의 방 앞을 마치 짐승처럼 기어가는 교수의 모습을 우연히 발견했다. 그리고 바로 몇 분 뒤, 저택 마구간 근처에서 자식처럼 기르던 개에게 교수가 공격당하는 일이 발생했다. 베넷의 진술에 의하면 9일 간격으로 두 차례나 그런 일이 있었다는 것이다. 그뿐 아니다. 그로부터 9일이 지난 새벽, 프레스버리 교수가 2층에 있는 딸의 방 창틀에 매달린 채 마치 짐승 같은 모습으로 딸을 노려보다가 기척을 느낀 딸이 놀라 비명을 지른 사건도 있었다.

도대체 무엇이 명망 있는 생리학자를 기괴한 행동의 주인공으로 만들었다고 생각하는가?

프레스버리 교수는 자신보다 35세나 어린 여성과 약혼한 상태였다. 그녀는 부와 명성을 가진 교수가 자신에게 헌신적인 것에 끌렸을 것이고, 교수는 젊고 아름다운 그녀의 외적 조건에 매혹됐을 것이다. 그러나 문제는 엄청난 나이차였다. 이미 남성으로서의 기능을 상실한 교수는 신부를 위해 어떻게 해서든 젊음을 되찾고 싶었다. 그래서 그는 젊음을 되돌려준다는 비약秘藥을 몰래 수소문해왔다. 그러다 체코에 젊은 유인원의 혈청으로 만든 약이 있다는 소문을 들었고, 그 즉시 아무에게도 말하지 않은 채 체코로 건너간 것이다.

그러나 비약을 제조하던 사람은 해당 유인원이 제때 조달되지 못하자 급한 대로 랑구르원숭이의 혈청을 이용해 주사약을 만들어 교수에게 건네주었다. 교수는 이 약을 9일에 한 번씩 투약했다. 그럴 때마다 교수는 원숭이처럼 기거나 저택의 넝쿨을 타고 벽을 올랐으며, 마구간 근처에서는 자신이 기르던 개에게 싸움을 걸다가 물리는 사고를 당한 것이다. 말하자면 개는 자신의 주인을 문 것이 아니라 원숭이를 문 셈이다.

19세기에 만들어진, 젊음을 되찾게 해준다는 정력제의 근거는 무엇이었을까? 바로 잘못된 유비추리였다. 즉 '사람과 유인원은 동일한 속성을 많이 보유하고 있다. 따라서 젊고 활기찬 유인원의 혈청을 주입한다면, 사람도 젊음을 되찾을 수 있을 것이다'라고 생각한 것이다. 이를 간단히 정리해보면 다음과 같다.

1. 인간은 젊은 인간의 혈청을 주사하면 다시 활력을 찾는다.
2. 유인원은 인간과 동일한 많은 속성을 갖는 존재다.
   ㄴ, 그러므로 젊은 유인원의 혈청을 주입하면 인간의 정력이 좋아질 것
   이다.

그러나 유인원을 구할 수 없었던 제조자는 나무를 잘 타고 네 발로 기어 다니는 원숭이의 혈청을 이용했고, 결과적으로 사람을 원숭이처럼 행동하게 만들었던 것이다. 물론 오늘날의 생리학적 관점에서 본다면 판단 결과가 많이 달라지겠지만, 19세기 생리학자 프레스버리 교수는 이러한 일이 가능하다고 유비추리적 사고를 했다. 홈즈는 늙은 사내의 육체적이고 물物적인 애정행각은 자연의 뜻을 거스를 뿐이라고 말하며 이야기를 마친다.

개념과 사고,
지식을 확장하는 최고의 전략

아리스토텔레스의 정의를 따르자면 연역추리는 일반적인 것에서 개별적이고 특수한 것으로 진행되는 추리이고, 귀납추리는 특수하거나 개별적인 것으로부터 일반적인 것으로 진행되는 추리다. 반면 유비추

리는 특수한 것에서 특수한 것으로 진행되는 추리방식이라고 말할 수 있다. 즉 A와 B는 다르지만 a, b, c라는 공통의 속성을 가지고 있다는 점에서는 유사하다. 그러므로 다른 새로운 속성이 A와 B 중 하나에서 발견된다면 나머지 하나도 그 속성을 가지고 있을 가능성이 높다는 가설이다.

1. A라는 대상은 속성 a, b, c를 가지고 있다.
2. B라는 대상은 속성 a, b, c를 가지고 있다.
3. 그런데 A라는 대상에서 속성 d가 발견되었다.
   ㄴ 그렇다면 B라는 대상도 속성 d를 갖고 있을 것이다.

그러나 짐작할 수 있듯, 유비추리의 근거는 확실성이 떨어진다. 왜냐하면 첫째, 두 가지 대상이 동일한 부류에 속한다고 해서 속성도 모두 동일하다고 단정할 수 없기 때문이다. 둘째, 동일한 속성을 가지고 있다고 해서 반드시 동일한 유類나 종種에 속한다고 할 수 없기 때문이다. 이는 첫 번째 이유의 논리적 환위이기도 하다. 셋째, 사물의 속성 간에 일정한 동일성이 존재할 수 있지만, 그것이 반드시 필연적이지는 않기 때문이다. 〈기어 다니는 사람〉에서도 유인원이 인간과 여러 가지 속성을 공유한다는 점에 착안해 유인원의 혈청을 사용해 비밀스러운 약을 만들려 했지만, 어처구니없는 결과만 낳지 않았는가.

이러한 이유로 유비추리의 결론은 '그럴 만한' 개연성이 있을 뿐 확실성을 가지지는 못한다. 유비추리에 의한 결론의 확실성을 높이려면

'그럴 만한' 확률을 높여야 한다. 즉 유비추리가 적용되는 대상 간에 동일한 속성이 많으면 많을수록 결론의 확실성이 커지는 것이다. 또한 전제에서 확인되는 동일한 속성이 대상의 고유한 속성이며, 동일한 속성과 유추 관계에 있는 속성 간에 밀접한 연관성이 있으면 있을수록 결론의 확실성이 커진다.

이러한 여러 가지 제약조건에도 불구하고, 유비추리는 광범위하게 활용되고 있다. 바로 '새로운 무언가를 찾아낼 수 있다'는 매력 때문이다. 그런 점에서 유비추리는 가추법과 비슷한 측면이 있다. 사람들은 세상의 사물들이 상호 관련성이 있으며, 이러한 관련성은 동일한 속성으로 나타난다는 경험적 지식을 근거로 유비추리를 활용한다. 실제로 법학에서는 어떤 사항을 직접 규정하는 법규가 없을 경우, 그것과 유사한 사항을 규정하는 법규를 원용해 판결을 내린다. 언어학에서는 말하는 사람의 두뇌 혹은 마음속에서 서로 관계가 깊은 언어 형식을 하나로 통일하려는 움직임을 유추라 하는데, 이는 언어의 변천과정을 설명하는 원리로서 활용되기도 한다.

인류를 구원한 논리, 유비추리

지금으로부터 약 30년 전, 인류 과학사에 기념할 만한 일이 있었다. 세계보건기구에서 어떤 질병으로부터 인류가 확실하게 해방되었다고 선포한 것이다. 이 질병은 지구상에서 멸절되었음이 선포된 최초의 전염병이다. 정확히 말하면 지난 수십 년간 지구상에서 발병한 예가 보고되지 않았으므로, 더 이상 인간에게 위협적이지 않다고 선언된 것이다. 바로 천연두다.

천연두는 수천 년간, 아마도 그보다 훨씬 더 오랜 동안 인간을 괴롭혀왔다. 정확한 통계는 없지만 천연두만큼 인간의 목숨을 많이 앗아간 질병도 흔치 않을 것이다. 독감, 콜레라, 페스트 정도가 이에 대적할수 있을까. 과거에는 한 사람에게 천연두가 발병하면 순식간에 마을 전체로 확산되었을 뿐 아니라 온 국가 전체로, 때로는 주변 국가에까지 확산되어 무수한 인명을 앗아가곤 했다.

18세기 영국에서는 의과대학에 진학하지 않아도 의사 밑에서 견습 생활을 하며 배우면 병원 개업이 가능했다. 시골 출신의 에드워드 제너Edward Jenner 역시 마을 의사에게 실습경험을 쌓고 런던으로 가서 2년간 수련한 후, 고향으로 돌아와 병원을 열었다.

그러던 어느 날, 제너는 소가 걸리는 전염병인 우두를 앓고 나면 평생 천연두에 걸리지 않는다는 목축업자들의 이야기를 듣게 되었다. 제너는 이 정보를 그냥 흘려듣지 않았다. 그는 우두 고름을 여덟 살 소년의 팔에 접종한 후 6주 뒤 다시 천연두 고름을 접종하는 실험을 했다. 놀랍게도 소년은 천연두에 걸리지 않았다. 무언가를 깨달은 제너는 연구를 거듭해 우두 고름을 옅게 희석해 사람에게 접종하면 천연두에 대한 면역이 생긴다는 사실을 알아냈다. 종두법을 찾아낸 것이다.

1. 우두에 걸렸던 목축업자는 천연두에 걸리지 않는다.
2. 우두와 천연두는 유사한 질병으로 판단된다.

   ∟ 그러므로 우두를 접종하면 천연두에 걸리지 않을 것이다.

제너는 이렇게 유비추리를 활용해 천형天刑이라고까지 불리던 천연두를 치료했다. 사실 천연두를 고치기 위한 유비추리는 제너만 사용한 것이 아니다. 터키에서는 이미 1,000년 전부터 건강한 사람의 몸에 상처를 낸 뒤 천연두에 걸렸던 환자의 고름을 발라줌으로써 예방하는 방법을 사용하고 있었다. 그들도 그간의 경험을 바탕으로 한 유비추리를 사용했던 것이다. 이렇듯 유비추리는 인간이 가지고 있는 가장 자연적이며 기초적인 논리적 사고의 방법이라고 할 수 있다.

유비추리는 개념과 사고 그리고 지식의 확장에 매우 긴요한 도구다. 그러나 유추 자체는 가능성을 확보할 뿐 진실성을 확보하지는 못한다. 하지만 유추의 이러한 한계점, 즉 불완전하고 부정확한 특성 때문에 유추는 오히려 기존 지식으로는 도달할 수 없는 새로운 이해의 세계로 도약할 수 있게 하는 도구가 되는 것이다.

뉴턴은 이런 말을 했다고 한다. "사과를 땅으로 잡아당기는 힘이 있다면 이 힘은 하늘 위로 계속 뻗어 나갈 것이고, 그렇게 된다면 달까지도 끌어당길 것이라는 유추가 가능하지 않겠는가? 그러므로 달은 더 먼 곳에 있지 않고 현재 자신이 돌고 있는 궤도까지 떨어진 것이다. 마치 힘껏 쏘아올린 대포알이 궤적을 그리며 날다가 어느 지점에 가서는 떨어지듯이." 이것이 중력의 법칙을 발견한 뉴턴의 유비추리였다.

'세균학의 아버지'로 불리며 결핵균, 콜레라균을 발견한 공로로 노벨 생리의학상을 수상한 로베르트 코흐_{Heinrich Hermann Robert Koch}의 일화에서도 유비추리의 진수를 맛볼 수 있다.

코흐는 정부의 위촉을 받아 아프리카로 파견되었다. 아프리카에 유행하는 '수면병'이라는 풍토병의 원인을 찾아내기 위해서였다. 수면병은 말 그대로 잠든 상태가 계속되다가 결국 혼수상태가 되어 죽는 병으로, 사람뿐 아니라 가축에게도 치명적인 피해를 입혔다. 환자는 매일 증가했지만 치료법은 고사하고 발병 원인조차 알 수 없었기 때문에 그저 죽어가는 사람들을 안타깝게 바라보아야만 했다.

연구를 거듭하던 코흐는 잠시 머리도 식히고 생각도 정리할 겸 산책을 나섰다. 한참을 걷다보니 두 갈래로 나뉜 길에 접어들게 되었다. 어느 길로 갈까 망설이던 코흐는 수면병에 걸려 들것에 실려 나오는 환자와 마주치게 되었다. 답답한 마음에 원주민과 환자에 대해 이야기하던 중, 놀라운 사실을 듣게 되었다. 두 갈래 길 중 한쪽 길에서만 수면병 환자가 발생한다는 것이었다.

"여보게, 그렇다면 저쪽에는 없지만 이쪽에는 있는 것이 무엇인지 혹시 알겠는가?"

"글쎄요… 제가 아는 것이라고는 악어밖에 없습니다. 저쪽에는 없지만 이쪽에는 악어가 아주 많지요."

코흐는 악어에서 실마리를 찾을 수도 있겠다고 판단하고, 매일 악어를 관찰했다. 그러다 악어의 몸에 기생하는 체체파리를 발견하게 된다. 원주민 말로 체체파리는 '소를 죽이는 파리'라는 뜻이었다. 코흐는 체체파리의 체내에서 '로데시아트리파노소마Tripanosoma rhodesiense'라는 병원체를 발견하게 되고, 마침내 수면병의 원인균을 밝혀내기에 이른다. 악어에 붙어 있는 파리에 의해 사람의 몸속으로 침입한 병원체가 혈액 속에 기생하면서 수면병을 일으키는 역학 구조를 발견한 것이다.

어느 부락에서 수면병에 걸린 환자가 발생했다면, 가까운 옆 부락에서도 발생해야 하는 것이 유추적 상식이다. 그러나 옆 부락에서는 수면병 환자가 발생하지 않았다. 왜 그런 것일까? 이것은 유추적 논리에 명백히 어긋나는 일이다. 따라서 어긋남의 원인이 되는 무언가를 찾는다면 그것이 결정적 단서가 될 것이다. 수면병의 경우에는 악어가 그것이었다.

유추적 논리로부터 비롯된 아이디어로 큰 부를 일군 사람도 있다. 우리가 흔히 '찍찍이'라고 부르는 벨크로를 발명한 메스트랄George De Mestral이 대표적 예다.

화창하게 갠 어느 날, 스위스의 아마추어 등산가이자 발명가인 메스트랄은 충실한 벗인 개 한 마리를 데리고 등산길에 올랐다. 둘은 산에서 즐거운 시간을 보내고 집으로 돌아왔다. 그런데 돌아와 옷을 살펴보니 각종 씨앗의 포낭이 잔뜩 붙어 있는 게 아닌가! 메스트랄은 털이 엉망이 된 애완견은 잊어버리고, 발명가 특유의 호기심으로 바지에 들러붙은 씨앗들을 들여다보기 위해 돋보기와 현미경을 찾았다. 한참을 들여다보던 메스트랄은 바지에 씨앗이 지독하게 달라붙게 한 주인공인 아주 작은 갈고리를 발견할 수 있었다. 훗날 메스트랄은 이 순간을 이렇게 회고했다.

'나는 현미경에서 눈을 떼면서 이렇게 생각했다. 한쪽 면은 거친 옹이처럼 생긴 딱딱한 갈고리로, 다른 한쪽 면은 내 바지의 섬유처럼 부드러운 갈고리로 짜여진, 양면으로 된 독특한 잠금 장치를 개발하겠다. 나의 이 발명품은 '벨루어(벨벳 천)'와 '크로셰(뜨개질한 섬유)'를 합성한 '벨크로'라고 부르기로 하자. 이것은 지퍼의 가장 강력한 경쟁상품이 될 것이다.'

메스트랄은 자신의 아이디어를 친구들에게 이야기했지만 비웃음을 살 뿐이었다. 그러나 그는 자신의 아이디어를 믿었고, 프랑스의 직물 공장에서 일하던 한 직공과 함께 상품 개발에 매달렸다. 수없이 실패를 거듭하던 그는 마침내 제품을 만들어내는 데 성공한다. 문제가 되던 잠금 장치의 거친 옹이가 적외선을 쪼이면서 나일론을 직조할 때 만들어진다는 것을 발견했기 때문이다. 메스트랄은 벨크로 사를 세우고 자신의 발명품을 생산하기 시작했다. 현재 벨크로 사는 매년 수천만 달러의 매출을 올리는 회사가 되었다.

씨앗의 작은 갈고리에서 유추해낸 벨크로처럼, 우리 실생활에는 유추를 통해 생산된 아이디어가 많다. 유리에 물건을 척척 달라붙게 하는 발명품은 문어나 오징어의 빨판을 보고 유추해낸 결과이며, 굴삭기는 사마귀의 앞발을 보고 유추해낸 것이다. 이처럼 유추는 실생활에서도 얼마든지 활용할 수 있는 대표적 추리의 예로 손꼽힌다.

관계추리와 조건추리

이번에는 관계추리關係推理와 조건추리條件推理에 대해 살펴보자. 관계추리와 조건추리란 간접추리의 또 다른 형식 중 하나로, 두 개의 관계판단을 전제로 새로운 결론을 이끌어내는 추리를 말한다.

먼저 관계추리에 대해 살펴보자. 관계추리란 두 개의 관계판단을 전제로 새로운 결론을 이끌어내는 추리를 말한다. 예를 들어보자. 4명의 학생이 두 명씩 시소에 올라갔다. A학생과 B학생이 한 쌍, C학생과 D학생이 한 쌍이었을 때는 시소가 평행을 이뤘다. 그러다 A학생과 D학생, B학생과 C학생이 한 쌍이 되자 A학생과 D학생 쪽으로 시소가 기울었다. 그런데 B학생이 한쪽, A학생과 C학생이 한 쌍을 이뤄 한쪽에 오르자 시소가 B학생 쪽으로 기울었다. 그렇다면 네 학생들의 몸무게 순서는 어떻게 될까? 'D학생〉B학생〉A학생〉C학생'의 순서가 된다. 이렇게 주어진 관계를 통해 새로운 관계를 찾아내는 것을 관계추리라고 한다.

이번에는 조건추리에 대해 살펴보자. 조건추리란 전제 가운데 적어도 하나가 조건 판단인 간접 추리를 말한다. 흥미로운 일화를 통해 조건추리에 대해 파악해보도록 하자.

마차를 타고 영국인 청년, 노르웨이 출신의 노부인, 프랑스 군인, 미국인 아가씨 이렇게 4명의 남녀가 어둑어둑해진 길을 달려가고 있었다. 마차가 깜깜한 터널을 지날 때였다. 갑자기 '쪽' 소리와 함께 누군가 '찰싹' 따귀를 얻어맞는 소리가 들렸다. 마차가 터널을 지나 실내가 밝아지자 모두 눈이 휘둥그레져서 서로의 얼굴을 쳐다보았다. 프랑스 군인의 뺨에 붉은 손자국이 나 있었다.

노르웨이 출신의 노부인은 '저 프랑스 군인이 미국인 아가씨에게 키스를 하려다 따귀를 맞았구먼!' 하고 생각했다. 미국인 아가씨는 '어머, 저 프랑스 군인이 나한테 키스를 하려다 노부인에게 따귀를 맞았나 봐…' 하고 생각했다. 그런데 프랑스 군인은 '저 영국인 청년이 미국인 아가씨에게 키스를 했는데, 아가씨는 내가 한 것인 줄 알고 내 뺨을 때린 거야. 따지자니 영국인 청년은 잡아뗄 테고, 안 따지자니 다른 사람들이 모두 내가 키스를 하려다 얻어맞은 줄로 알 것 아닌가? 군인 체면에 시시콜콜 따질 수도 없고… 제길!'

누가 뺨을 때린 범인일까? 이야기의 조건을 따져보면 따귀를 때린 사람은 영국인 청년이다. 스스로 '쪽' 소리를 내고 프랑스 군인의 뺨을 때린 것이다. 이런 방식으로 주어진 조건을 분석해서 결론을 찾아내는 것을 조건추리라고 한다.

자, 다음 문제는 아인슈타인이 출제한 관계추리 문제로, 아인슈타인은 '인류의 98%는 이 문제를 풀지 못할 것이다'라고 말했다고 한다. 과연 당신은 문제를 풀 수 있을까? 그간 연마한 추리 능력을 발휘해 당신의 두뇌를 테스트해보기 바란다.

- 다섯 채의 각각 다른 색깔의 집이 있다.
- 각각의 집에는 각각 다른 국적의 사람이 산다.
- 집 주인들은 각기 다른 종류의 음료수를 마시고, 다른 종류의 담배를 피우고, 다른 종류의 애완동물을 키운다.

1. 영국인은 빨간색 집에 산다.
2. 스웨덴인은 개를 기른다.
3. 덴마크인은 홍차를 마신다.
4. 녹색 집은 흰색 집 바로 왼쪽에 있다.
5. 녹색 집 사람은 커피를 마신다.
6. 폴몰 담배를 피우는 사람은 새를 기른다.
7. 노란색 집 사람은 던힐 담배를 피운다.
8. 한가운데 집에 사는 사람은 우유를 마신다.
9. 노르웨이인은 첫 번째 집에 산다.
10. 블랜드 담배를 피우는 사람은 고양이를 기르는 사람의 옆집에 산다.
11. 말을 기르는 사람은 던힐 담배를 피우는 사람의 옆집에 산다.
12. 블루마스터 담배를 피우는 사람은 맥주를 마신다.
13. 독일인은 프린스 담배를 피운다.
14. 노르웨이인은 파란색 집 옆집에 산다.
15. 블랜드 담배를 피우는 사람은 물을 마시는 사람의 옆집에 산다.

  ┗ 그렇다면 금붕어를 키우는 사람은 누구인가? (답은 뒷 페이지에)

유비추리는 오류가 발생할 수 있는 위험성에도 불구하고, 앞서 말했던 것처럼 '새로운 무언가를 찾아낼 수 있다'는 매력 덕분에 광범위하게 활용되고 있다. 실제로 유비추리를 통해 우리는 많은 현상을 논리적으로 분석해 가설을 세우고, 이를 입증해 새로운 지식을 알게 되고, 과학적 발견을 해낼 수 있었다. 또한 유비추리는 논리적 사고의 영역을 넓힐 수 있도록 도와주는 도구의 역할을 한다. 일상에서 벌어지는 많은 일들에 유비추리를 적용해 논리적 사고를 훈련해보는 것은 어떨까?

거짓에서
참을
이끌어낸다

: 오류 분석

"우연의 일치란 확률을 전혀 모르는 사람에게는
커다란 장애가 되는 법이다."
– 〈모르그 가의 살인〉 중에서, 오귀스트 뒤팽

"진리로 보급되어왔다고 해도
오류는 오류일 뿐이다."
– 〈도난당한 편지 The Purloined Letter〉 중에서, 오귀스트 뒤팽

"말도 안 되는 소리를 믿는 사람이
5,000만 명이나 된다고 해도
그것은 여전히 헛소리다."
– 아나톨 프랑스 Anatole France, 작가

오류Fallacy란 무엇인가? 부당하게 논리를 전개해서 잘못된 논증을 시도하는 것을 말한다. 오류는 여러 가지 원인에 의해 발생할 수 있다. 언어 자체가 갖는 모호성 때문에 생길 수도 있고, 논리를 잘못 적용시켜서 발생할 수도 있으며, 때로는 누군가를 속이거나 말하는 사람의 목적에 맞는 답변을 끌어내기 위해 의도적으로 만들 수도 있다.

오류는 탐정의 올바른 추리를 막는 가장 큰 방해물이다. 탐정들은 이러한 오류에 굴복하지 않고 사건의 본질을 꿰뚫어보기 위해 힘쓰는데, 뒤팽도 예외는 아니다. 작품 〈모르그 가의 살인〉에서 뒤팽은 오류에 빠지지 않고 사건을 해결해내는 논리적 완벽성을 보여준다. 이번 장에서 전개될 우리의 이야기는 뒤팽이 한 신문의 기사를 읽게 되면서부터 시작된다.

"누가 모르그 가의 모녀를 살해했는가?"

오귀스트 뒤팽은 파리의 일간지 〈가제트 데 트리뷰노〉를 읽다가 다음과 같은 기사를 발견한다.

'기괴한 살인 사건이 발생했다! 오늘 새벽 3시쯤, 생 로스 구區 주민들은 끊이지 않고 들려오는 무서운 비명소리에 잠을 깼다. 그 소리는 레스파네 부인과 딸 카미유 레스파네 양이 살고 있는 모르그 가의 집 4층에서 들려오는 것 같았다. 8~10명의 이웃과 무장한 경찰이 그 집으로 달려갔으나 문이 열리지 않자 부수고 들어갔다. 그들이 1층에서 2층으로 계단을 뛰어오를 때 누군가가 다투는 듯한 소리가 두세 차례 들렸다. 소리는 3층이나 4층에서 들려오는 것 같았다. 그러나 그들이 집 안으로 들어갈 무렵에는 그 소리도 멎고 주위는 쥐 죽은 듯 잠잠해졌다. 사람들은 서둘러 조를 짜서 각 방을 조사했다. 그러다 4층 뒤쪽에 있는 큰방의 문을 부수고 안으로 들어간 사람들이 몸서리처질 만큼 끔찍한 광경을 목격했다.

방 안은 어수선하기 짝이 없었다. 가구는 부서져 사방에 흩어져 있었으며, 하나밖에 없는 침대에서 벗겨져 나간 침구들은 바닥 한복판에 내팽개쳐져 있었다. 의자 위에는 피투성이가 된 면도날이 놓여 있었고, 난로 위에 굵고 긴 회색 머리카락 뭉치가 여기저기 굴러다니고 있었다. 머리카락은 피범벅이 되어 있었는데, 뿌리째 뽑힌 듯했다. 한쪽에는 나폴레옹 금화 네 닢, 황옥으로 만든 귀고리 하나, 은 스푼 세 개, 그보다 작은 양은 스푼 세 개가 있었고 4,000프랑쯤 되는 금화가 들어 있는 두 개의 자루는 바닥에 놓여 있었다. 옷장 서랍은 열려 있었고, 조그마한 철제 금고 하나가 침구 밑에서 발견되었다. 열쇠가 꽂힌 채 문이 열려 있었는데, 안에는 몇 통의 낡은 편지와 중요하지 않은 서류가 몇 장 들어 있었다. 레스파네 모녀는 보이지 않았다.

카미유 양의 시신은 난로 굴뚝 안에서 발견되었다. 여기저기 찰과상을 입은 데다 얼굴에는 심하게 긁힌 자국이 있었고, 목덜미엔 검은 타박상과 손톱자국이 선명해 목이 졸려 죽은 것으로 짐작되었다. 건물 뒤쪽의 뜰에서 레스파네 부인의 시체도 발견되었다. 목은 물론 몸도 무참히 찢겨져 있었는데, 결코 사람의 짓이라고 믿기지 않을 정도였다. 길 쪽으로 난 창의 덧문은 거의 열려 있지 않았고, 건물 뒤쪽은 4층 큰 뒷방을 제외하고는 항상 닫혀 있었다. 그 집은 지은 지 얼마 안 돼 무척 견고했다. 이 무섭고 기이한 사건은 그 단서조차 아직 찾지 못하고 있다.'

다음 날 신문에 계속해서 상세한 기사가 실렸다.

'모르그 가의 비극. 많은 사람들이 조사를 받았지만 아직 단서는 찾지 못했다. 다음은 주요 증언들이다.

- 세탁부 폴린느 뒤브르의 증언

두 여인을 3년 동안 알고 지내며 세탁을 맡아 해주었다. 모녀는 서로 사랑하며 의지하고 지내는 것 같았다. 두 사람의 생활이나 수입에 대해 아는 것은 없지만 세탁비는 늘 정확히 지불했고, 부인이 점을 쳐서 생계를 유지하는 듯했다. 저축해둔 돈이 있다는 소문도 들었다. 집에 하인은 없었다.

- 담배 상인 피에르 모로의 증언

지난 4년 동안 부인에게 담배를 팔았다. 부인은 어린애 같은 면이 있었고, 돈이 있다는 소문도 있었다. 모녀는 부인 소유의 모르그 가 집에서 6년째 살고 있었다. 두 사람은 얼굴을 잘 내비치지 않았고, 딸은 5~6번밖에는 보지 못했다. 노부인과 딸 말고는 짐꾼이 한두 차례, 의사가 8~10차례쯤 그 집에 드나드는 것을 보았을 뿐 다른 사람이 드나드는 것은 전혀 본 적이 없다.

- 경찰관 이시도르 뮤제의 증언

오전 3시경 신고를 받고 출동했다. 문이 잠겨 있어 총검으로 비틀어 열었다. 비명소리는 문을 열 때까지 계속되다가 갑자기 끊겼다. 짧은 단말마의 비명이 아닌, 고통으로 한 사람 또는 몇 사람이 부르짖는 듯 길게 끄는 소리였다.

첫 층계에 다다르자 크고 성난 목소리로 다투는 두 사람의 목소리가 들렸다. 하나는 굵고 탁한 목소리였고 또 하나는 훨씬 더 날카로운 기묘한 목소리였다. 굵고 탁한 목소리가 한 말은 프랑스어였다. 절대 여자의 목소리는 아니었다. '빌어먹을', '제기랄' 같은 단어를 내뱉었다. 남자인지 여자인지 모를 날카로운 목소리도 무언가 말을 했는데, 알아들을 수는 없었지만 스페인어 같았다.

- 이웃인 은 세공업자 앙리 뒤발의 증언

날카로운 목소리의 주인공은 이탈리아인이라고 생각한다. 적어도 프랑스인이 아니라는 점은 확실하다. 남자의 목소리라고 확신할 수는 없다. 여인의 목소리일지도 모른다. 평소 모녀를 알고 지냈으므로 목소리를 아는데, 날카로운 목소리는 분명히 죽은 모녀의 것은 아니라고 생각한다.

- 음식점 주인 오덴하이메르의 증언

나는 네덜란드인으로 프랑스어를 못한다. 나는 비명 소리가 들렸을 때 문제의 집 앞을 지나가고 있었다. 비명 소리는 10분 정도 계속되었는데 크고 긴, 매우 무섭고 처참한 소리였다. 날카로운 목소리는 프랑스 남자의 것이 분명했다. 무슨 말인지 분간할 수는 없었지만 크고 빠르며 음의 고저가 심한 목소리였다. 분노와 공포가 교차하는 목소리였다. 굵고 탁한 목소리는 '빌어먹을', '제기랄'이란 말을 연거푸 내뱉다가 한번은 '지독한 놈'이라고도 했다.

- 미뇨부자은행 은행장, 쥘 미뇨의 증언

레스파네 부인에게는 약간의 재산이 있었다. 우리는 8년 전 봄에 노부인과 거래를 시작했다. 부인은 소액씩 자주 저금을 했는데, 전혀 찾아가지 않다가 죽기 3일 전 손수 4,000프랑을 인출해갔다. 전액 금화로 지불했으며 행원 한 사람을 시켜 집까지 가져다주었다.

- 미뇨부자은행 행원, 아돌프 르 봉의 증언

그날 오후 4,000프랑을 자루에 넣어 부인과 함께 부인의 집으로 갔다. 문이 열리자 레스파네 양이 나와 자루 하나를 받아들었다. 또 하나는 노부인에게 건넸다. 집을 나왔을 때 거리에는 아무도 없었다.

- 양복점 주인 윌리엄 버드의 증언

나는 영국인이고, 2년 전부터 파리에 살고 있다. 싸우는 소리를 들었는데 굵고 탁한 목소리는 프랑스인이었다. '빌어먹을', '지독한 놈'은 분명하게 들었다. 여러 명이 격투하는 듯한 소리가 들렸고 날카로운 소리는 매우 컸다. 영어가 아닌 것은 확실했다. 음… 독일어와 비슷했다. 여자 목소리였는지도 모르겠다.

- 장의사 알폰소 가르시오의 증언

난 스페인 태생으로 모르그 가에 살고 있다. 집 안까지는 들어갔지만 2층에는 올라가지 않았다. 싸우는 목소리가 들렸다. 굵고 탁한 목소리는 프랑스인이었고 날카로운 목소리는 영국인이었다. 영어를 모르지만 억양으로 판단하건대 그렇다.

- 제과점 주인 알베르토 몬타니의 증언

나는 이탈리아 사람이다. 굵고 탁한 목소리는 프랑스인이었는데 몇마디는 알아들을 수 있었다. '제기랄', '빌어먹을', '지독한 놈'이라는 말이었다. 날카로운 목소리는 알아들을 수 없었다. 빠르고 어조 변화가 심했다. 러시아인과 말을 나눠본 적은 없지만 러시아어 같았다.

- 의사 폴 뒤마의 증언

해 뜰 무렵 검시檢屍를 위해 호출되어 갔다. 레스파네 양은 목의 살갗이 몹시 벗겨져 있었다. 턱 바로 밑에 손톱에 깊이 긁힌 자국이 나 있었으며, 멍 자국도 여러 개 있었다. 혀는 군데군데 물어 뜯겨 있었다. 내 소견으로는 한 사람 또는 여러 사람에 의해 목이 졸려 죽은 것 같다.

부인은 온몸에 타박상을 입은 데다, 오른쪽 다리와 팔의 뼈뿐 아니라 갈비뼈까지 모두 부서져 있었다. 매우 힘센 남자가 의자나 무거운 곤봉 혹은 큰 둔기를 휘둘렀다면 모를까, 여자라면 어떤 둔기로도 그런 타격을 가할 수는 없었을 것이다. 두부頭部 손상도 심각했고, 목은 예리한 면도날로 깊이 베어진 것이 분명해 보였다.

레스파네 양이 발견된 방의 문은 안에서 잠겨 있었다. 억지로 문을 따고 들어갔을 때 안에는 아무도 없었다. 창문은 위로 들어 올리는 것이었는데 햇빛을 차단하기 위해 나무로 된 여닫이 덧문이 달려 있었다. 이 역시 안에서 단단히 잠겨 있었고, 옆방과 이어지는 문은 닫혀 있었지만 잠겨 있지는 않았다. 옆방에는 복도로 통하는 문이 있었는데, 안에 열쇠가 꽂힌 채로 잠겨 있었다. 4층 건물이었던 집에는 다락방도 딸려 있었는데 몇 년 동안 열지 않은 듯 다락방 지붕의 문은 단단히 못질이 되어 있었다.

다투는 소리에 대한 증인들의 진술은 제각각이었다. 어떤 사람은

3분밖에 안 됐다고 했지만 또 어떤 사람은 5분이나 됐다고 했다. 몇 사람의 증인이 다시 소환되어 증언한 바에 의하면 4층에 있는 모든 방의 굴뚝은 사람이 통과할 수 없을 만큼 비좁았다고 했다. 레스파네 양의 시신은 굴뚝에 심하게 끼여 여러 명이 함께 끌어내야 했다. 사람들이 층계를 오르는 동안 밑으로 내려갈 만한 뒷길은 없었다.'

이후 신문에 금화 4,000프랑을 배달해준 은행원 아돌프 르 봉이 체포되었다는 기사가 덧붙여 실렸다.

"불가능해 보이는 일이
사실은 가능함을 증명할 때,
그것은 단서가 되지."

탐정의 추리

당신이 이 무시무시한 사건을 의뢰받은 탐정이라면 어떤 추리를 하겠는가? 가상의 탐정들을 내세워 여러 가능성을 파악해보자.

-탐정 A

모녀가 살던 모르그 가 4층집의 창문은 모두 안에서 잠겨 있었다. 집으로 들어가는 문도 안에서 잠겨 있었다. 경찰이 총검으로 뜯고 들어갔다고 증언했으니 이는 틀림없는 사실이다. 밖에서 누가 침입한 흔적도 찾을 수 없다. 역시 경찰의 증언에 의하면 문을 뜯기 직전까지 집

안에서 고성이 들렸다고 했다. 그렇다면 범인은 정문을 통해 미리 집 안에 들어간 뒤 숨어 있다가 범행을 저지르고는, 사람들이 몰려와 어수선한 틈을 타서 정문으로 유유히 사라진 것이다. 창문은 안에서 잠겨 있었으므로 절대 도주로가 될 수 없다.

-탐정 B

창문도, 정문도 모두 안에서 잠겨 있었고 외부인이 침입한 흔적도, 도주한 흔적도 없다. 알 수 없는, 기괴한 미스터리다. 몇 사람의 증언에 따르면 레스파네 부인이 평소 점을 친다고 했으므로 어떤 초월적이고 신비한, 예를 들어 악마 같은 존재가 벌인 일은 아닐까?

-탐정 C

굵고 탁한 목소리의 주인이 프랑스인이라는 증언에는 일관성이 있다. 그러나 날카로운 목소리에 대한 증언은 제각각이다. 영어, 프랑스어, 독일어, 스페인어, 러시아어… 그리고 한 증인은 프랑스어가 아닌 것은 틀림없다고 말했다. 따라서 날카로운 목소리는 유럽인들이 쉽게 이해할 수 없는 어떤 언어를 구사했음에 틀림없다. 그렇다면 목소리의 주인공은 아시아인이거나 아프리카인이 아닐까?

-탐정 D

4층 딸의 방에는 창문이 두 개나 있는데, 모두 안에서 잠겨 있었다. 그러나 자동 잠금 장치가 되어 있는 창문이라면 도주하면서 창문을 잠

글 수도 있음을 염두에 두어야 한다. 그러나 그렇다고 하더라도 창문에서 2m쯤 떨어진 곳에 있는, 지상과 연결된 피뢰침이 도주로가 되었다고 볼 수는 없다. 아무리 순발력이 좋은 사람일지라도 창틀에 옹색하게 서서 2m씩이나 점프할 수는 없기 때문이다. 그렇다면 이 집에는 밖으로 통하는 비밀 통로가 있을 것이다. 그 외의 방법으로는 설명이 불가능하지 않은가? 현장에 대한 재조사가 이루어져야 한다.

-탐정 E

나는 이 사건을 사람이 아닌 짐승의 짓이라고 생각한다. 왜냐하면 짐승만이 이런 잔인한 짓을 할 수 있으니까.

-탐정 F

나는 전에도 이와 비슷한 사건을 여러 차례 다루었다. 그때마다 주된 범행 동기는 돈에 얽힌 가족 간의 불화였다. 이번 사건도 마찬가지일 것이다. 모녀간에 4,000프랑의 돈을 가지고 다툼이 일어났고, 감정이 격해진 부인이 딸을 살해한 것이다. 가까스로 정신을 차리고 나서야 부인은 자신이 어떤 일을 저질렀는지 알게 됐고, 절망해 자살한 것이다. 돈이 사라지지 않고 현장에 그대로 남아 있는 것만 보아도 알 수 있는 일이다.

탐정의 추리의 오류

자, 6명의 탐정들이 한 각각의 추리를 살펴보았다. 어떤가? 어느 탐정의 말에 고개가 끄덕여지는가? 이제 각 탐정들이 추리를 제대로 한 것인지, 오류는 없었는지 자세히 분석해보도록 하자. 그리고 이를 토대로 각자 답을 추리해보기 바란다.

- 탐정 A의 오류 분석

탐정 A의 가장 큰 오류는 '창문이 안에서 잠겨 있었으므로 도주로는 창문이 아니다'라는 추리인데, 여기에는 '거짓원인의 오류'가 숨어 있을 가능성이 있다. 창문이 안에서 잠겨 있다는 것이 확실한 논거가 되려면 직접 열어보고 확인한 뒤에 논리 전개의 전제로 삼았어야 한다. 그러나 탐정 A는 눈으로만 확인한 경찰과 목격자들의 증언에 의존하고 있다.

이에 반해 뒤팽의 추리는 현장관찰을 통한 사실에 근거하고 있다. 경찰청의 협조 요청에 따라 현장에 도착한 뒤팽은 이렇게 말한다.

"나의 조사는 좀 더 면밀했는데, 불가능해 보이는 일이 사실은 그렇지 않음을 증명할 때 그것이 단서가 되기 때문이지. 귀납적으로 범인은 두 개의 창문 중 하나로 도주했어. 하지만 안에서 창틀을 고정시킬 수 없었을 것이네. 너무 뻔한 사실이어서 경찰은 더 이상 조사하지 않았지. 그러나 분명 창틀은 고정되어 있었어. 따라서 창문은 저절로 잠기는 장치가 되어 있는 것이 틀림없다네. (…) 자네는 내가 당황했을 것이라고 생각했겠지만, 정말 그렇게 생각했다면 귀납추리의 본질을 오해하고 있는 걸세. 그동안 나는 냄새를 놓친 적이 한 번도 없었어. 사고의 연쇄 고리에 결함이 없었으니까 말이네."

- 탐정 B의 오류 분석

프랑스의 철학자이자 교육학자인 장 자크 루소는 그의 저서 《신 엘로이즈 *La Nouvelle Héloïse*》에서 '있는 것을 부정하고 없는 것을 설명한다'고 말했다. 탐정 B의 말은 '사람이 범행을 했다는 증거를 찾을 수 없으므로 악마가 한 일이다'라는 논리인데, 이것은 '허수아비의 오류'에 해당한다. 탐정 B는 논제에 어울리지 않는 허상을 상정하고, 그것을 범인으로 몰아가고 있다.

- 탐정 C의 오류 분석

'날카로운 목소리는 유럽인들이 쉽게 이해할 수 없는 어떤 언어를 구사했음에 틀림없다.' 탐정 C의 추리에는 오류가 있다. 유럽 몇 개국에 고향을 둔 증인들이 이해할 수 없었다고 해서 그것이 꼭 비非유럽권 언어라고 단정할 수는 없다. 이는 '성급한 일반화의 오류'라고 할 수 있다. 또한 날카로운 소리의 주인공은 꼭 사람이 아닐 수도 있다. 사람의 목소리와 비슷한 소리를 낼 수 있는 동물이 몇 있으므로.

- 탐정 D의 오류 분석

탐정 D는 '2m 정도 떨어진 곳에 있는 피뢰침에는 반드시 뛰어서 다다라야 한다'고 전제한 뒤 추리를 전개하고 있는데, 전제로 삼은 이 명제가 과연 옳은 것인지 고민해보아야 한다. 창문에서 피뢰침까지 어떤 도구나 장비를 이용해 움직일 수도 있는 것 아닌가? 이런 가능성을 아예 봉쇄한 채 한 가지 가능성을 참이라고 전제한 뒤 섣불리 결론을 내리는 것은 '선결문제 요구의 오류'를 범하고 있는 셈이다.

-탐정 E의 오류 분석

탐정 E는 이미 전제에 등장한 내용을 결론에 다시 활용하는 데서 발생하는 오류를 범하고 있다. 이를 '순환논증의 오류'라 한다.

-탐정 F의 오류 분석

과거에 경험했던 사건과 이 사건이 여러모로 유사하다고 할지라도 섣불리 두 사건이 동일할 것이라고 결론짓는 것은 위험하다. 이를 두고 '유비추리의 오류'를 범하고 있다고 하는데, 탐정 F의 추리가 바로 그 예다. 유비추리의 오류란 두 개 혹은 그 이상의 사물이 어떤 면에서 유사하거나 동일하다는 것을 근거로 다른 속성도 비슷할 것이라고 추론하는 것이다.

형식적인 오류, 비형식적인 오류

〈모르그 가의 살인〉을 분석하는 가상의 탐정들도 그랬지만, 추론을 하다보면 실수로 혹은 고의로 오류를 범하게 되는 경우가 많다. 오류는 크게 형식적 오류와 비형식적 오류로 나눌 수 있다. 각각의 대표적인 예들을 살펴보며 이해의 폭을 넓혀보도록 하자. 형식적 오류에 대해 먼저 알아보는 것이 좋겠다.

형식적인 오류

- 거짓원인의 오류

어떤 현상을 설명할 때 원인과 결과 사이의 명백한 관련성을 제시할 수 있다면 그것은 타당한 논증이 된다. 그런데 이 인과관계를 억지로 꿰어 맞추려고 노력하면 거짓원인의 오류가 발생하게 된다. 거짓원인의 오류란 원인이 아닌 것을 원인으로 잘못 생각하거나, 거짓된 원인을 설정하는 데서 오는 오류를 일컫는다. 거의 모든 미신이나 신화적 사고의 원인이 바로 이 오류에서 비롯된 것이다.

예전에 우리 어르신들은 문지방을 밟지 못하게 했다. '문지방을 밟으면 재수가 없다'는 이유에서였다. 왜 이런 믿음이 생겼을까? 아마도 사회적인 영향력이 있는 누군가가 문지방을 밟았다가, 그로부터 얼마 후 좋지 않은 일을 당했을 것이다. 그는 주변 사람들에게 '문지방을 밟지 마라, 재수가 없어진다'고 말했을 것이고, 사회적으로 영향력이 있는 그의 말은 신뢰를 얻었을 것이다. 의식하지 않던 '문지방 밟는 일'을 의식하게 되면서 다른 사람들도 이와 비슷한 상황을 겪었을 것이고, 이러한 사람들의 사례가 쌓이고 시간이 흐르면서 생활 속의 신념으로 자리 잡게 된 것이다. 그러나 설령 문지방을 밟는 행위가 소위 '재수 없는' 일이 발생한 것보다 시간적으로 앞서 일어났더라도, 그것이 발생한 어떤 일의 원인이 될 수는 없다. 그저 우연의 일치였을 뿐이다.

이런 예는 꽤 많다. 풍수지리 같은 민간의 믿음도 그중 하나다. '조상의 묘를 어디에 썼느냐에 따라 후손이 복을 받거나 흉한 일을 당할 수 있다'는 믿음도 실은 인과관계를 증명할 수 없는 관습적 사고다. '사람의 이름에 따라 그 사람의 길흉화복이 결정된다', '생년월일과 생시에 따라 그 사람의 운명이 결정된다', '손금이 이렇게 생긴 사람은 장수하고, 저렇게 생긴 사람은 단명한다', '눈꼬리가 치켜 올라간 며느리가 들어오면 집안에 흉한 일이 생긴다'와 같은 믿음들은 시간적으로 앞선 사건이 후에 발생한 현상의 원인일 것이라는 오류에서 시작된 근거가 희박한 믿음이다. 이것이 받아들여지려면 사건과 현상 사이에 인과의 법칙, 즉 인과율Law of causality이 존재함을 입증할 수 있어야 한다. 이를 입증하려면 동일하고 반복적인 예가 다수 존재해야 하며, 규칙성도 필요하다.

- 허수아비의 오류

허수아비의 오류란 논제에 어울리지 않는 허구의 대상Illusion, 즉 허수아비를 설정해놓고, 그것을 공격함으로써 생기는 오류를 일컫는다. 예를 들어 정부 예산에서 국방비가 5% 삭감되었다는 사실만으로 '이 정부는 자주국방의 의지가 없는 정부다'라고 비판한다면 이는 허수아비의 오류를 범하는 것이다.

허수아비의 오류는 논점을 흐리고, 논쟁을 자신에게 유리한 방향으로 이끌어내기 위해 악용되기도 한다. 상대방이 제시한 논제를 슬쩍 바꾸어 공격하기 쉽도록 해석한 뒤, 이를 토대로 상대를 공격하는 것이다. TV에서 각 분야의 권위자들이 패널로 초대되어 서로의 주장을 전개할 때 많이 발견되곤 하는데, 이들은 의도적으로 혹은 무지해서

허수아비의 오류를 범하게 된다. 개발에 따른 환경파괴를 걱정하는 상대 패널에게 '그럼 중세로 돌아가자는 말씀이십니까?'라고 반문하는 것이 한 예라고 볼 수 있다.

- 성급한 일반화의 오류

성급한 일반화의 오류는 귀납적 추론을 시도할 때 흔히 발생하는 오류다. 가령 '개성 사람 만득이가 장사를 잘한다. 개성 사람 덕수도 장사를 잘한다. 따라서 개성 사람들은 모두 뛰어난 장사꾼들이다'라고 성급하게 일반화해버리는 것이다. 성급한 일반화의 오류를 피하려면 '개성 사람들 중 몇 % 정도가 훌륭한 장사꾼임을 관찰했다'는 식의 보다 정확하고, 보다 많은 경우를 관찰한 수치를 제시해야 한다. 앞서 설명했던 것처럼 귀납적 추론은 '귀납적 비약'을 통해 이루어지므로 가능한 한 많은 사례를 제시할수록 신뢰도 높은 논리가 성립된다.

- 선결문제 요구의 오류

추론의 시발점이 되는 전제 자체가 증명되지 않은 데서 발생하는 오류를 선결문제 요구의 오류라고 한다. 모든 결론은 이미 검증된 전제로부터 파생되는데, 이 문제가 선결되지 않으면 결론이 타당성을 확보할 수 없다. 그러므로 검증되지 않은 논제를 다른 논제를 증명하는 근거로 삼아서는 안 된다. 논란의 여지가 많거나 오류가 섞여 있는 논제를 논증의 출발점으로 삼는다면 모래 위에 성을 쌓는 것과 다를 바가 없기 때문이다.

예를 들어 '안락사는 용인되어서는 안 된다. 왜냐하면 살인은 나쁜 행위이기 때문이다'라는 진술이 있다고 하자. 이는 '안락사는 살인행위다'를 전제로 하는 진술이다. 그러나 안락사가 살인행위인가, 인도적 의료행위인가를 먼저 결정하기 전에는 단언하기 힘든 문제이므로 이 진술은 오류를 범했다고 할 수 있다.

- 순환논증의 오류

순환논증의 오류란 일종의 동어반복의 오류다. 전제에 드러난 것을 결론에서 다시 사용하는 논증에 해당하므로, 결국 의미 없는 논증이 되어버린다. 이는 결론을 도출하는 과정에서 증명되어야 할 것을 여러 전제들 중 하나에서 미리 긍정해버리는 데서 발생한다.

예를 들어 '신은 존재한다. 왜냐하면 성경에 그렇게 쓰여 있기 때문이다. 성경은 신의 말씀을 받아쓴 것이므로 신은 존재한다'라는 문장을 보자. 결론에 전제가 등장하고, 그 전제를 참이라 이미 긍정해버렸기 때문에 이는 논증의 의도를 전혀 달성하지 못하고 있다. '내가 한 말은 모두 사실이다. 왜냐하면 나는 거짓말을 하지 않으니까'도 같은 논리다. 이렇듯 예로 든 순환논증들은 오류가 있음을 확연히 구분할 수 있지만, 논증 과정이 길고 복잡할 때에는 의외로 발견하기 쉽지 않은 것이 이 오류이기도 하다.

순환논증의 오류는 선결문제 요구의 오류와 본질적으로 유사하다. 순환논증의 오류는 결론에 전제가 다시 등장하는 데 반해 선결문제 요구의 오류에서는 그렇지 않다는 차이가 있을 뿐이다.

- 유비추리의 오류

흔히 유추라고 하며, 두 개 혹은 그 이상의 사물이 여러 면에서 비슷하다는 것을 근거로 확인되지 않은 다른 속성도 비슷할 것이라고 추론하는 방식이다. 두 개의 개념, 물건, 사건 등이 유사할지라도 둘 사이에 특정 성질, 즉 유추를 통해 도달하려는 결론이 공유되지 않을 수도 있음을 고려하지 않을 때 발생하는 오류다.

'지구는 태양계의 행성이다. 지구에는 온갖 생물이 있다. 화성도 태양계의 행성이다. 그러므로 화성에도 온갖 생물이 있을 것이다'와 같은 진술이 대표적인 예다. 지구와 화성은 태양계의 행성이라는 점에서 유사한 면이 있지만, 이질적인 면이 더 많을 수도 있다. 한두 가지 측면만 보고 다른 특징도 공유할 것이라고 판단한다면, 유비추리의 오류를 범하게 될 가능성이 높다.

비형식적인 오류

이번에는 비형식적 오류에 대해 알아보기로 하자. 많은 비형식적 오류들이 있지만, 여기서는 그중 한 부류인 심리적 오류에 대해 살펴보도록 하겠다. 물론 어떤 논지를 심리적인 이유 때문에 받아들이거나 받아들이지 않는 것은 매우 개인적인 문제이므로 오류라고 정의하기는 어렵다. 그러나 어떤 논지를 '심리적인 이유' 때문에 받아들이거나 혹은 받아들이지 않으면서 '타당한 이유' 때문에 그렇게 한다고 주장한다면 이것은 심리적인 이유를 논리적인 이유로 혼동하는 것이므로 오류라고 할 수 있다.

- 부적합한 권위에 호소하는 오류

권위에 호소하는 것은 강력한 힘을 갖는다. 저명한 물리학자가 물리학에 대해 설명한 것을 인용한다면 이는 유효한 검증의 도구가 되며, 일종의 논증이다. 그러나 물리학자가 부부 간의 문제에 대해서까지 다른 사람보다 권위를 갖는 것은 아니다. 그럼에도 불구하고 그러한 문제에 대해서도 그의 말에 의존한다면 부적합한 권위를 숭배하고 의존하는 논증이 되므로 오류라고 할 수 있다. 사회적 통념이나 관습, 전통, 제도 등에 호소해 어떤 믿음을 정당화하려 한다면 오류를 범하게 될 가능성이 높으므로 주의해야 한다.

- 인신공격의 오류

인신공격의 오류는 특정인의 인품이나 과거 경력 등을 비난함으로써 그 사람의 논증이나 주장이 틀렸다고 하는 오류다. '철학자 A씨의 인생철학은 귀 기울일 가치가 없습니다. 왜냐하면 그는 이혼한 전력이 있기 때문입니다'라든가, '그의 주장은 틀렸습니다. 만약 훌륭한 교육을 받은 사람이라면 그런 주장을 할 수는 없을 것입니다'라고 주장하는 경우가 이에 속한다. 그의 논증 자체를 검토한 결과가 아니라 논증을 주장한 사람의 인격을 비하함으로써 그의 논증을 부정하려 하기 때문에, 매우 심각한 오류라고 할 수 있다.

- 우물에 독약치기의 오류

어떤 논지에 대해 반론할 수 있는 유일한 원천을 비판함으로써 반론을 제기하는 것 자체를 봉쇄해 자신의 논지를 옹호하고자 하는 불공정한 전략에서 오는 오류다. 마치 우물에 독을 뿌리는 것과 같은 이치라해 이런 이름이 붙게 되었다.

철학자 니체가 이런 주장을 한 적이 있다. "인간은 타락하였음을 선포한다. 나의 말에 동의하지 않는 자들은 자신들이 이미 타락했다는것을 증명하고 있는 것이다." 그는 이 논증에서 '인간은 타락하였다'라고 하는 자신의 논지에 대한 반론의 가능성을 원천적으로 봉쇄하는전략을 사용하고 있다. 반론을 제기하면 할수록 오히려 그의 논지가옹호되는 결과가 되기 때문이다. '우리를 막는 자들은 정의의 편이 아니다'와 같은 주장도 우물에 독약치기 오류에 빠져 있는 대표적 예다.

오류를 극복하고
위대한 발견으로 나아가다

네덜란드의 의사이자 세균학자였던 크리스티안 에이크만Christiaan Eijkman은 인도네시아 자바 섬의 동인도회사로 가는 배에 올랐다. 동인도회사에 주둔중인 네덜란드 군인들이 앓고 있는 질병의 원인을 조사해달라는 정부의 요청을 받은 것이다. 탄저균, 결핵균, 콜레라균 등을 발견한코흐의 밑에서 오랫동안 일했던 에이크만의 의학적 견해는 세균학에강한 뿌리를 두고 있었다. 에이크만뿐 아니라 코흐와 루이 파스퇴르Louis Pasteur의 놀라운 발견으로 고무된 당시 유럽 의학계 전체가 세균학에 경도되어 있었다.

당시 네덜란드 군인들이 앓던 병은 각기병으로, 동인도 제도뿐 아니라 동남아시아, 중국, 아프리카 등지에 넓게 퍼져 있었다. 각기병은 신경계가 제 기능을 할 수 없게 되어 관절에 경련과 마비를 일으키고, 근육이 뒤틀리다가 결국은 사망하게 되는 무서운 병이다. 이 병에 걸린 환자들은 팔과 다리를 구부릴 수 없어 기어 다녀야만 했다. 게다가 집단으로 발병하는 경향이 있어 전염병일 것이라는 인식이 지배적이었다.

에이크만이 자바 섬에 도착하기 1년 전에 상륙한 이 유행병 때문에 섬 인구의 3분의 1 가까이가 고통 받고 있었다. 이 재앙은 그 후로도 10년이나 지속되었지만, 원인균으로 지목된 세균들은 실험 결과 모두 상관이 없다고 밝혀졌다. 연구에 연구를 거듭했지만 원인균 하나 찾지 못한 것이다. 현지인들은 선과 악의 싸움에서 악이 이겼기 때문에 이런 병이 창궐했다고 믿었다.

그러던 어느 날이었다. 에이크만이 연구실 창밖을 내다보고 있는데, 닭 몇 마리가 마치 각기병에 걸린 것처럼 비틀거리며 먹이를 쪼아대는 모습이 눈에 들어왔다. 그리고 며칠 후, 비틀거리던 닭들이 다시 멀쩡해진 것을 목격하게 되었다.

'이게 어찌된 일이지?'

에이크만은 하나부터 열까지, 탐정처럼 모든 것을 파헤쳐보겠다고 마음먹었다. 그는 닭들이 부대 옆에 있던 병원에서 키우는 것이라는 사실을 알아냈다. 닭들에게 모이를 주던 사람은 병원에 임시로 채용된

조리사였는데, 그는 주로 흰 쌀을 주었다고 했다. 얼마 후 후임으로 들어온 조리사가 닭들을 맡아 키우게 되었는데, 그는 흰 쌀이 아닌 겨가 묻은 쌀을 모이로 주었다고 진술했다.

에이크만은 쌀의 겨에 실마리가 있을 것이라 가정하고, 닭들에게 다시 흰 쌀을 주어보았다. 건강해졌던 닭들은 다시 비틀대기 시작했다. 에이크만은 확신을 갖고 연구에 몰두했다. 그 결과 쌀이 독소를 갖고 있는데, 쌀겨의 어떤 성분이 이 독소를 억제하거나 파괴하는 것이라는 결론을 내렸다. 즉 이 독소는 미생물로부터 발생한 것이며, 만일 도정하는 과정에서 쌀겨를 없애면 해독성분 역시 사라지게 되므로 생물체에 악영향을 미치게 된다는 논리였다.

그는 본국인 네덜란드에 요청해 당시 세계 최고의 성능을 가진 현미경을 공수해왔다. 그리고 이 현미경으로 쌀에 붙어 있을지 모르는 박테리아를 찾는 데 몰두했다. 그러나 몇 가지 의미 없는 세균들을 찾았을 뿐, 그가 원하는 결과를 얻지는 못했다. 이후 수많은 가설과 이론들을 구상하고 실험했지만 모두 오류로 밝혀졌다. 답이 쌀겨에 있다는 사실을 알아냈기 때문에 일단 해결책은 찾았지만, 어떤 원리에 의한 것인지 확실한 메커니즘을 밝혀내지 못한 것이다.

그로부터 몇 년 뒤, 영국의 생화학자 프레더릭 홉킨스Frederick Gowland Hopkins가 쌀겨에 붙어 있는 독특한 물질을 찾아냈고, 그 물질에 '비타Vita'라는 이름을 붙였다. 비타민 B를 발견한 것이다. 이 연구로 에이크만과 홉킨스는 노벨 생리의학상을 수상했다.

에이크만이 답을 찾아놓고도 메커니즘을 밝히지 못한 이유는 무엇일까? 오류에 빠져 있었기 때문이다. '모든 질병에는 그 원인이 되는 미생물이 존재한다'는 파스퇴르와 코흐의 학설을 신봉한 나머지, 모든 질병을 세균학적 관점에서 바라보는 오류를 범한 것이다.

에이크만은 각기병을 박테리아에 의한 세균성 질환으로 생각하며 첫 번째 오류를 범했고, 쌀겨라는 중요한 단서를 찾아낸 뒤에도 세균이 만들어내는 독과 쌀겨 성분과의 상관관계를 찾으려는 두 번째 오류를 범했다. 만약 에이크만이 세균학적 관점이 아니라 영양학적 관점에서 각기병을 바라보았다면, 좀 더 빨리 사람들을 구원할 간단한 방법(예를 들어 도정을 조금만 한다든지)을 알아냈을지도 모를 일이다.

과욕이 불러온 오류의 재앙

요한 베링거 Johann Batholomew Adam Beringer는 1720년대 독일 뷔르츠부르크 대학에서 자연사 自然史를 가르친 명망 있는 교수였다. 그는 더없이 점잖은 학자였지만, 마음속은 언제나 과학사에 자신의 이름을 남기고야 말겠다는 명예욕으로 불타고 있었다. 베링거는 기존의 과학적 발견들이 표피적인 것에 불과하다는 신념을 갖고 있었다. 대자연의 위대한 비밀은 아직 발견되지 않았으며, 이 비밀을 자신의 손으로 벗겨야 한다고 생각했다. 그래서 그는 강의가 끝나면 근처에 있는 석회암 채석장으로 달려갔다. 과거의 흔적들을 추적하다보면 언젠가는 위대한 생명의 수수께끼를 풀 수 있으리라고 확신했기 때문이다. 많은 시간을 채석장에서 보냈지만 별 의미 없는 화석을 찾아내는 데 그친 베링거는 묘안을 떠올렸다. '여럿이 함께 찾는다면 좀 더 빨리, 좀 더 의미 있는 화석을 발견할 수 있을 것이다.' 그는 학생들에게 야외 수업을 제안했고, 반응은 열광적이었다.

불과 며칠이 지나지 않아 학생들은 베링거 교수의 기대에 부응하는 결과물을 가져오기 시작했다. 한 학생은 막 교미하려는 개구리 한 쌍의 화석을 발견해 가져왔다. 어떤 학생은 파리를 잡아서 막 먹어치우려는 거미의 화석을 가져왔고 도마뱀, 도롱뇽 그리고 한 번도 관찰된 적이 없는 기이한 곤충들의 화석도 가져왔다.

당시 유럽의 몇몇 사람들은 풍뎅이, 파리, 쥐 같은 생물들은 태초에 썩은 곳이나 진흙구덩이에서 생겨난 것이라고 믿었다. 어떤 사람들은 노아의 방주에서 살아남은 것들의 후손이라고 믿었다. 그러나 놀라운 화석들을 발견한 베링거 교수는 지구상에 존재하는 모든 생명체는 우선 석회암에 그 모양을 새겨 넣은 뒤, 나중에 그 모양을 본떠서 자연이 만들어낸 것이라고 믿기에 이르렀다. 실제 채석장에서는 나날이 놀라운 일들이 벌어졌다. 베링거 교수가 직접 태양, 달, 별의 모양을 한 화석을 발견했으며, 유능한 학생들은 계속 신기한 동물 화석을 발굴해 왔다. 베링거 교수는 자신의 믿음을 학설로 정립하고, 다른 모든 이론들은 근거가 없는 것이라는 연구서를 발간했다. 화석이라는 확실한 증거를 제시하는 베링거 교수에게 많은 사람들이 환호를 보낸 것은 물론이다. 학생들은 계속 석회암 채석장을 뒤졌고, 화석은 끊임없이 나왔다. 뷔르츠부르크는 작고 조용한 도시에서 일약 과학연구의 메카가 되었다.

그러던 어느 날, 베링거 교수는 늘 그랬듯 채석장에서 발굴에 몰두해 있었다. 그러다 자신의 이름이 새겨진 화석을 발견하게 되었다.

'천지가 창조될 때 나의 이름도 새겨져 있었단 말인가…?'

그제야 베링거 교수는 화석의 진위에 의심을 품기 시작했다. 그는 학생들을 불러 이것이 어찌된 일인지 캐물었다. 그러자 머뭇거리던 학생들의 입에서 청천벽력 같은 고백이 나왔다. 스포트라이트에 고무된 학생들이 점토로 만들어 불에 구운 화석을 채석장 여기저기에 묻어두었던 것이다. 명예욕에 눈이 먼 베링거 교수는 자신의 꿈을 이룰 기회를 잡았다고 흥분한 나머지 검증과 유사사례 확보라는 기초적인 작업을 등한시하는 오류를 범했고, 결국 과학계에서 쓸쓸히 퇴장했다.

내가 믿고 있는 이것은
과연 진실인가?

어렵사리 각기병의 치료법을 밝혀낸 에이크만, 거짓 화석 사건의 장본인 베링거… 여러 오류로 말미암아 발생하는 수많은 희비극을 살펴보게 된다면 인간이라는 존재가 다소 비참해 보일지도 모르겠다. 그러므로 우리는 그러한 오류에 빠지지 않기 위해 늘 이성의 안테나를 곤추세우고 있어야 한다.

어떤 사람이 아픈 아들 때문에 늘 수심에 차 있었다. 그러던 어느 날 꿈에 돌아가신 할아버지를 보았다. 놀랍게도 그 다음 날부터 아들의 병세가 차도를 보이더니, 씻은 듯 나았다. 그러자 그 사람은 이런 생각을 하게 되었다. '돌아가신 할아버지가 증손주가 아픈 것을 안타깝게 여겨 돌봐주신 거야! 늘 하늘에서 우리를 지켜보고 계셨구나….'

당신은 이러한 판단에 대해 어떤 평가를 내릴 것인가? 이는 거짓원인의 오류라고 판단하는 것이 좋을 것이다. 사람들은 우연의 일치를 어떤 사건의 원인이라고 믿고 싶어 한다. 돌아가신 할아버지가 증손주를 도와준 것이라는 가설을 인정하려면 죽은 조상의 영혼이 우리 주변을 맴돌면서 후손들을 지켜보고 있다는 가설을 어떤 식으로든 입증해야 한다. 가령 기적적으로 병이 나은 다른 많은 사람들에게도 이런 일이 일어났다든지 하는 식으로 말이다. 그러나 그럴 수는 없다. 그러므로 이것은 믿을 만한 근거가 전혀 없는 가정이 된다.

우리 주변에 일어나는, 사람의 힘으로는 설명할 수 없는 일들은 우연과 확률의 문제이지 죽은 조상님이 돌보심의 문제가 아니다. 과학자들은 우리가 불확실한 세상에 살고 있기 때문에 이런 미신적 믿음들이 생겨난다고 분석한다. 생각하는 관점에 따라 우리가 살고 있는 지구라는 별부터 시작해서 아주 작은 개인의 문제까지, 확실한 것은 별로 없다. 이렇게 불확실성이 높을수록 미신적 사고가 개입할 여지가 높아지는데, 이는 앞서도 살펴본 대로 모두 거짓 원인의 오류에 속하는 문제다.

최근 미국에서는 한 무기수가 재심 끝에 무죄 판결을 받고 석방된 일이 있었다. 20여 년 전 한 여성이 어둠 속에서 불량청소년들에게 심한 폭행을 당했다. 그때 용의자 선상에 오른 그를 보고, 피해 여성은 끔찍한 비명을 내질렀다. 그는 즉시 범인으로 체포되어 무기징역을 선고받았다. 그러나 훗날 다시 실시된 조사 결과 무기수의 알리바이가 입증되었다. 그녀는 범인과 '비슷한' 사람을 보고 기억 속의 인물과 동일하다고 지목했던 것이다.

이렇듯 사람의 기억은 다양한 오류를 일으킨다. 사람들은 자신의 기억이 확실하다는 믿음을 가지고 살지만, 심리학자들이 연구한 바에 의하면 현재의 믿음과 소망, 누군가에 의한 반복적 암시 같은 것에 의해 철저하고도 새롭게 변형을 거듭하는 것이 사람의 기억이다. 심지어 현실 세계에서 전혀 없었던 일이 실제 기억 사이에 버젓이 자리 잡기도 한다. 그 일은 특정한 상황에서 다른 기억들과 함께 종종 회상되다가 전후의 기억과 맥락을 구성하게 된다. 그렇게 시간이 흐르면 정말 있었던 일로 기억 속에서 확신되는 것이다. 경우에 따라서는 잠재의식의 명령에 의해 실제 기억을 말끔히 지워버리기도 한다. 이렇듯 오류로 가득 찬 것이 인간의 기억이다.

그런가 하면 인간의 신체가 불완전하기 때문에 생기는 오류도 많다. 두뇌의 기능이 온전치 못해 환각을 보거나 환청을 듣는 경우도 있는데, 한 예가 '찰스 버넷 증후군Charles Bonnet Syndrome'이다. 이 증후군을 앓고 있는 사람들에게는 다른 사람의 눈에 보이지 않고 귀에 들리지 않는 것들이 너무나 생생하게 보이고 들린다고 한다. 만약 오랜 옛날 사회적으로 강력한 영향력을 가진 사람이 사고를 당해 이런 증상을 겪었다면, 그가 환각으로 본 것과 환청으로 들은 말은 진실이 되고 그 민족의 신념이 되었을지도 모를 일이다.

비현실적이고 검증되지 않은 영역을 과학과 검증의 영역으로 끌고 와서 마치 과학이고 진실인 양 행세하는 유사과학Pseudo-science의 오류도 경계해야 한다. 유사과학이란 겉으로 보기에는 과학인 것 같지만 사실은 엉터리에 불과한 것을 일컫는다. 심령과학, 초능력, 천리안, 점성술, 영매 같은 것이 그 예다. 과거에는 미신의 영역에 머물던 것들조차 최근에 들어와서는 과학이라는 탈을 쓰고 사람을 유혹한다. 몇 년 전, 초능력을 가진 시술자가 맨손으로 암환자들을 수술해 낫게 한다는 소문이 있었다. 그러나 카메라로 정밀히 촬영해 분석한 결과, 싸구려 눈속임에 불과했다.

그럴듯한 과학이론과 검증되지 않은 실험으로 자신들의 주장을 억지로 꿰어 맞추려 하는 사람들로부터 우리 자신을 보호하려면, 새로운 주장에 대해 비판적으로 분석할 수 있는 과학적이고 논리적인 사고를 하는 수밖에 없다. 그들이 제시하는 증거라는 것이 질이 떨어지지는 않는지, 실험을 했다고 하는데 그 실험이라는 것이 오류의 여지가 없는, 잘 통제되고 설계된 실험이었는지 등을 분석적으로 살피고 회의적으로 바라보아야 한다.

《왜 사람들은 이상한 것을 믿는가 *Why People Believe Weird Things*》의 저자이자 클레어몬트 대학교의 교수인 마이클 셔머Michael Shermer는 그의 저서에서 이렇게 설명한다. '사람이 무언가를 믿을 때는 실험에서 입증된 증거나 논리적인 추론에 의지하지 않는다. 그보다는 부모나 형제자매의 영향, 동료들의 압박, 삶의 경험 등과 같은 여러 가지 정서적이고 심리적인 원인들로 인해 특별히 선호하는 믿음을 갖게 된다. 그러고는 이런 믿음을 지지해줄 증거들을 찾아 나선다. 명민한 사람들이 비논리적이고 비과학적인 것을 믿게 되는 메커니즘이 바로 이것이다. 그들은 바보 같은 이유로 해서 갖게 된 믿음을 그럴 듯한 논리로 방어하는 데 아주 뛰어나다.'

　사람이 오류를 범하는 이유는 크게 두 가지다. 첫째는 사람이란 매우 불완전하게 사고하는 존재이기 때문이다. 인식작용이 불완전할 뿐 아니라 여러 가지 욕망이 우리의 정확한 인식을 가로막는다. 또한 감정이 판단을 흐리게 한다. 둘째는 오류를 범하는 사람의 불완전함을 교정해줄 만큼의 지적인 기반을 갖고 있지 못하기 때문이다. 그러니 어느 시점이 되면 일단 내가 알고 있는 모든 지식에 대해 하나하나 점검해보는 시간을 갖는 것이 좋다. 이때 '지식'이라고 하는 것에는 신념이나 가치 같은 것이 포함된다는 사실을 잊지 말라.
　사람은 아주 어릴 때 자신의 의지와 관계없이 주어진 문화적 환경에 큰 영향을 받는다. 문화적 환경이란 자신이 태어난 사회와 부모에 의해 만들어지는 것이 대부분이다. 이성이 완전히 성숙되지 못하고 판단력이 미약한 어린 시절에는 부모가 제공하는 가치에 매몰되기 십상이다. 고대로부터 전해 내려오는 권위적 가치, 종교, 사회구성원들의 공유된 신념, 심지어는 부모가 학교에서 배웠지만 이미 낡고 틀린 것으로 입증된 지식이거나 그들이 잘못 해석해 받아들인 것까지도 어린아이에게는 일방적으로 강요된다. 또한 어린아이들은 자신과 비슷한 또래집단에 의해서도 그들의 부모가 강요한 가치와 지식들을 전달받아 무비판적으로 받아들인다. 이렇게 형성된 가치와 신념은 또 다음 세대에 전달되어 확대, 재생산된다.

이런 악순환의 고리를 끊는 가장 좋은 방법은 바로 자기를 성찰하는 시간을 갖는 것이다. 앞서 말했던 것처럼 '과연 내가 믿고 있는 이것은 진실인가? 오류는 개입되어 있지 않은가?'라고 스스로 질문에 질문을 거듭하는 것이다. 이때 오류가 발견된다면 과감하게 수정하라. 만약 옳고 그름을 판정하기 어려운 수준의 문제라면 판단을 유보하는 것도 좋은 자세다.

버트런드 러셀은 이런 말을 한 적이 있다. "사람은 무언가 믿을 것을 필요로 한다. 그래서 무엇이든 쉽게 믿어버린다. 믿을 만한 근거가 없을 때는 잘못된 근거에 만족하기도 한다." 우리는 어떤지, 돌이켜 생각해볼 일이다. 만약 누군가가 여러분 앞에 유사과학을 들고 와서 흥미진진하게 떠들어댄다면, 이 책에서 소개한 오류분석의 틀을 떠올리기 바란다.

단서 10

'왜why?'를
반복, 하라

: 5 Whys 방식

"상상력이 지식보다 더 중요하다.
지식은 한정되어 있는 반면
상상력은 전 세계를 품고 있으며,
발전을 자극하고 진화를 출산하기 때문이다."
– 알버트 아인슈타인

버트런드 러셀은 이런 촌철살인의 문장을 남겼다. "한때 내가 죽었다는 기사가 신문에 실렸다. 그러나 그 증거들을 세밀히 검토해본 후 나는 그 기사가 잘못되었다는 결론을 내리게 되었다. 주장이 앞에 오고 증거가 뒤에 올 때, 검증이라는 과정이 있다."

가설을 세우고 검증을 해나가는 과정에서 가설이 잘못되었음을 확인해주는 증거가 나타나면 가차 없이 기존의 가설을 버리고 새로운 가설을 세워야 한다. 가설을 세운 뒤 검증 절차를 밟아 그 결과가 논리적으로 잘못된 부분이 없을 때, 그 가설이 유효한 추론의 결과였음을 입증하게 되는 것이다. 탐정들의 추리 역시 예외는 아니다. 홈즈도 가설을 세운 뒤 그것을 검증하는 방식을 즐겨 사용했다.

그렇다면 어떻게 검증 절차를 밟아야 하는 것일까? 그 바탕에 논리적 사고가 있다.

"내 가설이 어떻게 되는지,
그 운명을 함께 지켜보세나."

홈즈 시리즈 중 〈보스콤 계곡 사건*The Boscombe Valley Mystery*〉은 이러한 논리체계를 활용해 사건을 해결하는 흐름으로 구성되어 있다. 사건의 개요는 이렇다. 런던에서 멀리 떨어진 보스콤 계곡에서 찰스 매카시라는 사람이 살해당하는 사건이 발생한다. 경찰들은 조사 결과 인근 도시에 갔다가 사건 당일 마을로 돌아온 그의 아들 제임스 매카시를 유력한 용의자로 지목했지만, 확실한 증거를 찾지 못해 홈즈에게 도움을 요청한다. 런던에서 보스콤 계곡으로 이동하며 신문에 실린 기사들을 훑어본 홈즈는 기사들이 신뢰할 만한 정보를 담지 못하고 있음을 비판하면서, 경찰과 언론이 용의자로 지목하는 피해자의 아들은 범인이 아닐 것이라는 가설을 세운다.

"아들은 자신이 범인이 아니라고 주장하고 있네. 누군가 자신의 아버지를 살해하기 직전에 아버지가 '쿠우이' 하고 외치는 소리를 들었다고 말했고, 죽어가는 아버지를 발견했을 때 아버지가 '쥐Rat'에 대해서 이야기했으며, 사건 현장 근처에 떨어져 있던 회색 옷이 사라졌다는 사실 등을 진술했지만 아무도 그 말을 믿어주지 않는다더군. 하지만 나는 그가 한 말이 진실이라는 관점에서 접근할 생각이네. 내 가설이 어떻게 되는지, 그 운명을 함께 지켜보세나."

이 사건을 최초로 조사한 검시관은 아들 제임스를 심문하면서 그의 진술에 담긴 중요한 정보들을 무시하고 넘어갔다. 그러나 홈즈는 아들의 진술에 사건 해결의 단서가 되는 중요한 정보가 포함되어 있다는 사실에 착안해 논리를 전개시켜 나갔다. 홈즈는 찰스의 이력을 추적해 그가 농장주 터너와 함께 호주에서 젊은 시절을 보냈으며, 죽기 전까지 터너의 농장에서 일했다는 것을 알아낸다. 그가 마지막으로 외쳤던 '쿠우이'는 호주 원주민들이 사용하는 말이라는 사실도 알아낸다. 그렇다면 왜 찰스는 '쿠우이'라고 소리쳤던 것일까?

'왜 그렇지?'를 반복해 문제의 원인을 밝혀내는 방식을 '5Whys'라고 한다. '5Whys'란 'Why(왜 그렇지)?'라는 질문에 대해 인과관계를 설명할 수 있는 답이 나오면 'go', 즉 질문을 계속해 다시 'Why(왜)?'라고 묻는 방식이다. 그러나 질문에 대해 인과관계를 논리적으로 설명하지 못하면 'no go', 멈춰야 한다. 즉 'Why(왜)?'라고 묻는 것을 중지하거나 이전 단계로 돌아가 인과관계를 설명할 수 있는 다른 답을 찾아야 한다. 〈보스콤 계곡 사건〉에서 홈즈는 이 방법을 사용해 찰스 매카시의 죽음에 얽힌 미스터리를 풀어낸다.

문제: 살해당한 찰스 매카시는 죽기 직전 '쿠우이'라고 소리쳤다.

1. Why? : 누군가를 부르기 위해서. : **첫 번째 'Why' → go**

2. Why? : (신호를 보내기로) 약속이 되어 있었<u>으므로</u>.

　　　　　　　 : **두 번째 'Why' → go**

3. Why? : 제임스는 인근 도시에 사흘간 머물고 있었<u>으므로</u>, 피해자는 아들에게 신호를 보낸 것이 아니다. : **세 번째 'Why' → no go**

3′. Why? : 그렇다면 다른 사람과 약속이 되어 있었고, 용의자인 그는 '쿠우이'라는 말을 이해할 수 있는 사람이다. : 네 번째 'Why' → go

└ 그렇다면 호주에서 같이 살았던 터너가 범인이 아닐까?

홈즈는 더 자세히 조사한 결과 죽어가던 매카시가 '쥐Rat'라고 한 말은 터너와 찰스가 호주에서 지냈던 도시이름 '발라라트Ballarat'의 뒷부분을 듣고 오해한 것이며, 이것은 '발라라트의 아무개가 나를 이렇게 했다'라고 말하려 했던 것이라고 추론해낸다. 그리고 범인이 터너임을 입증하기 위한 검증작업에 착수한다.

다섯 번, '왜'라고 물어라

'왜 그렇지?'를 반복해 문제의 원인을 밝혀내는 방식, '5Whys'에 대해 좀 더 자세히 살펴보기로 하자. 'What'과 'How'로 시작하는 질문은 주로 방법에 관해 묻는다. '무엇이 최선의 방법이지?', '어떻게 하면 빨리 갈 수 있지?'와 같은 질문들이다.

반면 'Why'는 문제의 원인을 밝히는 데 주로 사용하는 질문이다. '왜 그런 일이 발생했지?'라는 질문에 답을 찾아가는 과정에서 문제의 본질적 원인에 도달할 수 있기 때문이다. 즉 '5Whys' 방식을 활용하는 이유는 어떤 문제나 결함의 근본적인 원인을 규명하고 해결책을 찾기 위해서이며, 이는 원인과 결과 사이의 관계를 탐구하는 방법론이라고 정의할 수 있다.

이 기술은 원래 일본의 자동차 회사 도요타의 창립자 도요타 사키치 豊田佐吉가 개발한 것으로, 유명한 '도요타 방식The Toyota way'을 정립하는 데 크게 기여했다. 도요타 방식의 기초를 다진 오노 다이이치大野耐一는 '5Whys' 방법에 대해 "'Why'를 다섯 번씩 반복하면 문제의 원인과 그의 해결법이 분명해지는, 도요타의 과학적인 접근의 기초다."라고 평했다고 한다. 예를 통해 살펴보기로 하자.

문제: 내 차의 시동이 걸리지 않는다.

1. Why? : 배터리가 다 닳았다. : **첫 번째 'Why' → go**

2. Why? : 발전기가 작동하지 않는다. : **두 번째 'Why' → go**

3. Why? : 발전기 연결 벨트가 고장 났다. : **세 번째 'Why' → go**

4. Why? : 발전기 벨트가 수명을 다했는데, 교체하지 않았다.

   　　　　　　: 네 번째 'Why' → go

5. Why? : 정해진 서비스 스케줄대로 차를 관리하지 않았다.

   　　　　　　: 다섯 번째 'Why', 근본적인 원인

6. Why? : 차가 너무 오래되어 교체해야 하는 부품들을 구할 수 없다.

   　　　　　　: 여섯 번째 'Why', 선택적인 부차적 설명

   └ 그러므로 이제부터 정해진 서비스 스케줄대로 차를 관리해야겠다.

   　　: 해결책 도출

이 예시에서 나타난 'Why'는 다섯 번째에 이어 여섯 번째, 혹은 그 이상의 단계까지 나아갈 수도 있다. 일반적으로는 다섯 번 반복해 질문하는 것만으로도 근본적인 원인을 구하는 데 충분하지만, '5Whys' 방식이라고 해서 무조건 다섯 번만 할 필요는 없다. 정말 중요한 것은 문제를 해결하려는 당사자로 하여금 가설을 세우고 논리를 전개할 때 발생할 수 있는 함정들을 피해가도록 도와주고, 근본적인 문제와 여전히 연관관계가 있는 연결고리를 추적할 수 있도록 하는 일이다. 이 예시에서 다섯 번째 'Why'는 근본적인 원인의 수준에 다다르는 전형적인 해결책으로, 논리적인 연결고리가 끊어진 부분이나 변경 가능한 행위, 예컨대 앞으로는 정해진 방식대로 차를 관리할 것을 제안하고 있다.

이렇게 '5Whys' 질문법을 사용하다보면 앞서 말한 대로 발생한 문제의 유형을 파악할 수 있다. 즉 원인이 하나인 직렬형 문제인지, 여러 가지 원인이 복합적으로 작용한 병렬형 문제인지 드러난다는 것이다. 위의 예를 다시 한 번 살펴보자. 이 사례는 논리적 인과관계가 단선적으로 쭉 이어진다. 따라서 이것은 직렬형 문제다. 그러나 'Why'라고 물었을 때 어느 단계에선가 원인이 둘 혹은 셋으로 나뉘어 나타났다면 이것은 병렬형 문제가 된다. 복잡한 실제 현실에서는 병렬형 문제가 발생할 가능성이 더 높다. 물론 병렬형 문제 역시 '5Whys' 질문법을 사용해 충분히 해결할 수 있다.

예를 들어 두 번째 'Why?'에 대해 '발전기가 작동하지 않는다'라는 원인이 제시되었는데, 이에 따른 모든 조치를 취했음에도 불구하고 문제가 해결되지 않았다면 그 원인 외에 어떤 다른 원인이 복합적으로 작용했다는 결론에 다다르게 될 것이다. 그렇다면 그 단계부터 다시 'Why?'라고 질문하면 된다. 아래 사례를 살펴보자.

1. Why? : 배터리가 다 닳았다. **: 첫 번째 'Why' → go**

2. Why? : 발전기가 작동하지 않는다. **: 이 원인 해결**

   누전이 발생했다. **: 두 번째 'Why' → go**

3. Why? : 전조등과 전선의 연결부분이 늘어져 차체에 닿았다.

   : 세 번째 'Why' → go

4. Why? : 전조등 교체 작업이 제대로 이루어지지 않았다.

   : 네 번째 'Why' → go

5. Why? : 자동차 제조사의 지정정비소를 이용하지 않았다.

   : 다섯 번째 'Why', 근본적인 원인

6. Why? : 지정정비소가 너무 멀다.

   : 여섯 번째 'Why', 선택적인 부차적 설명

   ∟ 그러므로 이제부터 멀어도 지정정비소를 이용해야겠다.

   : 해결책 도출

병렬형 문제는 이런 방식으로 '5Whys'를 두 번 사용해 원인을 밝혀내고 해결책을 강구할 수 있다.

논리적 검증, 관찰적 검증, 결과적 검증

앞서 살펴본 대로, 가설을 세우고 검증하는 데는 여러 가지 방법이 있다. 홈즈는 가설을 세울 때 경험과 직관 그리고 '5Whys' 방식을 주로 사용한다. 그러고 나서 가설을 뒷받침할 수 있는 증거들을 찾아나서는 것이다. 홈즈의 가설 검증방식은 크게 세 가지로 나눌 수 있다.

첫 번째는 논리적인 사고를 통한 검증이다. 즉 '논리적으로 이러해야만 하는데 이러하지 않으므로, 저 사람은 범인이 아니다, 혹은 저 사람이 범인임에 틀림없다'고 결론을 내린 뒤 범인의 자백을 유도해내는 것이다. 홈즈는 〈보스콤 계곡 사건〉이나 〈춤추는 인형〉에서 범인으로부터 자백을 받아낼 때 이 방법을 사용했다. 홈즈는 범인이 스스로 홈즈를 찾아오게 만들어 더욱 극적인 장면을 연출하고, 왓슨과 경찰들의 찬사와 감탄을 자아낸다.

두 번째는 현장조사를 통한 검증으로, 관찰적 검증이라고 한다. 홈즈는 마치 사냥개처럼 냄새를 맡고, 돋보기를 들고 다니며 발자국, 담뱃재, 마차 바퀴자국, 말발굽 등을 조사하고, 필요하다면 먹어보기까지 한다. 이렇게 해서 홈즈는 결정적 물증이나 단서를 찾아낸다. 〈보스콤 계곡 사건〉에서도 죽은 매카시 주변에 흩어져 있던 발자국들을 돋보기를 사용해 면밀히 관찰한 결과, 세 사람이 현장에 있었다는 것을 알아냈다. 하나는 매카시 본인의 것이고 다른 하나는 아들 제임스의 것이며, 나머지 하나가 더 있는데 이것이 범인의 것이라고 판단한다. 이 발자국은 제임스가 회색 옷이 떨어져 있었다고 진술한 숲 속까지 나 있었다. 한쪽 발은 얕게 또 다른 한쪽 발은 비교적 깊게 난 진흙밭의 발자국을 살펴보고, 다리를 심하게 저는 사람이 만들어낸 발자국이라는 단서를 찾아낸다. 이는 바로 범인이 다리를 심하게 저는 사람일 것이라는 결정적인 추론을 가능케 한다. 이것이 바로 현장검증의 힘이다.

마지막 세 번째는 결과적 검증이다. 결과적 검증이란 가설을 실제로 수행해보는 것이다. 그렇게 함으로써 동일한 사건이나 문제 상황이 발생하지 않을 수 있다면 그것으로 검증이 완료된다. 하지만 사건을 해결해야 하는 탐정이 사용하기는 쉽지 않은 방법이다. 대부분의 범죄는 가역적이지 않기 때문이다. 그래서 이를 대체하기 위해 실제상황을 가정한 시뮬레이션을 수행한다. 시뮬레이션을 해보면 '어떤 물증은 반드시 이러한 특정한 경우에만 생겨난다'는 식의 결론을 내릴 수 있다.

앞서 살펴보았던 단편 〈실버 블레이즈〉에서 홈즈는 유력한 용의자 심슨이 들고 있던 지팡이로는 조교사 스트레이커의 이마에 남은 것과 같은 모양의 상처를 만들 수 없다는 것을 확인한다. 따라서 용의자로 지목되고 있는 심슨은 범인이 아니며, 상처는 말발굽에 채인 것이라는 사실을 결과적 검증법을 통해 밝혀낸다. 이것으로써 범인의 확실한 윤곽이 그려지게 된다.

결과적 검증법은 특히 비즈니스 현장에서 가설의 타당성을 밝혀내는 데 매우 효과적으로 활용된다. 예를 들어 '젊은 여성들을 위해 살구를 원료로 하는 건강미용 음료를 개발하면 히트할 것이다'라는 가설을 세웠다고 하자. 가설을 검증하지도 않은 채 제품을 개발하고 판매에 들어가는 기업은 아마 없을 것이다. 상식적인 기업이라면 약간의 시제품을 만들어 표본 집단인 젊은 여성들을 대상으로 테스트해보고, 반응을 조사할 것이다. 결과적으로 건강과 미용을 추구하는 젊은 여성들이 이 제품에 환호했다면 가설이 검증된 것이므로 본격적인 생산과 판매에 돌입하면 될 것이다.

그런가 하면 결과적 검증법은 발생한 문제의 원인을 밝혀낼 때도 효과적이다. 아이스크림을 생산해 판매하는 Q사가 있다고 가정해보자. 이 회사의 히트상품은 작년에 이어 올여름 성수기에도 높은 판매율을 보였다. 그런데 작년에는 없던 소비자 불만 접수율이 폭증했다. 포장을 뜯어보면 아이스크림이 반쯤 녹아 있다는 것이다. Q는 문제 해결 팀을 즉각 만들었고, 마침내 유력한 추정원인 하나를 찾아내기에 이른다. '포장재 불량'이 바로 그것이다. 작년까지 포장재를 납품하던 회사와의 거래를 중단하고 새로운 회사와 계약을 맺었는데, 이 회사의 포장지가 보냉 기능을 발휘하지 못하는 것이다.

이것이 진짜 원인인지 아닌지를 검증하고자 한다면 결과적 검증법이 가장 적합할 것이다. 즉 원래 포장재를 납품받던 회사의 제품으로 다시 바꾸어 출하해보았더니 소비자 불만 접수율이 과거의 수준으로 돌아왔다면 문제의 진짜 원인이 밝혀진 셈이다. 이처럼 결과적 검증법은 가장 확실한 검증의 방법이기는 하지만 시간과 인력, 그리고 비용이 많이 든다는 단점이 있다.

어떤 문제가 발생하면 이를 해결하기 위한 수많은 전략이 구상되고, 각각의 전략은 수많은 가설 수립과 그 가설에 대한 검증을 거쳐 입안된다. 앞서 예로 들었던 젊은 여성들을 위한 건강미용 음료의 개발처럼 경험이 없고 정보가 부족한 상황일수록 여러 가지 가설을 수립하고 검증하는 절차를 밟아야 한다. 그래야만 안전하고 성공 확률이 높은 전략을 구사할 수 있다. 가설을 검증하는 방법에 대해 좀 더 구체적으로 알아보도록 하자.

가설을 검증하기 위해 필요한 팩트는 크게 두 가지다. 하나는 정성적인 정보이고, 또 다른 하나는 정량적인 정보다. 그렇다면 정성적 정보란 무엇일까? 예를 들자면 이런 것이다. 앞서 등장한 건강미용 음료 사례를 토대로 이야기해보자.

- 과거에는 중년 이상의 여성들만 '건강한 삶'에 관심이 많았지만, 요즘엔 젊은 여성들도 그에 못지않게 관심이 높다. (20~30대 여성들을 대상으로 인터뷰)
- 요즘 젊은 여성들은 미용을 매우 중요하게 생각한다. (각종 기사 수집 및 20~30대 여성들을 대상으로 인터뷰)
- 요즘 젊은 여성들은 바쁘기 때문에 되도록 간편하게 건강과 미용을 챙기려는 속성이 있다. (각종 기사 수집 및 20~30대 여성들과 접촉이 많은 피부과 의사 등을 대상으로 인터뷰)
- 요즘 미국과 일본 등 선진국에서는 건강과 미용을 테마로 한 음료의 시

장이 커지고 있다. (해당 신문기사 및 잡지기사 수집 등 자료조사)

한편 정량적 정보란 예를 들자면 이런 것이다.

- 전체 인구 중 20~30대 여성의 비율
- 20~30대 여성이 기호식품 구매를 위해 지출하는 비용에 관한 통계자료
- 우리나라의 건강미용 식품 시장규모
- 최근 5년간 음료 시장의 분야별 변화 분석 결과
- 살구, 사과, 파인애플, 석류, 식초, 홍삼 음료의 블라인드 테스트 결과

자, 어떤가? 정성적 정보와 정량적 정보는 그 활용 분야 역시 다르다. 정성적 정보는 새로운 전략을 구상하는 초기단계, 즉 '어떤 음료를 개발할 것인가?' 하는 단계에서 활용하면 유리하다. 정성적인 정보는 주로 인터뷰를 통해서 얻게 되는데, 표본 집단을 적절히 추출하고 인터뷰 질문지를 명확히 만든다면 상당히 신뢰할 만한 정보를 얻을 수 있다. 추출한 표본 집단을 상대로 인터뷰를 할 때는 '무엇을 What', '어떻게 How'뿐 아니라 '왜 Why'가 밝혀져야 한다. '왜?'가 명확해야 올바른 전략의 방향을 잡을 수 있기 때문이다.

반면 정량적 정보는 전략을 확정짓기 전, 즉 '살구 음료를 개발하면 잘 팔릴 것인가?'와 같은 개별 가설들을 검증하는 자료로 사용하면 유용하다. 정량적인 정보는 통계청이나 관련 연구소에서 구할 수 있고, 이미 사내에 영업, 회계, 생산 등 세분화된 데이터로 조사되어 있는 경

우도 많다. 만약 정량적 정보를 구하기 어렵다면, '단서 6'에서 소개한 페르미 추정을 활용해 근사치를 구해도 유용할 것이다.

그런데 왜? 그래서 어떻게?

우리는 그동안 논리적 사고의 방법으로 연역법, 귀납법, 가추법 등에 대해 알아보았지만, 사실 어떤 측면에서 보면 이런 방법들은 인간이 소유한 이성의 아주 기초적인 기능일 뿐이다. 합리적으로 사고할 수 있는 이성을 가진 인간이 자연스럽게 발달시키게 되는 이로정연理路整然한 사고의 프로세스인 것이다.

이러한 논리적 사고를 어떻게 조합할 것인가, 그리고 어떤 분야에 적용할 것인가에 따라 컨설팅 업계에서는 이를 논리적 사고Logical thinking, 혹은 문제 해결적 방법Problem solving method, 혹은 전략적 사고Strategic thinking라고 칭한다. 어떤 분야에 적용되는 것이건 본질적으로 연역, 귀납, 가추의 영역을 벗어나지 않는다고 말해도 과언이 아니다.

논리적으로 사고해서 무엇인가의 원인을 밝혀내고자 할 때 쓰는 방법이 '그런데 왜 그렇지Why so?'의 질문법이다. '우리 회사 상품의 매출이 왜 저하되고 있는가?'라고 묻는다면 그 문제에 대한 추정원인이 몇 가지 떠오를 것이다. 그러면 '그 각각의 추정원인은 왜 그렇지Why so?' 하고 또 묻는다. 이런 과정을 거듭하면 곧 문제의 하부요소이자 근본적인 원인이 되는 것들이 드러난다.

이것은 앞에서 다루었던 '5Whys'와 본질적으로 같다. 다만 '5Whys'가 그 분야에서 오랫동안 일한 사람의 경험과 노하우에 의해 단선적으로, 즉 하나의 질문에 하나의 답변이 일렬로 따라 나오는 형태로 인과관계를 물어가는 데 반해 이 논리적 사고의 방식은 복선적으로, 즉 하나의 질문에 대해 여러 개의 답변이 병렬적으로 따라 나오는 형태로 논리를 전개해나간다는 것뿐이다. 병렬적으로 도출된 여러 개의 답변 중 가장 가능성 높은 라인을 따라가다 보면 한두 개의 원인이 도출되는 방식이다.

그런 다음에는 원인에 대한 해결책을 같은 방식으로 묻는데, 이것을 '그러면 어떻게 하면 되지So how?' 방식이라고 한다. 이 'So how?' 방식 역시 하나의 질문에 여러 개의 답변이 병렬적 구조로 나올 것이다. 그것들 중에서 가장 현실적이면서도 효과적인 답변의 흐름을 따라가면 되는 것이다. 'Why so?'와 'So how?'의 방식으로 논리를 적용하고 이것들을 통해 전략적인 귀결점을 찾아내는 방식을 현존하는 모든 경영 컨설턴트들이 사용하고 있다.

이렇게 도출된 해결책을 먼저 제시하고 '왜 그것이 전략적 대안이어야만 하는가Really?'라고 클라이언트 혹은 CEO가 물으면 컨설턴트나 전략 입안자들은 답해야 하는데, 이때 '그 이유는 다음과 같습니다That's because…'의 방식을 논리로 삼아 답해야 한다. 이것은 결론을 먼저 밝히고 자신의 논리를 거꾸로 입증해가는 방식이라고 할 수 있다.

진짜 장사꾼은 논리라는 지식의 가치를 안다

'5Whys', 'So how?', 'Why so?'… 이러한 논리적 사고는 비즈니스의 중요한 성공 요인 중 하나다. 이렇듯 논리적 사고로 성공을 거둔 기업은 무척 많지만, 가장 큰 성공을 거둔 기업은 흥미롭게도 바로 논리적 사고를 팔고, 자신들의 분석도구로 삼고 있는 컨설팅 회사들이다. 세계적 경영 구루이자 글로벌 컨설팅 회사 맥킨지에서 근무한 경력이 있는 톰 피터스Tom Peters는 이런 말을 한 적이 있다.

"맥킨지, 그들이야말로 최고의 지식 장사꾼이다. 이들이 파는 것은 논리라는 지식이다. 그들은 논리를 활용해 기업의 현황을 분석하고 업계의 동향을 분석한다. 또한 현상과 정보를 분석하고 가설을 세운 뒤 검증한다. 그리고 전략적 대안을 제시한다."

〈포춘*Fortune*〉이 선정한 '가장 존경받는 기업 10' 부문에서 여러 차례 1위를 차지한 기업 GE의 이야기를 다시 해보자. 이 회사는 문제가 발생하면 신속하게 태스크포스팀TF을 만들어 문제 해결에 돌입한다. 그럼에도 불구하고 GE를 컨설팅한 사람들은 GE가 논리적 사고를 좀 더 적극적으로 활용한다면 훨씬 더 많은 부가가치를 생산할 대안을 제시할 수 있으리라는 분석을 내놓았다. GE같이 최고의 효율성을 추구하는 기업이 그럴진대 다른 기업들이 어떨지는 자명한 일이다.

최근 우리나라에서 비교적으로 성공적인 기업혁신을 이루어낸 곳은 두산 그룹이다. 당시 이 회사를 컨설팅하던 맥킨지의 컨설턴트들은 두 가지 옵션을 권고했다. 그 첫 번째는 '기업은 현금흐름이 핵심'이라는 것, 두 번째는 소비재부문을 정리하고 전자, 기계, 포장, 건설 등 중간 산업재에 집중하라는 것이었다.

첫 번째 옵션인 '기업은 현금흐름이 핵심'이라는 말은 기업의 매출 규모가 아니라 수익성이 중요하다는 것이다. 당시 한국의 대기업들은 매출규모로 세력을 과시하는 데 열을 올리고 있었다. 수익성이 낮아도 덩치만 커지면 된다는 풍조가 만연했던 것이다. 그러나 이런 식으로 기업을 경영한다는 것이 무슨 의미가 있는가? '왜 그렇게 해야 하지 Why so?'라는 사고를 통해 본질적 질문을 던진 것이다. 그들은 기업 경영의 본래 목적인 '이윤 추구'를 다시 한 번 확인하고, 이를 배반하는 모든 행태에 메스를 가하기로 결단을 내렸다.

두 번째 옵션은 소비재부문을 정리하고 전자, 기계, 포장, 건설 등 중간산업재에 집중하라는 것이었다. '그렇다면 어떻게 해야 할까So how?'의 사고를 거듭해본 결과, 기업이 가치창출을 이루면서 지속가능한 성장을 하려면 이 옵션을 선택해야만 한다는 결론에 다다랐기 때문이다. 이에 따라 두산그룹은 음료와 주류 부문을 매각하고 핵심역량을 중공업 등 중간산업재에 집중했다.

이를 위해 두산은 주요 계열사까지 매각하는 뼈아픈 구조조정을 단행해, 1995년 624%였던 부채비율을 2000년에는 149%로 현저히 낮추는 데 성공했다. 그 결과 1996년 6,900억 원의 적자를 기록하던 기업이 1997년에는 130억 원의 흑자를 창출하는 기업으로 거듭났다.

이런 대대적인 기업구조조정의 근간에는 외환위기가 오기 전부터 최악의 경제상황을 전제로 향후 100년을 준비하는 기업으로의 재탄생을 모색한 'Why so?'와 'So how?' 사고가 있었다. 두산 그룹은 OB맥주를 주력으로 한 식음료 부문과 해외브랜드 도입을 통해 성장해왔다고 해도 과언이 아니다. 그러나 당시 그룹은 적자 상태를 면치 못했고, 장기적 안목에서 기업의 미래를 분석해보면, 즉 'Why so?'라고 묻는다면 다가오는 21세기에 성공적으로 대응할 수 없다는 결론을 내리게 된 것이다. 하루빨리 이 위기를 벗어날 수 있는 실행 가능한 전략을 찾아야 했다. 즉 'So how?'라고 물어 답을 구해야 했다.

두산은 '감感'에 의한 경영을 철저히 배제하고, 오로지 생존과 지속 가능한 경영을 위한 가치 창출을 전제로 한 논리적 사고로 계획을 짰다. 이를 통해 두산은 수익성 높고 지속 가능한 구조를 갖춘 기업으로 거듭날 수 있었다.

이번 장에서는 '5Whys'와 'So how?', 'Why so?' 등의 질문을 통해 체계적으로 문제 해결의 단서를 찾아나가는 논리적 사고에 대해 알아보았다. 논리적 사고란 달리 말하면 무언가 당면한 문제에 대해 체계적으로 사고를 한다는 뜻이기도 하다. 체계적인 사고를 하는 데 가장 유용한 방법 중 하나가 '질문'이다. 다른 사람에게, 또는 스스로에게 묻고, 또 물음으로써 자기 자신만의 논리를 체계적으로 정리할 수 있게 되니 말이다. '왜Why?'라고 물어라. 그 답을 찾아가는 과정 속에 문제 해결의 단서를 발견할 수 있을 것이다.

모든 상황을 고려 하라, 단 한 번씩만

: MECE

"어떤 문제의 요소들을 열거할 때,
그 목록에서 빠진 것 없이 완전한가를 점검하라."
– 르네 데카르트, 프랑스의 철학자

"순간적인 번뜩임에 의해 깨닫게 되는,
완벽하면서도 사람을 당황하게 하는 진실이라는 것을
받아들일 수 있는 사람은 극소수다.
이런 진실은 고된 모자이크 작업처럼 작은 크기의 조각조각에 의해,
연속적인 성장과 세포모양에 의해 얻게 되는 것이다."
– 아나이스 닌 Anaïs Nin, 미국의 문학가

우리에게 어떤 문제가 주어졌다고 가정해보자. 이 문제를 주제로 삼아 논리적으로 사고를 전개시키고자 한다면 그 주제를 구성하는 모든 요소들을 빠짐없이 고려해야 할 것이다. 다시 말해 각 부분의 합이 전체가 되지 못할 만큼 무언가 빠진 것이 있다거나, 혹은 부분들 간에 중복되는 것이 있어 부분의 합이 전체를 이루고도 남아서는 안 된다는 뜻이다. 만약 중복되거나 빠진 부분이 생긴다면 이는 제대로 된 논리적 사고를 수행하지 못했다는 이야기가 된다.

이를 도와주는 논리적 사고법을 MECE 방식의 사고라고 한다. 이번 장에서는 MECE 방식에 대해 살펴볼 것이다. 이 장을 열어줄 작품은 에드거 앨런 포의 〈도난당한 편지〉다.

"그들의 코 밑에 놓아두었으리라고는 아무도 상상하지 못했을 겁니다."

어느 날 파리 시경국장 G가 뒤팽을 찾아왔다. 그는 정치적으로 민감한 내용을 담고 있는 편지를 현직 장관 D가 훔쳐갔다며, 이를 찾아달라는 한 공작부인의 부탁을 받았다고 했다. D는 실제로 이 편지를 가지고 공작부인의 가문을 협박하고, 정적들을 위협하고 있었다.

"편지는 여전히 D장관의 수중에 있습니다. 그의 힘은 편지를 갖고 있을 때만 발휘될 수 있으니 말입니다. 그래서 우리는 지난 3개월 동안 매일같이 장관의 집을 수색했습니다. 알다시피 전 파리의 어느 방, 어느 금고든 열 수 있는 열쇠를 갖고 있으니까요. 편지를 찾을 경우 보상도 막대한 데다, 내 명예가 걸려 있는 일이기도 해서 정말 열심히 찾았지요. 편지를 숨길 수 있는 곳이라면 조사해보지 않은 곳이 없습니다. 심지어 강도로 위장해 장관을 급습하고, 몸수색을 한 적도 있었지요."

"수색한 방법이나 장소를 좀 더 자세히 이야기해줄 수 없겠습니까?"

시경국장 G가 밝힌 D장관의 집 수색의 세밀한 내용은 다음과 같다.

- 긴 바늘을 이용해서 집에 있는 의자의 쿠션을 샅샅이 찔러보았다.
- 서류는 물론 소포도 다 뜯어보았다.
- 서가에 있는 모든 책의 책장 윗면도 뜯어보았다.
- 책 표지도 두께를 재어본 다음 확대경으로 일일이 조사했다.

- 책상의 윗면도 뜯어보았다.
- 모든 가구의 이음매를 도수 높은 확대경으로 조사해 아교 붙인 자리 등 틈을 살폈다.
- 가구의 다리에 구멍이 없는지, 침대 다리의 위아래도 살펴보았다.
- 화장대의 판자와 유리 사이도 조사했다.
- 커튼과 카펫, 벽지도 조사했다.
- 카펫 밑 마룻바닥도 확대경을 이용해 마루판 사이를 조사했다.
- 지하실도 빼놓지 않고 조사했다.
- 집을 여러 구역으로 나누어 빠뜨리는 곳이 없도록 번호를 매긴 다음, 바로 옆에 붙은 두 채의 집까지 포함해 수색했다.
- 정원 바닥에는 모두 벽돌이 깔려 있었기 때문에 벽돌 사이의 이끼를 보고 아무 이상이 없음을 알았다.

사건을 의뢰한 지 한 달 뒤, 국장은 다시 뒤팽을 찾아왔다.

"국장님, 편지는 찾았습니까? 보상금이 얼마라고 하셨지요?"

"편지라면 지긋지긋합니다. 다시 샅샅이 조사해보았지만 찾지 못했습니다. 뒤팽, 액수를 밝힐 수는 없지만 누가 편지를 찾아준다면 5만 프랑의 내 개인용 수표를 기꺼이 주겠다고 말해두겠습니다."

"그럼 여기 서명을 해주시지요. 5만 프랑의 수표 말입니다."

국장이 서명하자 뒤팽은 책상 서랍에서 편지를 꺼내 건네주었다. 그리고 이렇게 입을 열었다.

"전 국장님이 편지를 '은닉'할 만한 곳에 집중해 수사했다는 사실을 알았습니다. 하지만 D장관이 경찰의 수색을 피할 만한 은닉 장소가 있다고 생각할 만큼 미련한 사람이 아니라는 사실도 알았지요. 세상 사람들이 모두 찾는 그 편지를 그들의 코 밑에 놓아두었으리라고는 아무도 상상하지 못했을 겁니다.

나는 눈이 좋지 않다는 핑계로 푸른색 안경을 쓰고 D장관의 집을 찾아갔지요. 집안 구석구석을 살피다가, 벽난로 한복판 아래 조그만 구리 장식과 더러운 청색 리본이 매달려 있는 편지꽂이에서 시선이 멈췄습니다. 거기에는 몇 개의 명함과 한 통의 편지가 들어 있더군요. 편지는 몹시 때가 낀 채 구겨져 있었는데, 쓸모없는 편지라서 찢어버리려다가 마음을 바꾼 듯 가운데가 둘로 찢겨져 있기까지 했습니다."

뒤팽은 이것이 문제의 편지임을 직감적으로 알아차렸다. 그리고 묘수를 써서 편지를 손에 넣는 데 성공했다. 뒤팽은 무언가 놓고 온 물건이 있다고 다시 D장관의 집을 방문했고, 이때 뒤팽의 사주를 받은 사람이 집 밖에서 총을 쏘며 난동을 부렸다. 장관이 밖을 내다보는 사이 뒤팽은 미리 똑같이 만들어둔 편지와 문제의 편지를 바꿔가지고 나온 것이었다.

뒤팽과 G국장 간의 논리적 사고의 차이는 확연하다. G국장은 장관의 집에 있는 모든 것을 3개월에 걸쳐 샅샅이 뒤졌다고 자부했다. 심지어 뒤팽에게 사건을 의뢰한 뒤에도 한 번 더 뒤졌다고 했다. 그러나 정작 '빠진' 부분이 있었다. 누구의 눈에나 잘 띄는 곳에 편지가 있었던 것이다. G국장은 모든 것을 찾아보았다고 했지만, 무언가 귀중한 것은 어딘가 숨겼으리라는 가정 하에 '숨길 수 있는 곳'만 중복해서 계속 찾았지, '숨길 수 없는 곳'은 단 한 번도 뒤지지 않았다. 즉 G국장의 방식에는 논리적 사고에서는 허용되지 않는, 중복되는 것과 빠지는 것이 있었던 것이다. MECE를 간과한 것이다. 반면 뒤팽은 국장이 이미 샅샅이 뒤졌다고 말한 곳은 찾아보지 않았다. MECE를 활용한 논리적 사고의 기본인 '중복을 제거할 것'을 철저히 지켰던 것이다. 뒤팽은 동시에 '빠진 것이 없도록 할 것'이라는 원칙도 철저히 지켜, 국장이 빼놓은 곳에 주목했다. 이렇게 사고의 범위를 좁혀보니 편지가 있을 만한 곳은 딱 한 군데, 누구의 눈에나 잘 띄는 곳뿐이었다. D장관은 G국장보다 한 수 위의 인물이었던 것이다.

논리적 사고의 기본, MECE

논리적인 사고를 하는 데 가장 우선적으로 고려해야 할 사항을 하나 들라면, 대표적인 후보로 거론되는 것이 'MECE'적 사고다. MECE란 'Mutually Exclusive Collectively Exhaustive'의 약자로서, 번역하면 '상호 배타적이면서 누락된 것이 없는 상태'다. 좀 더 쉽게 말하면 중복되지 않으면서, 빠진 것도 없는 상태를 말한다. 우리가 논리적 사고와 분석적 사고를 하려면 사고의 틈이 없어야 하는데, 이를 가능하게 해주는 것이 바로 MECE적 사고인 것이다. 복잡한 문제는 대부분 MECE적 사고 기법을 바탕으로 해결책을 찾게 된다.

우리는 이미 MECE의 개념을 배운 적이 있다. 초등학교 시절, 전체 집합과 부분집합의 개념을 배울 때였을 것이다. 어떤 개념을 전체 집합으로 보고 이것을 분해할 때 하위수준의 논점들이 서로 중복되지 않으면서 빠진 것도 없어야 한다는 것이다. 즉 부분을 통해 전체를 파악할 수 있어야 한다. 예를 들어 전체집합이 '사람'이라고 했을 때, '남자'와 '여자'라는 두 부분집합으로 나눈다면 이것은 MECE가 옳게 작동한 것이다. 똑같은 '사람'이라는 전체집합을 '40세 미만', '40세 이상'이라는 다른 기준의 부분집합으로 나눌 수도 있다. 이 역시 서로 중복되지 않으면서 빠지는 것이 없으므로 MECE가 제대로 작동했다고 할 수 있다.

그러나 만약 '생물'이라는 개념을 '어류'와 '포유류'로 나눈다면 이것은 MECE의 개념이 제대로 작동하지 않은 것이다. 왜냐하면 생물이라는 전체집합에는 어류와 포유류 외에도 많은 종류가 있기 때문에, 빠진 것이 많은Not collectively exhaustive 잘못된 개념적용이다. 한편 '남성'을 전체집합으로 설정하고 A 부분집합은 '기혼 남성', B 부분집합은 '미혼 남성', C 부분집합은 '나이든 남성'으로 나누었다면 이는 빠진 것은 없지만 중복된 것이 있는Not mutually exclusive 잘못된 개념적용이다. 전체집합을 '3학년 1반 학생'으로 하고 A 부분집합은 '수학을 잘하는 학생', B 부분집합은 '영어를 잘하는 학생'이라고 한다면 이것은 빠진 것도 있고 중복된 것도 있는, MECE가 전혀 작동하지 않은 사고가 된다. 즉 다른 과목을 잘하는 학생은 A, B 부분집합 어디에도 포함되지 않으며, 수학과 영어를 다 잘하는 학생은 중복되어 속하기 때문이다.

MECE 사고는 사실 새로운 것이 아니다. 우리가 일상생활에서 하는 모든 사고에 MECE 사고가 적용되고 있다. 구성원이 많은 가족이 해외여행을 가기 위해 큰 짐을 꾸린다고 생각해보자. 자외선 차단제를 준비하는데 아빠는 아빠 것을 구입하고, 엄마는 엄마 것을 따로 구입하고, 큰딸은 자기 것을 또다시 구입하고… 이런 식이라면 이 얼마나 중복된 준비인가? 이렇게 여러 물건을 중복해 준비한다면 짐은 짐대로 무거워지고 효율성은 떨어지는 짐 꾸리기가 되어버린다. 더욱 심각한 것은 뭔가가 빠졌을 때다. 공항에 와보니 다른 짐은 다 챙겼는데 여권을 빠뜨리고 왔다든지 한다면 모처럼의 가족여행을 망치고 말 것이다.

또 다른 예를 들어보자. 대형 마트가 새로 문을 열어 주변 상권에 홍보용 전단지를 배포하려 한다. 그런데 보수 성향의 신문에만 전단지를 끼워 배포한다든지, 진보 성향의 신문에만 전단지를 끼워 배포한다면 어떻게 될까? 어떤 계층이나 지역에는 홍보가 중복되는 반면 또 다른 계층이나 지역에는 홍보가 누락되는 사태가 발생할 것이다. 그러므로 현명한 회사라면 신문의 성향과 구독률을 함께 고려해 전단지를 배포할 것이다.

5 Forces 모델과 SWOT 분석 모델

MECE는 사회과학의 많은 영역에서 분석 모델을 구상하고 설계하는 데 활용되는 논리적 사고의 기본이 되고 있다. 그중에서도 복잡한 논리적 사고를 요구하는 비즈니스 현장에서 많이 활용되고 있다. 그중에서 활용도가 높은 두 가지 분석 모델을 통해 MECE 사고를 학습해보자. 바로 '5 Forces' 모델과 'SWOT' 분석 모델이다. 먼저 '5 Forces' 모델에 대해 살펴보기로 하자.

하버드 대학교의 마이클 포터Michael Porter 교수는 그의 저서 《경쟁론On Competition》에서 5가지 경쟁우위 모델, 즉 '5 Forces' 모델이라 불리는 산업구조분석 모형을 제시한다. 이는 산업 내 경쟁을 결정하는 요인들을 파악해 경쟁의 강도를 알아내고, 그에 따라 회사의 수익성을 예상하는 것을 목적으로 만들어진 모델이다. 잠재적 진출기업의 위협Threats of new entrants, 대체품의 위협Threats of substitute products or service, 공급자의 교섭력Bargaining power of suppliers, 구매자의 교섭력Bargaining power of buyers, 기존 기업 간의 경쟁강도Rivalry among existing competitors 등 총 5가지 모델로 이루어져 있다.

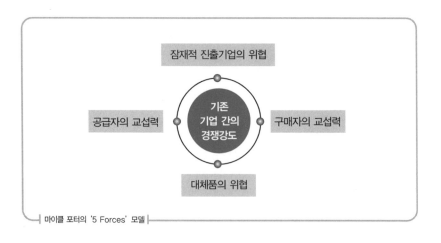

마이클 포터의 '5 Forces' 모델

먼저 잠재적 진출기업의 위협이란 진입장벽의 정도를 말하는 것으로 규모의 경제, 제품의 차별화, 소요자본, 교체비용, 유통경로에의 접근, 원가 우위 같은 것을 말한다. 이런 것들의 지수가 높으면 잠재적 진출기업의 위협이 적은 산업이고, 낮으면 언제든지 경쟁기업이 등장할 수 있는 산업이라고 할 수 있다.

대체품의 위협에는 대체품의 가격 및 효능, 구매자의 성향, 교체비용 등이 포함돼 있다. 이것이 강하면 동일한 상품은 아닐지라도 자사의 생산품과 비슷한 효용을 고객들에게 줄 수 있어 자사의 수익성을 감소시키는 요인이 된다.

공급자의 교섭력에는 공급자의 비중, 원료와 부품의 차별화 정도, 교체비용, 대체품의 존재 여부, 공급자의 중요 정도, 공급자의 전방 통합 능력(도매업자가 소매 가게를 운영하는 것, 부품 공급자가 자사제품과 유사하거나 동일한 상품의 생산자가 되는 것 등을 일컫는다) 같은 것들이 포함된다. 공급자의 교섭력이 강하면 기업 입장에서는 구매력을 발휘하기 어려워 원가 부담의 요인이 생긴다.

구매자의 교섭력에는 구매비중, 구매량, 제품 차별화, 교체 비용, 구매자의 정보력, 가격 민감도, 구매자의 후방 통합능력(자동차 제조업체가 부품을 외부에서 조달하던 것을 내부에서 만드는 것, 구매자가 자사 제품과 동일하거나 유사한 제품의 생산자가 되는 것 등을 일컫는다) 등이 포함된다. 이러한 구매자의 교섭력이 크면 이 기업은 판매자가 주도권을 쥐고 있는 시장인 '셀러스 마켓Seller's market'이 아니라 구매자가 주도권을 쥐고 있는 '바이어스 마켓Buyer's market'이라 할 수 있는 산업 영역에서 사업을 벌이고 있는 것이다.

기존 기업 간의 경쟁강도는 규모가 비슷한 과점기업, 산업성장률, 고정비, 시설확장, 제품차별성, 전략적 이해관계, 철수장벽 등이 그 구성요소다. 이것이 크면 치열한 경쟁이 전개되고 있는 산업 영역에서 사업을 하고 있는 것이다.

MECE 사고를 활용한 또 다른 대표적 모델은 마케팅 전략을 분석할 때 즐겨 쓰이는 'SWOT' 분석 모델이다. 이 모델은 변수가 될 수 있는 4가지 요인을 빠짐없이, 그러면서도 중복 없이 고려하도록 설계되어 있다. 간단한 표를 통해 살펴보기로 하자.

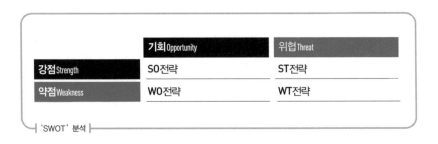

	기회 Opportunity	위협 Threat
강점 Strength	SO전략	ST전략
약점 Weakness	WO전략	WT전략

'SWOT' 분석

강점Strength이란 자사 경영자원 등 내부환경의 강점이며, 약점Weakness이란 내부환경의 약점, 기회Opportunity란 경쟁, 고객, 거시적 환경 등 외부환경에서 비롯된 기회이고, 위협Threat이란 외부환경에서 비롯된 위협을 일컫는다. MECE 사고를 통해 마케팅 전략에 영향을 줄 수 있는 요인들을 모두 찾아낸 뒤 조합한 4가지 요인은 다음과 같다.

- **SO전략**: 시장의 사업기회를 활용하기 위해 자사의 강점을 사용하는 전략.

- **ST전략**: 시장의 위협을 회피하기 위해 자사의 강점을 사용하는 전략. 타사에는 위협이 되더라도 자사의 강점을 활용해 사업 기회로 바꿀 수는 없는가?

- **WO전략**: 자사의 약점을 시장의 기회로 극복하는 전략. 자사의 약점을 극복함으로써 시장의 기회를 놓치지 않으려면 어떻게 해야 할까?

- **WT전략**: 시장의 위협과 자사의 약점을 극복하는 전략. 시장의 위협과 약점이 겹치는 최악의 사태를 초래하지 않으려면 어떻게 해야 할까?

오늘날 영화 상영관 시장의 대부분을 장악해버린 멀티플렉스Multiplex. 그러나 처음 한국에 도입할 당시에는 성공 여부가 매우 불투명했다. 해당 기업에서 과연 성공을 장담할 수 있는지, SWOT 분석을 해보았다면 아마 아래와 같았을 것이다.

S	O
-넓고 편리한 주차 시설 -한 곳에서 다양한 문화 서비스 제공 -많은 상영관 수로 폭넓은 선택권 제공 -각종 문화사업으로 사회 공헌 -높은 소비자 인지도 확보 가능	-한국 영화산업의 비약적 성장 -영화 시장의 수요 증가 추세 -문화 공간의 질적 향상 욕구가 강함 -주5일 근무 확대로 여가 활동 수요 증가 추세 -저부가가치 산업의 고부가가치 산업화
W	**T**
-영화구매 루트가 배급사에 종속적임 -시설의 위치가 도심 등 중심가가 아님 -건설에 막대한 비용 소요 -젊은 층에만 친숙한 환경	-상영 업체 간의 경쟁 심화 가능성 -수직 계열화로 인한 독점으로 비난 가능성 -미국 계 거대 자본의 상륙 가능성 -상영관 확대 경쟁으로 차입 비용 증가

멀티플렉스 'SWOT' 분석

이런 분석을 통해 구체적인 전략과제는 물론 사업의 방향성이 명확해지고, 이를 바탕으로 매트릭스를 구성해 4가지 전략을 선택적으로 구상할 수 있다.

이번 장에서는 MECE에 대해 살펴보았다. 일견 어려운 듯 보이지만, 이 방법은 본격적인 논리적 사고의 근간을 이루는 것이라 해도 과언이 아니다. 또한 비즈니스 현장에서 가장 많이 쓰이는 논리적 사고 중 하나로, 활용 가능성이 가장 높은 논리 도구이기도 하다. 실제로 맥킨지 사에서는 MECE를 통해 구조적 사고를 하는 것이 문제 해결의 가장 강력한 실마리가 된다고 믿고 있다. 그러니 차근차근 익혀두면 실제 유용하게 사용할 수 있을 것이라 생각한다.

MECE를 적용할 때 활용하면 유용한 논리적 도구들이 있다. 바로 다음 장에서 살펴볼 로직트리와 이슈트리다. 로직트리와 이슈트리란 과연 무엇일까? 논리적 사고를 든든하게 뒷받침해주는 두 그루의 논리 트리, 로직트리와 이슈트리를 살펴보도록 하자.

단서 12

복잡한 문제를 한눈에 파악한다

: 로직트리와 이슈트리

"모든 문제들을 여러 개의 좀 더 작은 부분들로 나누어라."
-〈형이상학적 성찰〉 중에서, 르네 데카르트

속이 다 비칠 듯 투명한 피부, 뱀처럼 날카롭게 빛나는 눈, 붉은 장미보다 더 매혹적인 입술… 여러분은 흡혈귀의 존재를 믿는가? 명탐정 홈즈는 어떨까? 사람의 피를 빨아먹고 사는 흡혈귀라는 존재에 대해 수사를 의뢰받았을 때 홈즈는 어떻게 사고를 작동시킬 것인지, 궁금하지 않은가?

이번 장에서는 앞서 말한 대로 MECE를 도와주는 논리적 도구들, 로직트리와 이슈트리에 대해 알아볼 것이다. '흡혈귀'라는 존재에 대한 홈즈의 생각을 엿볼 수 있는 작품 〈서섹스의 흡혈귀 *The Adventure of the Sussex Vampire*〉를 살펴보자. 이 작품에서 홈즈는 논리적으로 사고하는 탐정의 진면모를 보여준다.

"현장을 보면 더 많은 것을 알게 될 걸세."

어느 날 홈즈는 정체불명의 인물로부터 자신의 친구의 일이라며 수사를 의뢰받는다. 그의 말에 따르면 사건 개요는 이렇다.

무역상 퍼거슨은 사업상 거래를 하다가 알게 된 아름다운 페루 여성과 결혼했다. 퍼거슨은 이번이 두 번째 결혼이고, 사별한 부인과의 사이에 열다섯 살 된 아들이 하나 있었다. 아들은 착하고 귀여웠으며, 아버지를 잘 따랐다. 하지만 어릴 때 사고를 당해 몸이 온전치 못했고, 척추에 문제가 있어 걸음걸이가 부자연스러웠다.

그런데 재혼한 후, 퍼거슨은 새엄마가 된 페루 출신 부인이 아무런 이유도 없이 이 가엾은 아이를 때리는 것을 두 차례나 목격했다. 한번은 팔에 매질 자국이 남을 정도로 아이를 심하게 때렸다. 그나마 이것은 시작에 불과했다. 퍼거슨과 새 부인 사이에는 태어난 지 얼마 되지 않은 아기가 있었다. 한 달 전 유모가 잠깐 아기 곁을 비운 사이 갑자기 날카로운 아기 울음소리가 들려 놀란 유모가 뛰어가 보니, 부인이 아기 위에 엎드려서 아기 목을 물어뜯고 있더라는 것이다. 살펴보니 아기 목에 작은 상처가 나 피가 흐르고 있었다. 유모가 공포에 질려 퍼거슨을 부르려 하자 부인은 제발 이르지 말라고 애원했고, 유모에게 5파운드를 쥐어주면서 비밀을 지켜달라고 했다는 것이다.

그때부터 유모와 부인은 서로를 감시하게 되었다. 유모는 부인으로부터 밤낮으로 아기를 지키고, 부인은 유모가 자리를 뜨기만을 기다리며 기회를 엿보고 있었다. 그러다 이런 상황을 더는 견딜 수 없었던 유모가 퍼거슨에게 이 일을 모두 털어놓기에 이르렀다.

물론 퍼거슨은 처음에는 유모의 이야기를 믿지 않았다. 아내가 사랑스러운 여인이며 다정한 엄마라고 생각했기 때문이다. 그런 아내가 무엇 때문에 자기가 낳은 아기에게 그런 짓을 하겠는가? 다만 전 부인과의 사이에서 난 가엾은 아들에게는 못되게 굴 수도 있겠다는 의구심이 들긴 했다.

그러던 어느 날 퍼거슨이 유모와 이야기를 나누고 있는데, 또다시 아기의 찢어지는 듯한 울음소리가 들렸다. 퍼거슨과 유모는 동시에 방으로 달려갔다. 부인이 아기 앞에서 무릎을 꿇고 있다가 일어서는데, 아기의 목덜미에서 피가 흐르고 있었고 부인의 입술 주변에는 온통 피가 묻어 있었다. 이 사건이 있은 후 퍼거슨은 자신의 집 골방에 부인을 감금해두고, 어찌할 바를 몰라 혼란에 빠졌다. 부인은 한마디 변명도 없이 방 안에 갇혀 지내고 있다고 했다.

이 사건에 대해 설명을 들은 홈즈는 한참을 생각에 잠겼다.

"현장을 보면 더 많은 것을 알게 될 걸세. 퍼거슨의 집으로 가보지."

퍼거슨의 집에 도착한 홈즈는 집안 내부를 살펴보고 아들 잭을 만나 몇 마디 대화를 나누었다. 그리고 갇혀 있는 부인에게 쪽지를 보낸 뒤 사건의 전말을 밝혀낸다.

"퍼거슨 씨, 이건 지적 추론을 요하는 사건이었습니다. 처음에 했던 추리가 몇 가지 독립적인 사건들에 의해 하나하나 확인되면서 제 주관적인 생각들이 객관성을 갖게 되었지요. 이제 사건을 해결했다고 자신

있게 말할 수 있게 되었습니다. 사실 런던의 제 사무실을 떠나기 전에 이미 결론에 도달한 상태였지만 말입니다."

홈즈는 어떻게 사무실에서 결론을 도출할 수 있었을까? 어떻게 이런 일이 가능했는지, '로직트리Logic tree'라는 도구를 이용해서 그의 머릿속을 들여다보자.

"피를 빨아 먹으려 했다는 것 외에 다른 가능성은 없습니까?"

로직트리란 복잡한 과제를 한눈에 파악할 수 있도록 논점별로 분해해나가는 일종의 사고 도구다. 로직트리를 통해 문제를 분석한 홈즈의 추리를 그려보면 다음과 같다.

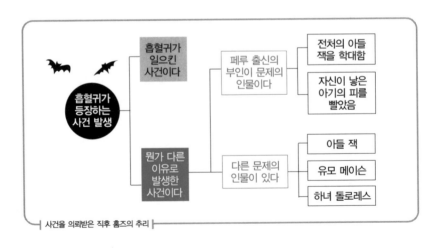

일단 홈즈는 흡혈귀의 존재를 인정하지 않는다. 과학적인 사고를 하는 홈즈는 애초에 '흡혈귀가 일으킨 사건이다'라는 논점을 더 이상 분해하지 않음으로써 이를 논리적 사고의 흐름에서 제외해버렸다. 그런 다음 '뭔가 다른 이유로 발생한 사건이다'라는 논점에 집중해 이를 분해하기 시작했다. 그렇다면 부인 또는 제3자가 문제의 인물이 된다. 사건을 의뢰한 퍼거슨은 용의자 선상에 올릴 수 없으니 전 부인의 소생인 아들 잭, 유모인 메이슨 부인, 현재의 부인이 페루에서 데리고 온 하녀 돌로레스뿐이다. 이제 문제의 인물은 부인을 포함한 4명으로 압축되었다. 지금부터는 현장에 가서 자신의 '주관적 생각들을 독립적 사건들에 의해 객관화해야 할 일'만 남은 것이다. 그래서 그는 서섹스로 출발했다.

홈즈는 퍼거슨의 집에서 키우는 개가 최근 이유 없이 시름시름 앓고 있다는 사실을 관찰했다. 그리고 아들 잭을 만나 그 아이를 관찰했다. 잭은 아버지 퍼거슨이 돌아오자 달려와 아버지의 목을 두 손으로 감싸며 품에 안겼다. 퍼거슨이 아들에게 눈치를 주자 품에서 떨어졌지만 이내 홈즈와 왓슨에게 경계의 눈빛을 보냈다.

홈즈는 유모 메이슨 부인도 만났다. 그러나 홈즈는 메이슨 부인에게 몇 가지 질문을 하고 아기의 목에 난 상처를 확인한 뒤 그녀를 용의자 선상에서 제외했다. 흡혈귀라고 믿고 있는 부인에게서 끝까지 아기를 지키려고 노력했다는 사실이 명백했기 때문이다. 그다음 만난 하녀 돌로레스는 부인과 페루에서 함께 왔는데, 하녀라기보다는 부인의 오랜 친구 같은 존재였다. 그녀는 부인을 골방에 가둔 퍼거슨과 갑자기 찾아온 홈즈 일행에게 불만이 가득한 눈치였다.

다음으로 홈즈는 퍼거슨의 집을 면밀하게 관찰했다. 그리고 왓슨에게 작은 쪽지를 써준 뒤 돌로레스와 함께 부인이 감금되어 있는 방으로 가 이를 직접 전해주라고 말했다. 부인이 쪽지에 대해 어떻게 반응하는지 관찰해달라는 부탁과 함께. 이미 이때 홈즈는 마음속으로 점찍어놓았던 유력한 용의자와 범행에 사용된 도구를 확인한 후였다. 쪽지를 본 부인의 반응은 홈즈가 예상했던 대로였다.

"퍼거슨 씨. 부인은 매우 훌륭하고 사랑스러운 분입니다. 그런데 지금 아주 비참한 처지에 놓여 있습니다. 그러나 이 사실을 증명하자면 또 다른 누군가가 깊은 상처를 입게 될 것입니다."

그러자 퍼거슨은 지신의 아내가 흡혈귀가 아니라는 사실만 증명해준다면 나머지는 문제될 것이 없다며 홈즈에게 매달렸다.

"그렇다면 제가 사무실에서 떠올렸던 추리 과정부터 말씀드리지요. 전 애초에 흡혈귀란 당치 않다고 생각했습니다. 그런 사건은 잉글랜드에서 실제로 일어난 적도 없으니까요. 그러나 당신이 본 광경은 분명 사실입니다. 아기 침대에서 입에 피를 묻히고 일어나는 부인을 보았던 것 말입니다. 하지만 부인이 아기의 피를 빨아 먹으려 했다는 것 외에 다른 가능성은 없습니까? 어떤 다른 이유 때문에 피가 흐르는 상처를 입으로 빨았다고도 생각할 수 있지 않습니까? 독을 없애기 위해 상처를 빨았다는 여왕 이야기는 잉글랜드 역사에 실제 나오니까요.

부인이 남미 출신이라는 이야기를 들었을 때, 전 집 안에 어떤 무기들이 있을 것이라고 생각했습니다. 예상대로 아래층 벽에는 무기들이 진열돼 있더군요. 혹시 독毒이 아닐까 하는 생각을 했는데, 그 무기들을 보는 순간 제 직감이 맞아 떨어졌음을 확신했지요. 제가 예측했던 대로 새 사냥용 작은 활 옆에 있어야 할 화살들이 다 없어졌더군요.

만약 아기가 남미 인디언들이 하는 방식대로 쿠라레 같은 독이 묻은 화살에 찔렸다면, 그 독을 빨아내지 않으면 곧 죽게 됩니다. 그리고 이 집의 개 말입니다. 누군가 그 독을 사용하고자 했다면 독의 효과가 남아 있는지 알아보기 위해 개한테 먼저 시험해보았다고 생각할 수 있지 않을까요? 절룩거리는 개를 보자 저는 확신이 섰습니다.

부인은 이런 일이 일어나지 않을까 걱정하고 있었습니다. 그런데 실제로 일이 일어났고, 부인이 미리 알아챈 덕에 아기의 생명을 구한 것입니다. 하지만 부인은 아직 그 사실을 남편에게 말하지 못하고 있습니다. 당신이 잭을 얼마나 사랑하는지, 그리고 이 사실을 알았을 때 당신의 마음이 얼마나 찢어질지 알고 있기 때문입니다."

이것이 홈즈가 알아낸 사건의 전모다. 어려서 엄마를 잃은 잭은 새 엄마가 들어오고 아버지와의 사이에서 아기까지 태어나자 위기의식에 사로잡혔다. 아버지에 대한 그리고 죽은 어머니에 대한 뒤틀리고 광적인 사랑이 이런 끔찍한 일을 저지르게 한 것이다. 잭은 아기가 아버지의 사랑을 빼앗아갔다고 생각했고, 동시에 건강하고 예쁜 아기와 자신의 신체적인 약점이 늘 비교되어 견딜 수 없었다. 그러나 착한 부인은 차라리 자신이 모든 죄를 뒤집어쓰는 한이 있더라도 차마 이 사실을 퍼거슨에게 알릴 수 없었던 것이다.

이제 홈즈의 로직트리를 완성해보자.

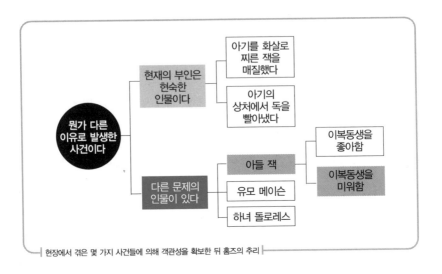

현장에서 겪은 몇 가지 사건들에 의해 객관성을 확보한 뒤 홈즈의 추리

논리를 세워주는 튼실한 나무, 로직트리

우리는 그동안 셜록 홈즈와 오귀스트 뒤팽, 제인 마플 등 명탐정이 사건을 해결해가는 모습을 지켜보며 논리적으로 사고하는 기술에 대해 알아보았다. 이제부터는 전략적으로 사고하는 기술에 대해 살펴보도록 하자. 전략적 사고는 논리적 사고력을 기반으로 하기 때문에, 우리는 이미 전략적 사고를 시작할 수 있는 기초능력을 탄탄히 다진 셈

이다. 이제 본격적으로 전략적 사고에 돌입해보도록 하자.

여러분은 어떤 과제와 맞닥뜨렸을 때 어떻게 반응하는가? 상당수는 과제를 해결하기 위한 생각을 하기 시작할 것이고, 직장인이라면 회의를 소집하는 이들도 있을 것이다. 몇몇은 겁을 먹고 피해갈 궁리부터 할 것이며, 또 몇몇은 화를 낼지도 모른다. 여러분은 어떤가? 이렇게 생각해보면 어떨까? '내게 필요한 것은 종이와 연필이야. 왜냐하면 먼저 당면한 과제를 글로 적어 명확히 정의해야 하기 때문이지.'

전략수립의 과정에서는 이를 '과제기술서 작성'이라고 한다. 해결해야 할 명백한 과제 또는 의사결정이 이루어져야 하는 이슈를 글로 쓰는 것이다. 좋은 과제기술서는 핵심적인 질문 또는 분명한 가설을 제시해야 하고, 일반적이지 않으며, 구체적이고, 행동적이어야 한다. 또한 사실의 나열이나 이론의 여지가 없는 당연한 주장이 아니어야 한다.

예를 들어 여러분이 C통신회사의 기획실에서 일하는 부장이라고 가정해보자. 여러분은 회사의 수익성과 성장성을 더 높이기 위한 전략수립 태스크포스팀의 팀장을 맡았다. 그렇다면 어떤 과제기술서를 작성해야 할까? 만약 'C통신은 장기간에 걸친 경쟁사들의 도전 때문에 수익성이 악화되고 있다'라고만 하면 단순히 사실을 기술한 데 그칠 것이고, 'C통신은 수익성을 개선하기 위한 방안을 추진해나가야 한다'라고 하면 포괄적이며 추상적인 답을 낸 데 그칠 것이다. 'C통신이 성장세로 돌아서고, 그럴 만한 경쟁력을 갖추기 위해서 핵심역량으로의 집중, 가치생산의 효율성 제고를 고려해, 사업구조조정의 측면에서 어떤 개선이 가능한가?' 정도로 정리하면 좋을 것이다.

이렇게 과제기술서가 완성되면 이를 분해해서 로직트리를 만든다.
로직트리는 말 그대로 '논리나무'라는 뜻으로, MECE 사고에 기초해
과제, 즉 이슈를 한눈에 볼 수 있도록 구조화하는 도구다. 사실 우리
가 만든 과제기술서의 문제라고 부르는 것들은 매우 복합적이어서, 여
러 개의 요인key driver들로 구성되어 있는 경우가 많다. 따라서 과제를 정
의한 뒤에 이것을 논리적인 질문을 활용해 몇 가지 주요 논점으로 분
해하고, 이 논점들을 한 단계 더 논점 분해하여 하위논점을 도출해보
면 복합적인 과제가 어떤 구성요인들로 이루어져 있는지 한눈에 파악
할 수 있게 된다. 이렇게 만들어진 분해도를 로직트리라고 한다.

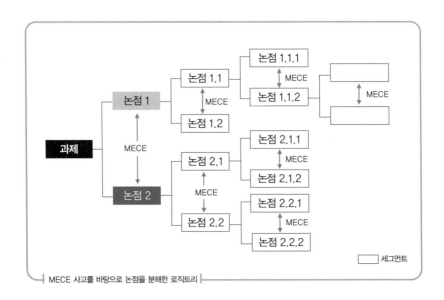

MECE 사고를 바탕으로 논점을 분해한 로직트리

로직트리를 만들 때는 우선 과제를 몇 가지 요소로 논점 분해한다. 그리고 논점 분해한 과제를 다시 몇 개의 작은 덩어리로 논점 분해한다. 경우에 따라서는 과제 덩어리 간의 우선순위를 설정하고, 만약 여러 명이 함께 로직트리를 구상했다면 개별 과제에 대해 책임자를 선정하는 것도 좋다. 아울러 MECE에 따라 과제를 분해해야 한다는 것도 잊지 말자. 표로 살펴보면 이해가 더 쉬울 것이다.

표에서 보면 해결해야 할 과제를 크게 두 가지 논점으로 나눈 것을 볼 수 있다. 이를 다시 잘게 쪼개 총 4개의 논점으로, 다시 더 쪼개서 6개의 논점으로 만들면 과제를 한눈에 파악하기 훨씬 수월해진다. 물론 필요하다면 논점을 더 분해할 수도 있다. 이때 로직트리에서 각각의 분해된 항목들, 즉 예를 들어 '논점 1', '논점 2.1.2', '논점 1.1.2.2' 같은 항목들을 '세그먼트 Segment'라 부르는데, 각 세그먼트 간에는 반드시 MECE가 작동해야 한다.

바닷물을 전부 끓일 필요는 없다

근본적인 질문을 하나 해보겠다. 우리는 로직트리를 왜 만드는가? 해결하려는 과제를 구성하고 있는 주요 요인들을 계층적으로 분류해 한눈에 볼 수 있게 하기 위함이다. 그리고 이것을 통해 과제가 어떤 요소별로 구성되어 있는지 파악하면 그것으로 충분하다. 중요하지 않은

요소는 '기타'로 묶은 뒤 버리면 된다. 로직트리를 통해 과제의 전체적인 얼개를 파악하면 그것으로써 로직트리의 역할은 끝나는 것이다. 로직트리를 만드는 방식과 순서를 좀 더 구체적으로 알아보면 다음과 같다.

1. 논점 분해의 기준을 설정한다.
2. 중요한 기준은 앞에 내세운다.
3. 논점을 MECE로 분해한다.
4. 중요한 것과 그렇지 않은 것을 구분한다.

먼저 논점 분해의 기준을 설정한다. 이 기준은 '내가 왜 로직트리를 만드는가'에 대해 명확한 인식이 뒷받침되어야만 찾아낼 수 있다. 로직트리의 용도에 따라 기준이 달라지기 때문이다.

그다음, 기준들 중에서도 중요한 기준은 앞에 내세운다. 많은 이들이 어려워하는 작업 중 하나가 이것이다. 중요한 기준은 어떻게 찾아야 할까? 가장 유용한 방법 중 하나는 브레인스토밍을 활용하는 것이다. 여러 사람이 모여 로직트리를 만드는 목적에 가장 부합하는 기준을 몇 가지 찾아낸 뒤에, 그중에서도 가장 중요한 것이 무엇인지 선정해보는 것이다.

로직트리의 각 수준에서 논점 간 MECE 관계가 성립되어야 하는데, 이 역시 어려워하는 이들이 많다. 만약 논점의 수준을 달리하는 경우에는 동일하거나 유사한 표현이 나타난다 하더라도 상관없다. 왜냐하면 이전 수준에서 이미 MECE 사고가 작동했기 때문이다. 로직트리를 만들면 각 논점을 글로 표현하게 되는데, 그러다 보면 동일한 표현이 나올 수 있다. 만약 동일한 표현이 동일한 수준에서 나타난다면 MECE 관계가 적절히 맺어지지 않은 것이다. 그러나 수준을 달리한 상태에서 동일한 표현이 등장하는 것은 MECE와 관련이 없다.

논점 분해를 하다보면 수많은 논점들이 등장할 수 있으나, 목적에 맞고 가치 있는 세그먼트는 그리 많지 않다. 이럴 경우 중요하지 않은 세그먼트들은 기타로 묶은 뒤 버린다.

논리적 사고를 도와주는 컨설턴트들은 'Don't boil the ocean!'이 라는 문구를 자주 사용한다. 즉 말 그대로 '바닷물을 전부 끓일 필요 는 없다'는 것이다. 라면 하나 끓여 먹는데 필요치 않은 많은 물을 끓 일 이유는 없지 않은가. 논점을 분석할 때도 마찬가지다. 모든 논점을 분석할 필요는 없다. 중요한 논점과 중요하지 않은 논점을 구분해서 중요하지 않은 것은 과감히 버릴 줄 알아야 한다.

그러므로 로직트리를 만들 때 가장 중요한 것은 기준을 옳게 설정하 는 것이다. 기준이 바뀌면 같은 주제를 가지고도 다른 로직트리가 나 온다. 만약 어딘가 잘못된 로직트리를 만들고 있는 것 같다는 느낌이 든다면, 미련 없이 버리고 다시 작성하라. 이를 '제로 클리어Zero clear'라 고 하는데, 두세 번 제로 클리어를 거듭하다보면 좋은 로직트리를 완 성할 수 있을 것이다.

문제의 날줄과 씨줄을 파악하는 로직트리

로직트리에는 크게 4가지 유형이 있다. 탐정들이나 컨설턴트들은 상황에 맞게 4가지 로직트리를 활용해 문제를 해결하는데, 문제해결형, 원인규명형, 의사결정형, 논증형이 바로 그것이다. 하나하나 살펴보며 로직트리에 대해 좀 더 자세히 이해해보도록 하자.

첫째, 문제해결형이다. 'Why so?'를 반복하면서 순차적으로 문제를 분해해 세그먼트를 만들고, 각 세그먼트에 대한 해결책을 검토하는 유형이다. 이 방식은 탐정뿐 아니라 전략을 수립하는 컨설턴트들도 애용하는 방식이다.

둘째, 원인규명형이다. 문제가 발생한 경우 그 원인을 검토 요소별로 나눠 찾아내는 유형이다. 이 또한 'Why so?' 질문을 반복하면서 문제를 분해해나간다. 그런 의미에서 문제해결형과 원인규명형은 본질적으로 같다고 볼 수 있다.

셋째, 의사결정형이다. 이는 여러 가지 해결책 중 어떤 것을 선택할 것인지, 의사결정의 루트를 제시해준다. 그래서 '의사결정 트리'라고도 불린다. 문제의 원인을 밝혀냈다면 이제 대안이나 해결책을 찾아야 하는데, 'So how?'라고 반복해 물으며 실제 가능한 여러 옵션을 생각해내고, 그중에서 최적의 해결책을 찾아낼 때 사용하는 로직트리다.

넷째, 논증형이다. 하나의 결론을 이끌어내기 위해 개별적 요소를 논증하고, 이를 누적하는 유형으로 최종적인 결론을 정리할 때 사용한다.

이러한 로직트리를 만들면 어떤 유리함이 있을까?

첫째, 우선 사고가 엉뚱한 곳으로 흘러버릴 염려가 거의 없다. 다시 말해 근거 없는 추측이 튀어나올 여지가 없다는 것이다. 로직트리란 논리를 통해 구성요소들을 분해해 나가는 절차이기 때문이다.

둘째, 짧은 시간 안에 과제가 어떤 날줄과 씨줄로 엮여 있는지 파악할 수 있어 원인을 밝히거나 이 원인에 대한 해결책을 비교적 쉽게 찾아낼 수 있다. 또한 인과관계 역시 명확히 파악할 수 있다. 논리적 명쾌함이 전제된 사고를 종이 위에 펼쳐 놓은 것이 로직트리인 것이다.

가상의 기업을 하나 세워 로직트리를 적용시켜보자. 세탁 세제를 생산해 판매하는 P사가 있다. 이 회사는 지난 10여 년간 미국이라는 큰 수출 시장을 개척해왔고, 영업이익도 지속적인 상승세를 보였다. 그런데 최근 미국 시장에서 거두는 이익이 줄고 있다는 사실이 밝혀졌다. 도대체 왜 이런 일이 발생했을까? P사가 그 원인을 알고 싶다면 '미국 시장에서의 이익이 줄고 있다'라는 과제기술서를 작성한 뒤 이것을 로직트리로 구조화하면 된다.

P사의 제품은 '세탁소에서 사용하는 업소용 세제 A', '주부들이 사용하는 가정용 세제 B', '의류 제조업체에서 사용하는 공장용 세제 C'로 분류할 수 있으므로, 첫 번째 기준을 이 세 가지 제품으로 잡아 논점 분해를 시작하면 된다. 이에 따라 세 가지 제품에 대해 각각 수익과 비용이라는 기준으로 논점 분해를 시도했더니, 제품 A와 C는 수익과 비용 두 측면 모두 변화가 없었다. 제품 B도 비용에는 변화가 없었

다. 그러나 수익에는 현저한 변화가 있는 것으로 드러났다. 이에 제품 B가 팔리는 시장을 동부, 서부, 남부, 북부 지역별로 나누어 조사해봤더니, 서부 지역의 매출이 크게 줄었다는 것이 파악되었다. '제품 B의 서부 지역 매출이 줄고 있다.' P사가 미국 시장에서 거두는 이익이 줄어든 원인을 찾아낸 것이다. 아래 그림을 보자.

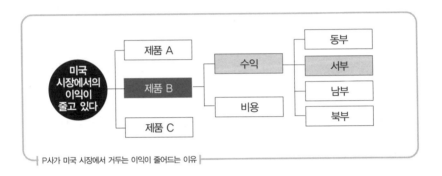

P사가 미국 시장에서 거두는 이익이 줄어드는 이유

이렇게 로직트리를 그리면 P사의 이익이 줄고 있는 사건의 전체적 얼개를 파악하고, 핵심을 간파해낼 수 있다. 이렇게 문제가 포착되었다면, 이것으로써 로직트리의 역할은 끝난 것이다.

해결책을 찾아주는 이슈트리

로직트리는 문제가 무엇인지, 문제의 날줄과 씨줄을 명확히 파악해줌으로써 그 임무를 마쳤다. 그다음은 이슈트리 Issue tree가 나설 차례다. 그 명칭에서 짐작할 수 있듯, 이슈트리는 로직트리와 본질적으로 같다. 단지 로직트리가 문제의 구성요소를 계층적으로 분해한 것이라면, 이슈트리는 로직트리를 통해 얻은 초기 가설을 입증하거나 반증하기 위한 판별의 기준이 되는 이슈를 MECE 사고를 통해 정리한 것이다. 즉 가설을 검증해 답을 구하기 위한 일련의 질문을 분해한 것이라고 할 수 있다. 논리적 분석의 방법을 사용해 밝혀낸 이슈를 다시 하위 이슈들로 분해하고, 이 과정을 통해 우리는 답에 접근하게 된다.

아래 이슈트리를 보자. 첫 번째 로직트리를 그려 문제의 원인이 '제품 B의 서부 지역 매출이 줄고 있기 때문'임을 밝혀냈다. 그렇다면 '서부 지역에서 제품 B의 이익률을 5% 올리면 될 것이다'와 같은 가설을 세울 수 있을 것이다. 이때 세운 가설을 특별히 '초기 가설Initial hypothesis' 이라고 한다. 이익률을 5% 올리기 위해서는 제품의 기능을 향상시키는 방법, 판촉행사로 판매율을 높이는 방법, 신규매장을 확보해 판매율을 높이는 방법 등이 있을 것이다.

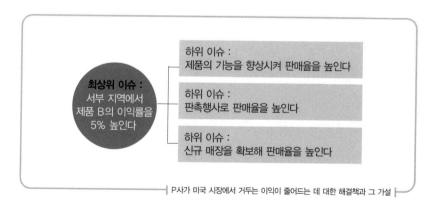

최상위 이슈 :
서부 지역에서 제품 B의 이익률을 5% 높인다

하위 이슈 :
제품의 기능을 향상시켜 판매율을 높인다

하위 이슈 :
판촉행사로 판매율을 높인다

하위 이슈 :
신규 매장을 확보해 판매율을 높인다

P사가 미국 시장에서 거두는 이익이 줄어드는 데 대한 해결책과 그 가설

이렇게 초기 가설을 최상위 이슈로 해서 다시 논점 분해를 해나가는 것을 이슈트리라고 한다.

먼저 세 가지 하위 이슈에 대해 각각 'So how?'라고 묻고, 구한 그 각각의 답을 초기 가설과 구분해 '가설'이라고 한다. 가설을 수립할 때 가장 좋은 방법은 역지사지, 즉 상대의 입장이 되어보는 것이다. 내가 1주일에 몇 번씩 빨래를 하는 가정주부라면 어떤 상품에 매력을 느낄지, 내가 P사의 CEO라면 어떤 요소를 중요하게 여길 것인지 그 입장이 되어 생각해보는 것이다.

창조적인 관점에서 대담하면서도 새롭고, 신선한 가설을 세워보는 것 역시 중요하다. 제임스 와트James Watt가 증기기관을 개발할 수 있었던 것도 인력과 소, 말의 힘을 뛰어넘는 동력動力을 고민한 담대한 사고 덕분이었다. 그뿐이랴. '소리는 한번 허공으로 흩어지면 다시는 주워 담을 수 없다. 하지만 나는 소리를 저장하고, 다시 듣고 싶다'는 에디슨의 창조적인 가설은 축음기의 발명으로 이어졌다.

자, 이슈트리로 돌아와보자. 이슈트리의 최하위 세그먼트에 구상한 가설을 결합하면 오른쪽과 같은 결과물이 나오게 된다.

이제 이슈트리가 완성되었다. 그렇다고 열거된 가설들을 다 실시할 필요는 없다. 8가지의 가설 중 가장 효과적일 것으로 예상되는, 그리고 실천 가능한 가설을 선별해 실시하면 될 것이다.

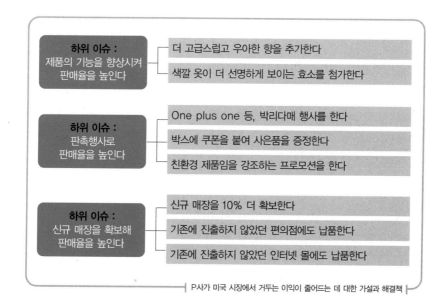

| 하위 이슈 : 제품의 기능을 향상시켜 판매율을 높인다 | 더 고급스럽고 우아한 향을 추가한다 |
| | 색깔 옷이 더 선명하게 보이는 효소를 첨가한다 |

하위 이슈 : 판촉행사로 판매율을 높인다	One plus one 등, 박리다매 행사를 한다
	박스에 쿠폰을 붙여 사은품을 증정한다
	친환경 제품임을 강조하는 프로모션을 한다

하위 이슈 : 신규 매장을 확보해 판매율을 높인다	신규 매장을 10% 더 확보한다
	기존에 진출하지 않았던 편의점에도 납품한다
	기존에 진출하지 않았던 인터넷 몰에도 납품한다

P사가 미국 시장에서 거두는 이익이 줄어드는 데 대한 가설과 해결책

　예를 들어 '색깔 옷이 더 선명하게 보이는 효소를 첨가한다'라는 가설을 선택했다고 해보자. 이것을 '중점해결 세그먼트'라고 하는데, 중점해결 세그먼트가 선정되면 그것을 검증하는 절차에 돌입해야 한다. 왜냐하면 이것은 검증되지 않은, 그야말로 '가설'이기 때문이다. 검증과정을 거치지 않고 가설을 바로 실시하면 리스크가 너무 크다. 그렇다면 어떻게 이를 검증할 것인가?

1. 한국에서 먼저 동일한 상황을 만들어놓고 실험해보는 방법

2. 미국 서부의 어느 한 도시에서만 실시해보는 방법

3. 소비자들 중 적절한 대상을 선정해 인터뷰해보는 방법

4. 경쟁사의 유사한 사례가 있는지 조사해보는 방법

5. 소비자 불만도를 조사해보는 방법

이 중에서 가장 적합한 한두 가지 가설을 선택해 검증해본 결과 '세제의 기능을 강화한다면 미국의 소비자들이 우리 제품을 구매할 것이다'라고 결론이 난다면, 이제는 검증이 완료된 상당히 안정적인 전략으로 거듭난 것이다. 그러나 전략을 실시했음에도 불구하고 기대했던 효과가 나타나지 않는다면, 전략을 수정해 다시 시도해야 한다.

종이와 펜을 준비해
한 그루 나무를 세워라

성공적인 전략을 구사한 실제 기업 사례를 하나 선택해, 이를 직접 이슈트리로 분석해보는 것으로써 이번 장을 마무리할까 한다. 오늘날 항공 산업에는 두 가지 커다란 흐름이 존재한다. 기존 프리미엄 항공사와 신규 저가 항공사가 바로 그것이다. 대한항공, 아시아나 항공, 유나이티드 항공, 델타 항공, 에어 프랑스, 브리티시 항공, 싱가포르 항공과 같이 역사가 오래되고 고급스러운 서비스를 지향하는 것이 기존 대부분의 항공사들의 특징이었다. 그러나 고급스러운 서비스에는 반드시 비용이 수반되기 마련이므로, 자연스레 항공기를 이용하는 비용이 고가로 책정될 수밖에 없다. 이 틀을 깬 것이 저가 항공사다.

1973년 프리미엄 급 항공사들이 장악하고 있던 시장에 도전장을 내민 회사가 있었으니, 바로 사우스웨스트 항공사Southwest Airlines다. 이 회사는 '저가 항공'이라는 슬로건을 내세워 기존 항공시장의 질서를 재편

했다. 저가 항공을 표방하므로 사우스웨스트 항공사는 우선 기존 항공사보다 비용이 파격적으로 싸야 한다고 생각했다. 이에 그들은 불필요한 비용을 모두 생략하는 전략을 세웠다.

첫째, 티켓을 여행사를 통해 판매하지 않는다. 여행사 마진을 줄여 가격을 낮추는 것이다. 대부분의 사우스웨스트 항공 이용자들은 인터넷을 통해 구매하거나 공항에 와서 무인 발권기를 이용한다. 따라서 미리 좌석번호를 정해주지도 않는다. 먼저 탑승한 승객이 자신이 좋아하는 자리를 찾아 앉으면 그만이다. 둘째, 비행 중 식사나 간식을 제공하지 않는다. 시장기를 느끼는 승객은 스튜어디스에게 돈을 내고 샌드위치 같은 간단한 음식을 사 먹는다. 이로 인해 식음료 판매 수익을 거둘 수 있었고, 음식물 저장 공간을 줄여 좌석을 배치할 수 있었다. 게다가 공항에 기착한 뒤에 비행기 내부를 청소하는 인력과 시간을 줄일 수 있으므로 1석3조의 효과를 거둔 셈이다.

셋째, 허브 공항을 이용하지 않고 지방 중소공항을 주로 이용한다. 따라서 공항 이용료가 저렴하거나 아예 없다. 그리고 비행기의 회전율이 높아진다. 이런 공항들은 허브 공항에 비해 활주로 대기 시간이 매우 짧기 때문이다. 또한 짐을 옮겨 싣는 인력 역시 불필요하기 때문에 이 비용도 절감된다. 넷째, 보유 항공기의 기종을 통일했다. 기존 프리미엄 급 항공사들은 다양한 기종을 보유했다. 한 기종에서 문제가 발생할 경우 동일기종의 항공기 운항을 모두 중지해야 하기 때문이다. 반면 사우스웨스트 항공사는 지난 수십 년간 가장 고장률이 낮았던, 즉 안정성이 입증된 기종인 보잉 737기로 통일했다. 이렇게 함으로써 항공기 제작사에 대한 구매력도 생길 뿐 아니라, 항공기 정비를 위해 항상 보유해야 하는 지상요원의 수와 그들의 교육비용도 줄일 수 있었다.

이렇게 생긴 이윤은 회사 전체의 이익을 증가시켰을 뿐 아니라 임직원들의 복지 향상에 더 많은 투자를 가능하게 해, 사우스웨스트 항공사는 노사 간의 관계도 매우 좋은 회사로 알려져 있다. 이런 이유로 사우스웨스트 항공사는 지난 30여 년간 지속적으로 성장해왔으며, 프리미엄 급 항공사들이 도산하거나 적자를 면치 못할 때에도 흑자 경영을 지속해왔다.

이런 내용을 이슈트리로 만들어 분석하면 일목요연하게 내용을 파악할 수 있다.

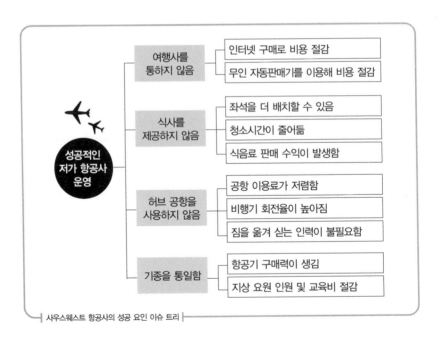

사우스웨스트 항공사의 성공 요인 이슈 트리

잠시 생각의 사고를 전환해보자. 이슈트리를 거꾸로 만들어본다면 어떨까? 즉 가장 오른쪽에 있는 최하위 수준의 세그먼트들을 가장 왼쪽에 배열하는 것이다. 그런 뒤에 두 번째 수준에 있는 세그먼트들로 귀결시킨다.

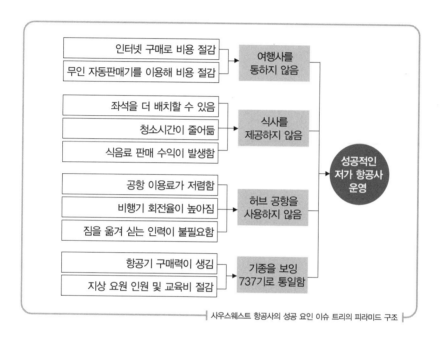

사우스웨스트 항공사의 성공 요인 이슈 트리의 피라미드 구조

이것을 가리켜 '가설의 합성'이라고 부르며, 최종 전략적 대안을 만들어나가는 과정 중 하나다. 이렇게 합성해나가는 과정을 '피라미드 구조 Pyramid structure'라고 한다.

이번 장에서는 로직트리와 이슈트리를 통해 문제의 본질을 파악하는 데 집중해보았다. 로직트리와 이슈트리는 어떤 문제가 발생해 그 문제의 전모를 낱낱이 파악하고자 할 때, 그리고 그 문제를 해결하기 위한 가설을 찾아나갈 때 활용할 수 있는 가장 실전적이고도 유용한 논리적 사고의 도구다. 자, 이제 어떠한 문제가 발생하더라도 당황하지 말고, 종이에 로직트리와 이슈트리를 그려 문제를 정리해보자. 문제 해결의 단서를 반드시 찾아낼 수 있을 것이다.

예측할 수 없는 미래를 대비한다

: 시나리오 분석

"당신이 시간의 씨앗을 들여다볼 수 있다면,
어떤 씨앗이 자랄 것이고
어떤 것이 자라지 못할 것인지 내게 말해주시오."
— 윌리엄 셰익스피어 William Shakespeare, 영국의 시인 겸 극작가

"예기치 않은 것들을 예상하는 것이야말로
완전히 현대적인 지성임을 말해주는 것이다."
— 오스카 와일드 Oscar Wilde, 아일랜드의 시인이자 소설가 겸 극작가

"어떤 영역에서 발생한 사실들 중에는
정확한 예측을 할 수 없는 것이 있다.
그것은 자연이 무질서해서가 아니라 연산을 함에 있어
고려해야 할 요인들이 너무 많기 때문이다."
— 알버트 아인슈타인

2001년 2월, 미 대통령의 책상 위에 보고서가 하나 올라왔다. 그러나 당시 최고 수뇌부들은 미래 예측 시나리오가 담긴 이 보고서를 무시했다. 그로부터 7개월 후인 9월 11일, 9·11 테러가 일어났다. '오늘날 미국 안보상 최대의 위험은 미국의 심장부인 워싱턴과 뉴욕의 주요 건물들에 대한 대대적인 테러 공습이다. 수많은 생명이 희생될 수 있다'는 내용의 미래 예측이 적중한 것이다. 이 보고서를 제출한 시나리오 분석가 피터 슈워츠Peter Schwartz는 일약 스타가 되었다.

여러분은 이제부터 정부의 고위관료다. 국가의 안위와 국민의 안전을 위해 끊임없이 가까운 미래와 먼 미래를 예측해야 한다. 만약 외교 업무를 맡고 있다면 인접 국가들의 외교 전략은 어떻게 변화하고 있는지, 어떤 정권이 들어서서 국제 역학관계에 어떤 변화를 가져올지 예측해야 한다. 경제 분야를 담당하고 있다면 주요 무역상대국가의 환율 동향이나 석유 가격의 동향, 국제 곡물 가격의 변동 등을 주도면밀하게 파악하고 예측해야 할 것이다. 만약 전쟁을 수행중인 국가의 국방부에서 일하는 장군이라면? 어떻게 해야 할까?

의사결정권자의 자리에 앉아 있는 사람이라면 누구든 발생 가능한 수많은 경우의 수들을 상정하고, 각각의 변수들이 어떤 미래를 가져올지 예측해야 한다. 그리고 예측된 미래에 대한 대응 시나리오를 만들어야 한다. 만약 그렇지 않다면 갑작스런 변화나 도전에 대응하지 못하고 뒤처지게 될 것이다.

"한 사람이 저렇게 다양한 발걸음 소리를 내는 이유는 뭘까?"

G. K. 체스터튼이 창조해낸 명탐정 브라운 신부. 그가 등장하는 〈이상한 발걸음 소리〉는 추리 소설로는 드물게 시나리오 분석에 의해 범인을 체포하는 이야기다.

런던의 하이드파크와 버킹엄 궁전 사이의 고급 주거지인 벨그라비아에 위치한 버논 호텔은 아름다운 정원을 내려다보며 식사를 할 수 있는 야외 테라스로 유명했다. 전망도 전망이지만, 이 야외 테라스가 유명해진 데는 또 다른 이유가 있었다. 자리가 단 24석이라는 것. 소수만이 누릴 수 있는 특권이라는 인식 때문에, 사람들은 비싼 가격에도 불구하고 그 '특권'을 누리며 만찬을 즐기고자 안달했다.

이러한 특권을 누리는 이들 중에서 한 단계 더 높은 특권을 누리는 이들이 있었으니, 바로 '12인의 진짜 낚시꾼들' 클럽의 회원들이었다. 버논 호텔에서 연례 모임을 갖는 이 클럽은 영국에서 가장 명망 있는 사회지도층 인사들로 구성돼 있었다. 그들이 호텔에서 만찬을 개최할 때에는 다른 손님을 받지 않았다. 요리도 주방장이 엄선한 특선 메뉴로 준비되었는데, 이때 빠지지 않는 것이 클럽의 이름에 걸맞은 생선 요리였다. 이들은 생선 요리를 먹을 때 클럽의 보물인 포크와 나이프를 사용했는데, 물고기 모양으로 아주 정교하게 조각된 은제품으로 각각의 손잡이에는 커다란 진주가 하나씩 박혀 있었다. 15명뿐인 버논 호텔의 종업원 또한 이 클럽의 회원들에게 전통적인 영국의 귀족 가문에서나 누릴 수 있는 특별한 서비스를 제공했다.

문제의 사건이 발생한 날, 버논 호텔에서는 '12인의 진짜 낚시꾼들' 클럽의 만찬이 열릴 예정이었다. 공교롭게도 종업원 중 한 사람이 급작스런 마비를 일으켜 쓰러지자, 혹시 모를 상황을 대비해 브라운 신부를 호텔로 부르게 되었다.

호텔 지배인은 이렇게 중요한 날에 하필 이런 일이 일어난 것에 대해 불쾌해하며, 브라운 신부에게 작업을 할 수 있는 방을 내어주었다. 그리고 방문은 잠시 밖에서 잠가두겠다고 양해를 구했다. 호텔에 곧 찾아올 귀한 손님들에게 키 작고 볼품없는 신부의 모습을 보이고 싶지 않았기 때문일 것이다. 그래서 신부는 한쪽에는 물품보관소, 한쪽에는 작은 사무실이 붙어 있는 방에서 쓰러진 종업원과 관련된 문서를 작성하게 되었다.

한참 방에 틀어박혀 일에 열중하던 신부는 밖에서 들리는 종업원의 발걸음 소리에 자신도 모르게 귀를 기울이게 되었다. 이 발걸음 소리에 기묘한 구석이 있었기 때문이다. 몸이 가벼운 사람이 경보하는 것 같이 날쌔고 짧은 발걸음 소리가 길게 들리더니, 그 소리가 멈춘 뒤에는 천천히 몸을 흔들면서 쿵쿵 걷는 것 같은 소리가 들려왔다. 발걸음 수는 앞의 것의 4분의 1도 되지 않았지만 그 시간은 같았다. 이 소리가 잦아들 무렵 가볍고 서두르는 듯한 발걸음 소리가 다시 들려왔다. 그리고 또다시 무거운 발걸음 소리가 들렸다. 이 발걸음 소리의 주인은 여럿이 아니었다. 단 한 사람이었다. 한 사람의 구두에서 나는 찌그덕거리는 소리가 아주 작지만 분명하게 들렸기 때문이다.

'도대체 무슨 일일까?' 브라운 신부는 밖을 내다보고 싶었지만 문이 밖에서 잠겨 있어서 어쩔 수가 없었다. 하는 수 없이 신부는 다시 문서 작업을 시작했다. 그러나 작업에 도저히 몰두할 수가 없었다. 신부는 미간을 잔뜩 찌푸린 채 가능한 여러 상황을 머릿속으로 그려보았다. '한 사람이 저렇게 다양한 발걸음 소리를 내는 이유는 뭘까?'

그런데 이상한 발걸음 소리가 다시 들려오기 시작했다. 이번에는 그자가 뛰고 있었다. 사무실 앞을 지난 뒤에는 아까처럼 쿵쿵 걷는 듯한 소리로 바뀌었다. 신부는 재빨리 방과 연결된 물품보관소로 갔다. 보관소는 뒤에 큰 창문이 나 있었고, 앞에는 손님이 물건을 맡기면서 번호표를 받는 카운터가 있었다. 신부는 석양을 등지고 있었으므로 복도에 있는 사람은 신부의 얼굴을 쉽게 알아볼 수 없었다.

이윽고 그자가 나타났다. 평범한 파티복을 입은 남자였다. 이상한 점이라곤 그의 웃옷 앞섶이 불룩하게 늘어졌다는 사실뿐이었다. 그는 번호표를 주며 "내 코트와 모자를 내어주게. 지금 바로 가봐야겠네."라고 말하더니 반 파운드짜리 금화를 팁으로 주었다. 신부가 물었다.

"은화는 없으신가요? 주머니에 있으실 텐데요."

"이봐, 금화를 주었으면 됐지 웬 말이 많은가?"

"왜냐하면 때론 은이 금보다 값어치가 더 나갈 때도 있거든요."

이 말에 화가 난 그는 카운터 안으로 훌쩍 뛰어들어와 신부의 멱살을 잡았다. "얌전히 있어. 난 너를 위협하고 싶지 않아. 별 미친 종업원을 다 보겠군." 그러자 신부가 조용히 답했다.

"여보게, 난 브라운 신부일세. 플랑보. 어떤가. 난 자네 참회를 들을 준비가 되어 있다네."

이런 일이 일어나고 있는 동안 버논 호텔의 지배인은 '12인의 진짜 낚시꾼들' 클럽의 보물인 진주 박힌 포크와 나이프가 감쪽같이 사라졌다는 사실을 알고 사색이 되어 클럽의 회장에게 이 사실을 보고하고 있었다. 클럽 멤버들은 호텔 여기저기를 뒤지며 사라진 보물을 찾아나섰고, 그중 한 사람이 물품보관소 앞에까지 와 브라운 신부와 마주치게 된다. 브라운 신부는 온화한 미소를 지으며 헝겊에 싸인 스물네

벌의 포크와 나이프를 건네준다.

브라운 신부는 어떻게 플랑보가 클럽의 보물을 훔치고 있다는 것을 알았을까? "저는 방 안에서 문서 작업을 하고 있었습니다. 그런데 이상한 발걸음 소리가 밖에서 들리더군요. 아무래도 정상적인 발걸음 소리가 아니었습니다. 발걸음 소리의 주인은 한 명이었는데 그 소리가 너무 다양하더란 말입니다. '도대체 왜 그러는 것일까?' 저는 머릿속으로 여러 가지 가능성을 탐색했습니다. 그러다 여기에까지 생각이 미쳤습니다.

'누군가 한 사람이 거드름을 피우며 걷는 귀족 같은 자세를 취하다가, 사람들의 시선이 사라지면 재빨리 자신이 의도한 일을 한 것은 아닐까?'

즉 다른 종업원들 앞에서는 클럽의 회원인 듯 거드름을 피우다가, 식기를 치울 때는 종업원인 것처럼 가벼운 발걸음을 걸으며 보물을 훔쳤던 것입니다. 저는 방 안에 갇혀 있었기 때문에 밖에서 들려오는 소리만 가지고 몇 가지 대본을 머릿속에 떠올리고, 그중 가장 가능성 있는 것을 선택한 뒤 물품 보관소에서 그가 나타나기를 기다리고 있었습니다. 세상에 이런 기발한 방식으로 보물을 훔쳐낼 생각을 할 수 있는 사람은 플랑보뿐이지요."

브라운 신부가 골방에 갇힌 채로 희대의 도둑 플랑보로부터 보물을 되찾을 수 있었던 것은 머릿속으로 시나리오를 만들었기 때문이다. 구두에서 나는 찌그덕 소리로부터 한 사람이 내는 발걸음 소리라는 것을 확인한 신부는 다양한 상황을 상정해보았다. '어떤 상황에서 한 사람이 저런 발걸음을 연출하게 될까? 이곳은 영국의 명사들이나 출입할 수 있는 고급 호텔이다. 오늘도 중요한 사교모임이 있을 것이다. 그래서 호텔 지배인은 골방 문을 밖에서 걸어 잠근 것이다. 다양한 발걸음 소리는 자신을 볼 수 있는 사람이 바뀔 때 다양한 역할을 연기해야 하기 때문일 것이다. 그렇다면 그 사람으로서는 뭔가 중요하고 비밀스런 작업을 수행중일 것이다. 그것이 도대체 무엇일까? 혹시?'

브라운 신부는 다른 명탐정들처럼 범죄의 냄새를 맡는 본능적인 감각을 가진 사람이다. 신부는 이러한 감각과 탁월한 두뇌로 시나리오를 구성한 뒤, 물품보관소에서 괴도 플랑보를 기다리고 있었던 것이다.

"어떤 어른이 돈을 내고 놀이터에 들어간단 말입니까?"

미래 예측이 잘못되어 뼈아픈 후회를 하는 경우는 너무나 많다. 이런 일은 언제, 어디서나 일어날 수 있다. 에디슨은 미래 모든 가정에서 사용할 전기는 직류일 것이라고 예측하고 직류 전원의 보급에 막대한 비용과 노력을 기울였으나 결과는 참담했다. IBM의 초대회장을 지낸 토머스 왓슨Thomas Watson은 "전 세계 컴퓨터의 수요는 많아야 5대 정도일 것이다."라고 말한 적이 있다. 음반사 DECCA는 팝의 흐름을 잘못 예측해 비틀즈의 음반을 녹음해 엄청난 수익을 올릴 수 있는 기회를 놓쳤다.

개인의 미래에 대한 예측을 잘못한 경우도 무수하다. 알버트 아인슈타인이 다녔던 초등학교의 교장은 어린 아인슈타인에게 "너는 절대로 정상적으로 자라지 못할 것이다."라고 했다고 한다. 월트 디즈니Walt Disney의 사업 계획서를 받아본 투자자는 "창의력이라고는 전혀 없군요. 어떤 어른이 돈을 내고 놀이터에 들어간단 말입니까?"라고 말했다는 이야기가 전해진다.

에디슨의 이야기를 자세히 해보자. 1882년, 에디슨은 뉴욕에 건설한 발전소에서 인근 지역인 맨해튼에 110v의 직류 전기를 공급하는 전기배전 시스템의 스위치를 눌렀다. 이와 거의 같은 시기에 크로아티아 출신의 전기공학자인 니콜라 테슬라Nikola Tesla는 자신이 발명한 교류 전기 시스템을 조지 웨스팅하우스George Westinghouse의 도움을 받아 상업화시켰다. 직류와 교류, 교류와 직류 전기의 한 판 승부가 시작된 것이다.

에디슨의 적극적인 투자로 5년 후 미국에는 직류 전기를 가정에 직접 공급하는 121개의 발전소가 만들어졌다. 그러나 점차 전기가 상용화되면 될수록 원거리 송전이 어렵다는 직류 전기의 한계가 부각되었다. 반면 교류 전기는 직류 전기와 달리 변압기를 이용해 높은 전압으로 끌어올려 멀리 송전한 뒤, 원하는 장소에서 낮은 전압으로 바꿔 사용할 수 있는 장점을 갖고 있었다. 그럼에도 에디슨은 직류 전기만이 해답이라는 자신의 생각을 굽히지 않았다. 그는 교류 전기의 위험성을 강조하면서 직류 전기 시스템을 확대, 보급할 것을 주장했다. 웨스팅하우스는 이에 맞서 교류 전기를 이용하면 최소한의 전력손실로 수백 킬로미터나 떨어진 지역까지 송전이 가능하다는 사실을 증명했다. 결국 직류 전기와 교류 전기의 승부는 직류 전기의 완패로 끝났다.

한때 에디슨과 테슬라는 동업 관계였으므로, 에디슨은 직류 전기와 교류 전기를 함께 도입해 시너지 효과를 창출할 수도 있었다. 그러나 에디슨은 자신이 개발한 직류 발전 기술에 집착했고, 결국 테슬라와 결별했다. 만약 에디슨이 시나리오 분석을 통해 미래의 상황을 예측할 수 있었더라면 그 결과는 완전히 달라졌을지도 모른다. 에디슨은 어떤 시나리오를 세웠어야 했을까?

1. 직류와 교류가 경쟁해서 직류가 이기는 시나리오
2. 직류와 교류가 경쟁해서 교류가 이기는 시나리오
3. 직류와 교류가 시장 쟁탈전을 벌이다 일정 비율로 공존하는 시나리오

에디슨은 직류 전기의 전압과 전류를 조절하는 것이 어렵고, 원거리 송전이 안 되는 결정적인 결함을 가지고 있다는 사실을 알고 있었다. 그러므로 만약 시나리오 분석을 수행했다면 가장 실현가능성이 높은 것은 2번 시나리오라는 사실을 알게 되었을 것이다. 그랬다면 사형집행을 위한 교류 전기의자를 교도소에 만들어주면서까지 교류의 위험성을 알리는 싸움을 벌이지 않았을 테고, 테슬라와 결별하지도 않았을 것이다.

최초의 싱크탱크,
미래에 도전장을 내밀다

시나리오 분석이란 무엇인가? 우리는 그동안 논리적 사고와 전략적 사고를 통해 문제 해결을 위한 방안을 수립하는 데 초점을 맞춰왔다. 시나리오 분석 역시 문제를 해결하기 위한 노력 중 하나이나, 그 성격이 약간 다르다. 문제 해결 방안을 질적으로 향상시키기 위한 전략이기 때문이다.

생각해보자. 어떤 문제를 해결하기 위한 최선의 방안을 수립했다. 그런데 이 방안이 상황에 맞지 않는다면? 충분히 상상 가능한 시나리오다. 미래는 불확실하고, 사람의 능력으로는 미래를 정확히 예측할 수 없기 때문이다. 그러나 그럴듯한 몇 가지 예측을 해두고 시간의 흐름에 따라 나타나는 추세를 주의 깊게 관찰한다면 전혀 불가능한 것도 아니다.

시나리오 분석은 이렇듯 불확실성이 가득한 환경 속에서, 미래에 일어날지도 모르는 상황을 미리 예측해 이에 대비하기 위한 전략을 수립하는 하나의 도구다. 미래를 효과적으로 그려볼 수 있게 해주는 체계적인 방법이라고도 설명할 수 있다. 따라서 시나리오가 맞을 것인지 틀릴 것인지에 대한 관심보다는 시나리오에서 제시한 여러 가능성들에 대해 열린 자세를 견지하는 것이 중요하다. 시나리오 분석은 항상 미래에 대한 예측을 시도해봄으로써 보다 미래지향적인 사고를 할 수 있도록 돕는다. 그리하여 현재와 미래의 자신의 상황을 가치중립적인 입장에서 바라볼 수 있도록 도와 자칫 균형을 잃지 않도록 해준다.

그렇다면 시나리오 분석은 어떤 경우에 필요한가? 한 번 생각해보도록 하자. 정유회사나 천연가스회사처럼 주요 원료를 도입하는 곳이 외적인 환경의 변화에 영향을 많이 받는다면 시나리오 분석이 반드시 필요하다. 또한 TV 같은 디스플레이를 생산하는 기업인 경우, 스마트 디바이스 시대를 맞아 업계에 전혀 새로운 제품이 나타날 가능성이 상존한다. 이처럼 중대한 변화가 예고되는 업종에서는 '6개월 뒤, 1년 뒤에는 어떤 제품이 잘 팔릴 것인가?'와 같은 질문을 끊임없이 던져야 한다. 이 밖에 장단기 예측에 실패해 손실을 경험한 적이 있거나 인수합병 등 중대한 전략적 의사결정을 앞두고 있다면 시나리오 분석을 하는 것이 바람직하다.

시나리오 분석은 제2차 세계대전 중 미국 공군이 적군의 동향을 파악하고 아군의 공격에 대한 적군의 대응 방식을 미리 예측하기 위해 사용하던 방식에서 출발했다. '최초의 싱크탱크Think tank'라 불리는 미국의 랜드연구소RAND Corporation가 미국과 소련 간에 핵전쟁이 발발할 가능성을 예측하기 위해 연구하면서 체계적인 방법론으로 정립되었고, 이후 미래예측 기법을 기업경영에 접목하면서 미래 전략 수립 방법론으로 사용되고 있다. 특히 두 개 이상의 대책 중에서 하나를 선택하거나, 미래에 대해 예측하고 무엇을 선택해야 결과가 가장 좋을지 비교 분석할 때 사용하면 유용하다. 이번 장에서는 이러한 시나리오 분석의 특성상 비즈니스 사례들을 많이 접하게 될 것이다.

시나리오 분석은 그 목적과 효용에 따라 크게 4가지로 나눌 수 있다. 함께 살펴보기로 하자.

첫째, 위험을 회피하기 위한 시나리오 분석이다. 기업이 속해 있는 산업 영역에서 어떤 위험이 도사리고 있는지 예측해 위험을 예방하거나, 피해를 최소화할 수 있는 전략을 개발하기 위한 것이다. 좀 더 적극적으로는 예측했던 위험상황이 발생했을 때 경쟁구도나 순위를 역전시킬 수 있는 전략을 구사하는 경우에 활용하기도 한다. 뒤에서 소개할 정유회사 로열 더치 셸Royal Dutch Shell에서 시도해 성공한 시나리오가 대표적 사례다.

둘째, 조직혁신을 위한 시나리오 분석이다. 기업에서는 효율적이고 생산성이 높으며 민첩한 조직을 만들기 위해 조직과 인력의 구조를 개선하는 구조조정을 실시한다. 혁신을 단행하기 전에 어떤 효과가 있을 것인지, 예를 들어 인적 구조조정을 한다면 구성원들의 반응은 어떨 것인지, 내적, 외적 저항이 발생하면 이를 어떻게 처리할 것인지 시나리오 분석을 통해 예측할 수 있다.

셋째, 신사고와 패러다임 전환을 위한 시나리오 분석이다. 향후 소비자들의 기호 변화, 시장의 흐름, 그리고 신기술의 개발 같은 패러다임을 예측하는 것이다. 여러분이 연구개발 분야에 종사한다면 새로운 패러다임의 제품을 창안해내고 개발하는 데 많은 도움을 얻을 수 있을 것이다.

넷째, 새로운 비즈니스 컨셉을 개발하기 위한 시나리오 분석이다. 업종 전환을 시도할 때나 현재 주로 활동하는 영역과 상당히 다른 영역으로의 진출을 모색하고 있다면, 시나리오 분석을 효과적인 도구로 활용할 수 있을 것이다.

절체절명의 위기 속에서 생존하는 방법

대표적인 시나리오 분석 성공 사례는 정유회사 로열 더치 셸에서 찾을 수 있다. 세계 정유업계를 주름잡는 7개의 정유 회사, 소위 '일곱 마녀'들은 제2차 세계대전 이후 안정적인 수준을 유지하던 원유 시장에 별다른 변화가 있으리라고 생각하지 않았다. 그러나 가장 규모가 작았던 셸의 생각은 달랐다. 그들이 다루는 원유는 정치적이고 전략적인 물자이기 때문에 언제든지 외적 변수에 의해 영향을 받을 수 있고, 큰 가격변동에 휩쓸릴 수 있었다. 셸의 전략 멤버들은 미래 유가변동에 결정적인 영향을 미칠 수 있는 몇 가지 변수들을 찾기 시작했다.

그들은 1967년에 벌어졌던 '6일 전쟁'에 주목했다. 이 전쟁은 아랍의 주요 산유국들과 그 동맹국들이 이스라엘을 상대로 벌였던 전쟁으로, 아랍 국가들은 압도적인 수적 우세에도 불구하고 참패했다. 이스라엘의 뒤에 미국과 서방 세계가 버티고 있었기 때문이다. 아랍 국가들은 이스라엘에 보복할 기회만 노리고 있었다.

'미국의 석유 부존자원은 줄어드는 반면 소비량은 지속적으로 늘고 있다. 서방세계의 또 다른 축인 유럽의 경제는 더더욱 석유가격에 민감하다. 그렇다면 중동의 산유국들은 석유를 무기로 보복하고 싶은 강

렬한 유혹을 느끼지 않을까?'

셸의 전략 팀은 중동의 산유국들이 유가油價를 올려 미국과 서방세계에 강력한 압력을 행사하고 싶어 할 것이라고 생각했다. 그렇게만 할 수 있다면 미국이 일방적으로 이스라엘의 편에 설 수만은 없을 것이기 때문이다. 그렇다면 시기는 언제가 될 것인가? 아랍 산유국들의 움직임을 예의주시하던 셸의 전략 팀에 징후가 포착되었다. 중동의 산유국들이 석유수출국기구, 즉 OPEC을 만들어 석유 수입국에 대해 정치적인 영향력을 행사하려는 움직임을 보이기 시작한 것이다. '그래, 그렇다면 산유국과 정유사 간의 다음 번 유가 재협상 시기 이전이 될 것이다.' 셸은 이에 근거해 두 가지 시나리오를 작성했다.

첫 번째 시나리오는 '유가가 안정적으로 유지될 것이다'라는 가정 하에 미래전략을 제시했다. 이것은 과거에 해오던 방식과 다를 바 없는 전략이었다. 두 번째는 'OPEC이 석유 파동을 일으킬 것이다'라는 시나리오였다. 이 시나리오가 미래에 현실화된다면 지금까지 해오던 방식으로는 생존을 약속받을 수 없다. '위기의 시나리오가 실제로 일어난다면 셸은 어떤 대응전략을 써야 할 것인가?'를 고심해 대비한 것이었다.

셸의 시나리오는 적중했다. 1973년 제4차 중동전쟁이 끝나자 OPEC은 유가를 어마어마하게 올렸고, 그 결과 세계적인 석유파동이 일어났다. 전 세계 비非산유국들은 심각한 고통을 받았다. 7개의 정유회사 중 이런 위기에 대처할 수 있는 시나리오를 미리 만들어놓았던 회사는 셸뿐이었다. 이 계기로 후발주자였던 셸은 단숨에 업계 2위로 성장했다.

시나리오 분석을 위한 5단계 미션

시나리오 분석은 크게 5단계로 나뉘어 수행된다. 예시를 통해 자세히 살펴보도록 하자.

여러분은 이제부터 제분회사 J사의 중역이다. J사는 주요 몇 개국으로부터 밀을 수입한다. 다른 농작물과 마찬가지로 밀 역시 그 해의 기후에 따라 작황이 크게 달라지는 상품이다. 특히나 오늘날처럼 폭염과 폭우, 전례 없던 한파와 가뭄 등 반복되는 기상 이변으로 기후를 예측하기 어려울 때는 그 경향이 더 뚜렷하게 나타난다. 또한 밀은 주요 식량이므로 수출국에서 언제든지 무기화할 수 있는 전략 상품이다. 게다가 식생활의 서구화로 우리의 밀 소비량은 매년 증가하는 추세다.

그렇다면 여러분은 거의 전량을 수입에 의존할 수밖에 없는 밀을 취급하는 회사의 중역으로서, 다가올 미래에 어떻게 대비할 것인가? 각 단계별로 시나리오 분석을 해보자.

1단계: 목적의 명확화

이 단계는 우리가 무엇을 위해 시나리오를 만들어야 하는지, 그 목적을 명확히 하는 단계라고 할 수 있다. 즉 위험을 회피하기 위한 것인지, 조직혁신을 위한 것인지, 신사고와 패러다임 전환을 위한 것인지 혹은 새로운 비즈니스 컨셉 개발을 위한 것인지를 명확히 하는 것이다. J사의 경우에는 위험회피를 위한 시나리오 분석이 될 것이다.

J사의 밀 수입가격은 유가와 마찬가지로 여러 가지 변수에 의해 크

게 달라질 수 있다. 수입가가 얼마에 책정되는가에 따라 회사의 생존 여부가 달려 있다. 그러므로 J사는 일정기간마다 위험분석을 통해 밀 수입 가격의 위험을 줄여야 한다.

이번 단계에서 한 가지 더 고려해야 할 것은 시간의 범위다. 즉 '얼마나 먼' 미래를 예측하는 시나리오 분석을 할 것인지 정해야 한다. 목표 시점이 6개월 후인지, 혹은 1년 후 아니면 10년 후인지를 정해야 한다. 장기 예측이 될수록 변수가 더 많아 불확실성이 커지므로, 시간을 범주화할 때는 실현 가능성이 있을 만큼 짧은 것이 좋다. 물론 영향을 끼칠 변화들이 실제로 발생할 만큼의 최소한의 시간적 여유도 주어져야 하므로 이 역시 충분히 고려해야 한다.

마지막으로 한 가지 더 유의해야 할 것이 있다면 밀의 수입은 수입 그 자체보다 훨씬 큰 문제들과 직접적인 연관관계에 있다는 것이다. 즉 국민들의 식생활 변화라든가, 지구적인 기후변동과 같은 문제와 연결돼 있기 때문에 늘 이런 문제들과 연동해 구상해야 한다.

이런 요인들을 고려해 생각을 어느 정도 정리했다면, 이제는 한 줄의 문장으로 정리해 과제를 명확히 한다. '1년 뒤 밀 도입가격 전망을 위한 시나리오 분석을 실시한다' 정도면 적당하겠다.

2단계: 정보 수집과 분석

본격적으로 시나리오를 작성하려면 정보 수집과 분석이 필요하다. 정보 수집은 거시적인 정보와 미시적인 정보를 망라해야 한다. J사의 중역이라면 어떤 정보를 찾아야 할까? 한번 나열해보자.

우선 기후 변화에 대한 정보를 찾아야 한다. 특히 J사가 밀을 수입하는 국가와 밀을 재배하고 있는 지역의 기상 조건에 대해 알아보아야 한다. 다행히 오늘날에는 첨단 과학기술로 중장기 기후예측이 가능하며, 이를 수행하는 회사들도 많다. 실제로 2010년 동유럽 지역의 기상 이변으로 인한 폭염으로 러시아 곡창지대에서 한반도의 10배 이상 되는 면적이 자연 발화로 인한 화염에 휩싸인 일이 발생했다. 러시아는 밀 수출을 중단하겠다고 발표했고, 그 결과 세계 밀 값은 폭등했다. J사는 러시아로부터 밀을 수입하지 않지만 러시아의 이러한 결정은 다른 지역의 밀 가격에 강력한 영향력을 미치는 요소가 된다.

농업 생산성을 높여주는 첨단과학 농법의 개발도 고려해야 할 중요 변수로서 정보 수집의 영역에 넣어야 할 것이다. 예를 들어 획기적인 인공강우기술이 개발되었다면 밀의 수확량은 과거에 비해 안정될 것이다. 유전자변형 식품 개발과 같은 과학적 진보는 더욱 중요하다. 유전공학의 발달로 병충해와 가뭄에 강한 밀이 개발되어 이를 재배하기 시작했다면 생산량은 늘어날 것이고 가격은 내려갈 것이다. 지금은 어느 대학의 구석진 실험실에서 연구되고 있지만, 그것이 혁신 기술일 수도 있다. 실제 어떤 연구들이 수행되고 있는지, 그런 연구들이 얼마나 무르익었는지 등은 관련 저널을 꾸준히 검색해 정보를 수집하는 수밖에 없다.

한편 아직은 밀을 대체연료로 사용하려는 시도가 없지만, 세계적으로 화석 에너지 고갈이 큰 이슈가 됨에 따라 옥수수를 이용한 알코올 생산이 중요하게 검토되고 있다. 대체식품인 옥수수 가격이 올라가면

이는 밀의 가격에도 부정적 영향을 미칠 것이다.

밀의 주요 소비국들의 소비 동향도 빠뜨릴 수 없다. 우리나라처럼 생산은 거의 없지만 밀 소비량이 빠른 속도로 증가하는 일본 등의 변화 추세를 모니터하는 것도 중요하다. 그런가 하면 전통적인 밀 소비국가인 미국 같은 나라에서 아시아 푸드의 열풍으로 빵과 고기보다는 쌀과 채소 위주의 식단이 각광받기 시작했다면, 그 역시 중요한 정보일 것이다.

3단계: 시나리오 작성

시나리오 분석의 성패는 얼마나 현실적인 시나리오를 만드는가에 달려 있다. 미래의 매개변수, 즉 미래를 결정할 각각의 변인의 작동 여부와 작동 강도에 따라 매우 현실적으로 그려내야 한다. 시나리오는 복수複數여야 하며, 가능하다면 4가지 이상 만드는 것이 좋다. 시나리오가 두 가지일 경우 현재 상황의 연장선상에 있는 안정적인 시나리오가 채택될 가능성이 높으며, 세 가지일 경우 조직의 생리상 누구도 다치지 않는, 즉 위험부담이 가장 작은 중립적 시나리오를 택하게 될 가능성이 높기 때문이다. 실제 미국이 이라크전에서 초기의 압승에도 불구하고 고전했던 것은 미군이 이라크에 입성하면 억압당하던 이라크인들이 쌍수를 들고 환영할 것이라는 단 하나의 시나리오만 들고 갔기 때문이라고 한다.

당연한 말이지만, 높은 설득력을 지니려면 주제가 명확한 시나리오를 만들어야 한다. 가능한 초기 단계에서부터 참여했던 전원이 모여 브레인스토밍을 활용해 다양한 시나리오를 구상해보는 것이 이상적이다. 일단 미래 예측의 플롯이 만들어지면 여기에 살을 붙여 더욱 생생하고 그럴듯한 시나리오를 작성하도록 노력해야 한다.

또한 시나리오는 잠재해 있는 위험이 어떤 것들인지 구체적으로 나열하고 있어야 한다. 이때 위험 발생 가능성과 발생했을 경우의 충격을 가능한 한 수치화하는 것이 좋다. 잠재적인 위험들은 어떤 원인에 의해 발생할 수 있는지도 빠짐없이 분석한다. 그리고 예측된 미래가 실현된 모습을 '징후-시작-전개-파국'의 형태로 드라마틱하게 작성한다.

J사의 경우 현 상태 유지, 가격의 완만한 상승, 가격 급등, 가격 하락이라는 4가지 큰 틀에서 시나리오를 작성할 수 있을 것이다. 물론 개별 시나리오의 비중은 다르다. 시나리오를 작성하는 사람들이 정보에 근거해 미래의 위험 가능성Probability과 변화의 중대성Impact을 평가해 작성하기 때문이다. J사는 여러분이 작성한 4가지 시나리오 중 하나와 비슷한 미래상황을 맞이하게 될 것이다.

4단계: 대응 전략 수립과 트리거 확정

이제 시나리오가 만들어졌으므로 각각의 시나리오에 맞게 대응 전략을 수립해야 한다. 이 대응 전략이 행동 지침Action plan이 된다.

각각의 시나리오가 현실화될 것을 가정해 '징후-시작-전개-파국'의 각 단계별로 대책을 수립한다. 가령 징후라 함은 시나리오가 시작되기 전을 말한다. 옛 아메리카 인디언들이 아주 작은 징후만 보고서도 일기 변화나 들소 떼의 이동을 예측했던 것과 같은 기능을 도모하려는 것이다. 그래서 예측했던 바가 현실화되려는 징조가 보이면 대응전략을 발동시키고 대응 시스템을 작동시키는 트리거(trigger, 방아쇠라는 뜻으로 언제, 누가 먼저 신호를 보낼 것인가를 의미한다)도 미리 정해두어야 한다. J사라면 어떤 선행지표, 즉 징후가 포착되었을 경우 '선물시장에서 어떤 방식으로 거래해서 몇 % 조정된 가격에 도입물량을 확보한다'라든지, '특정 회사와 장기 계약을 맺는다'와 같은 대응전략을 수립하는 것이 좋을 것이다.

5단계: 감시 시스템 작동

'각각의 시나리오가 어떤 식으로 현실화되고 있는가? 진행은 예측한 대로 이루어지고 있는가? 아니면 예기치 못한 방향으로 흘러가고 있는가? 대응전략은 잘 전개되고 있는가?'를 관찰하는 감시 시스템도 확립되어 있어야 한다. 감시를 통해 시나리오가 예측했던 방향과 달리 전개되고 있다면 즉시 잘못된 초기 가정들을 수정하는 작업에 돌입해야 할 것이다.

이렇듯 시나리오 분석은 문제 해결을 위한 다양한 의견들을 구체화하는 기회를 제공한다. 시나리오 분석을 거치면 수립한 가설은 단순히 막연한 추측이나 주장이 아니라 근거 있는 미래예측의 도구로 거듭나게 된다. 우리는 가까운 장래도 예측하기 어려운 현재를 살고 있고, 이러한 경향이 더 심화될 미래를 맞이하고 있다. 이러한 상황에서 시나리오 분석은 선택이 아니라 필수적으로 수행해야 하는 논리적 사고의 도구라 할 것이다. 미래를 확실히 예측해내기란 불가능하다. 그러나 논리적으로 분석해 예측하고 이에 대비한다면, 리스크를 최소화할 수 있을뿐더러 현재의 기회 역시 극대화해 활용할 수 있을 것이다. 시나리오 분석을 통해 논리적 사고를 한결 더 공고히 하도록 하자.

멋진 탐정이 되어 사건을 해결해보자!

우리는 그동안 뒤팽과 홈즈, 제인 마플과 브라운 신부로부터 탐정이 갖추어야 할 문제 해결 도구들과 논리적 사고의 기법을 전수받았다. 이제 사건이 발생하면 이를 해결해야 하는 탐정이 된 것이다. 마침 의뢰인이 찾아와서 심각한 사건의 해결을 의뢰했다. 어떻게 해야 할까?

가장 먼저 할 일은 이 사건과 관련된 정보를 수집하는 것이다. 이때 우리가 사용해야 할 것이 '관찰력'이다. 사건과 관련된 사람들의 표정, 태도, 복장 등을 빠짐없이 관찰하고, 남겨진 물건이나 흔적도(우리를 헷갈리게 하기 위해 남겨놓은 거짓 증거를 조심하라) 꼼꼼히 살펴 문제 해결의 단서를 놓치지 않아야 한다. 이 때 발생한 사실뿐 아니라 발생할 수도 있었는데 일어나지 않은 사실까지 관찰하는 것을 잊지 말라! 이런 정보들 중 가치 있는 것, 즉 사실인 것과 그렇지 않은 것을 구분하는 것이 사건을 해결해야 하는 우리의 첫 번째 과업이다.

그다음으로 할 일은 '우리가 어떤 사고력을 더 계발해왔는가'에 따라 다르다. 내가 직관적 사고에 초점을 두고 익혔다면 첫 번째 단계에서 모은 정보만으로도 누가 범인인지 심증을 갖게 될 것이다. 그러면 그자가 범인이 맞다는 직관을 지지해줄 증거를 찾아나서면 된다. 반면 내가 분석적 사고에 초점을 두고 있다면, 첫 번째 단계에서 모은 정보들이 참인지 거짓인지 분류하고, 가치 있는 정보만을 토대로 논리적 분석을 시작하자.

만약 기존의 사고 기법이나 수사 방식을 동원해도 진전이 없다면 '제로베이스 사고'를 동원한다. 기존의 성공 경험을 버리고 '0'에서 시작한다는 것만으로도 여러분은 명탐정의 반열에 오를 수 있다.

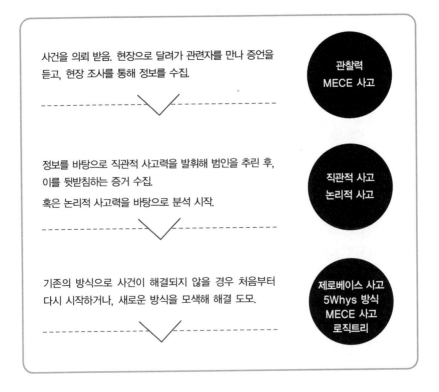

그런데 사건이 급박하게 돌아가고 있다. 범인이 제2의 범죄를 일으킬 가능성이 있는 것이다. 게다가 우리는 아직 범인의 뚜렷한 윤곽조차 그리지 못했다. 이럴 때 사용할 수 있는 것이 '가설사고'다. '만약 A가 범인이라면 그는 다음에 이러한 행동을 할 것이다'와 같이 가설을 세우고, 우선 추가 범죄를 막아야 한다.

이렇게 '제로베이스 사고'와 '가설 사고'로 범인의 윤곽이 어느 정도 구체화됐다면, 이제 논리적 추론을 할 차례다. 가추법, 귀납법, 연역법, 유비추론을 사용하는 것이다.

용의자 세 명이 수사선상에 올라 있다. 우선 첫 번째 용의자 P는 범인이 아니다. 그는 비가 오는 밤에는 선술집에서 위스키를 들이키곤 한다. 사건이 나던 날 저녁에도 비가 왔는데, 탐문 결과 그와 비슷한 사람을 선술집에서 보았다는 목격자의 진술을 확보했다(귀납적 추론). 두 번째 용의자 K도 범인이 아니다. 그는 부자다. 일반적으로 부자는 자신의 재산을 지키기 위해서라도 그런 사건을 일으키지 않는다. 세상의 모든 부자들은 자신이 가지고 있는 것을 전부 잃을 만한 위험에 직면하기 전에는 결코 위험한 일에 연루되려 하지 않는다. 그들은 직접 사건을 일으키기보다는 돈으로 해결하려는 특징이 있다(연역적 추론). 그러므로 세 번째 용의자, J가 유력한 범인이다. 왜냐하면 범죄자들 중 상당수는 사건 후 범행현장에 다시 나타난다. 그런데 사건발생 사흘째 되던 날 J와 비슷한 사람이 현장 주변을 어슬렁거렸다는 목격자의 증언이 있었다(가추법적 추론).

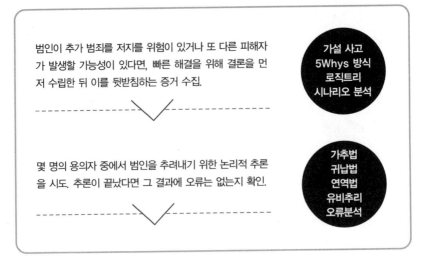

범인이 추가 범죄를 저지를 위험이 있거나 또 다른 피해자가 발생할 가능성이 있다면, 빠른 해결을 위해 결론을 먼저 수립한 뒤 이를 뒷받침하는 증거 수집.

가설 사고
5Whys 방식
로직트리
시나리오 분석

몇 명의 용의자 중에서 범인을 추려내기 위한 논리적 추론을 시도. 추론이 끝났다면 그 결과에 오류는 없는지 확인.

가추법
귀납법
연역법
유비추리
오류분석

여기까지 숨 가쁘게 달려왔다면, 앞 단계에서 사용한 추론에 오류가 없는지 다시 한 번 살펴보자. 오류가 있다면 다시 가설을 수립하거나 추론을 시작해야 한다.

추론을 하며 거치는 여러 단계에서 끊임없이 '왜Why?'라고 물어 문제의 원인을 찾으면 훨씬 수월하게 문제를 해결할 수 있다. 어떤 단서를 찾았다면 그 단서가 의미하는 바는 무엇인지, 왜 그런 범죄를 저지를 수밖에 없었는지 원인을 밝히는 데 긴요한 쓸모가 있을 것이다. MECE 역시 마찬가지다. 특히 어떤 대상을 관찰할 때 누락되거나 중복된 것이 생기지 않도록 기준으로 삼아야 할 것이다. 나에게 익숙하지 않은 관점과 방법을 시도하는 제로베이스 사고를 할 때도 MECE는 매우 유용하다.

시나리오 분석 역시 많은 단계에서 다양하게 적용할 수 있다. '범인이 왜 그런 일을 저지를 수밖에 없었을까?' 하고 시나리오를 만들어서 유력한 용의자를 골라내 가설을 수립하는 도구로 사용할 수 있다. 또한 결론을 내릴 때 몇 가지 시나리오를 그려보고 가장 가능성이 높은 것을 골라 집중적으로 분석함으로써 선택과 집중을 가능하게 해준다.

로직트리와 이슈트리는 복잡한 사건의 전체적인 모습(얼개)을 파악하는 데 효과적으로 사용할 수 있으므로 추리의 초기 단계에서 사용하게 된다. 〈서섹스의 흡혈귀〉에서 로직트리를 이용해 사건을 분석했던 홈즈처럼. 또한 여러 가지 가설들을 정리해서 한 가지 결론으로 종합해내는 것도 가능하므로 추리의 마지막 단계에도 활용도가 높다.

이렇게 문제 해결의 도구를 활용해 추리한 결과, "몇 가지 가설(증거/가능성)들을 종합해볼 때 범인은 바로 J."라고 결론 짓게 된다. 이제 사건은 해결되었다.

사건 초기, 복잡했던 요소들을 한눈에 파악할 수 있도록 분해하고 사건 전반을 논리적으로 구조화.

사건 종결 단계에서 여러 가지 가설이나 시나리오를 종합해 최후의 범인을 지목.

로직트리
이슈트리
시나리오 분석

내가 옳다고 믿었던 지식은
참인가, 거짓인가?

이 책의 목적은 탐정들이 범죄를 추리해나가는 과정을 함께 분석해 봄으로써 논리적 사고를 학습하는 데 있다. 여기서 소개된 탐정들은 무기와 힘이 아니라 논리적 추론으로 범인을 찾아내 경찰에 인도하는 사람이다. 논리란 유효한 추론, 다시 말해 어떤 사유의 결과가 참인지 거짓인지를 알아내고자 하는 과학적 사고다. 우리가 논리적으로 사고 할 줄 알아야 하는 이유는 겉보기에는 그럴듯해 보이는 오류 추리를 피할 수 있도록 해주기 때문이다. 또한 '참'인 지식과 '참'인 줄 알고 있었으나 그렇지 않은 지식, 즉 '거짓'을 다시 한 번 확인하게 해주기 때문이며, 누군가 궤변을 늘어놓을 때 그것에 현혹되지 않고 논쟁을 승리로 이끌도록 도와주기 때문이다.

논리적이지 않고 비판적인 사고를 하지 않는 사람들은 흔히 지나간 시대의 권위에 의존해서 산다. 전 시대를 살았던 사람들의 견해를 무 조건적으로 받아들여 자신의 신념체계로 삼는 것이다. 여러분이 가지 고 있는 믿음이나 신념 중 어린 시절 부모나 사회에 의해 강요된 것이 없는지 다시 한 번 확인해보라. 어린아이들은 어른들이 심어주는 올바른 지식과 믿음뿐 아니라, 그릇된 편견과 오류까지 여과 없이 받아들인다. 어린아이에게는 무엇이든 흡수하려는 강력한 본능이 있고, 이성적으로 판단할 능력이 부족하기 때문이다. 그러나 이러한 상황은 어른이 되어서도 딱히 달라지지 않는다. 성인이 된다 하더라도 적지 않은 사람들이 이런 식으로 축적된, 검증되지 않았을뿐더러 무모하기까지 한 지식과 믿음의 포로로 남아 있다.

논리는 그런 지식과 믿음들이 증거에 의해 지지되는 것인지 다시 한 번 묻게 해준다. 우리 주변에 흘러 다니는 주장과 정보 중에는 심지어 옛날 그리스의 소피스트들이 자신의 이익을 취하기 위해 만들었던 엉터리 논리인 억견Doxa 같은 것도 많다. 또한 논리적 사고는 우리가 옳게 추론하기 위해서 어떤 규칙을 따라야 하는가를 가르쳐준다. 누군가 논리적으로 사고하는 습관을 갖게 된다면 그 사람의 인생은 좀 더 가치 있고 진실에 다가간 것이 될 것이다.

"나는 오래전부터 내가 상당수의 그릇된 의견들을 참된 것으로 받아들였다는 것, 그리고 확실하지 않은 원리에 기초를 두고 받아들인 것들은 의심스럽고 불확실할 뿐이라는 것을 깨달았다. 나는 과학을 연구하면서 확실하고 지속적인 무언가를 확보하기 위해서 인생에 한번쯤은 내가 받아들였던 모든 의견들을 회의에 부치고, 근원적인 것에서부터 다시 점검해야겠다고 마음먹었다. 그러나 이 작업은 너무 방대한 것이어서, 나는 이 일을 하기에 충분히 성숙한 나이가 될 때까지 기다렸다. … 이제 나는 모든 근심에서 해방되었고 평화로운 고독 속에서 휴식을 즐길 수 있게 되었으므로, 과거에 나에게 주입되었던 모든 의견들을 근본적으로 그리고 자유롭게 검토해볼 수 있게 되었다. 한 건물의 기초가 허물어진다는 것은 그 건물 전체가 붕괴됨을 의미하므로, 나는 우선 과거의 의견들을 보편적으로 정초定礎해주는 기본 원리들을 비판하기로 마음먹었다."

프랑스의 철학자 데카르트는 저서 《성찰》에서 이렇게 자신의 생각을 제시했다. 그리고 데카르트가 시도했던 정확한 지식의 확인은 다음의 4단계를 밟아 확립되었다. 첫째, '만약 어떤 것이 참이라는 것을 분명하게 알지 못한다면 그것을 믿지 말라'는 명증성의 규칙이다. 둘째, '모든 문제들을 여러 개의 좀 더 작은 부분들로 나누어라'라는 분해의 규칙이다. 셋째, '가장 단순하고 가장 이해하기 쉬운 것들로부터 시작해 좀 더 어려운 것으로 나아가라'는 종합의 규칙이다. 넷째, '하나의 문제의 요소들을 열거할 때, 그 목록에서 빠진 것이 없이 완전한가를 점검하라'는 열거의 규칙이다.

대단히 부족하고 외람되지만, 기본적으로 이 책의 각 장은 데카르트가 시도했던 '지식의 확인'을 현대적인 언어와 방식으로 시도하고자 노력한 결과물이다.

논리적 사고로 발을 내딛는 첫 계단, '단서 1'에서는 인간의 감각기관을 이용한 '관찰력'에 대해 생각을 나눠보았다. 관찰은 인식의 시작이며, 이를 통해 얻은 경험적 지식으로부터 모든 논리적 사고가 시작되기 때문이다. '단서 2'에서는 직관적 사고를 다루었다. 직관의 개념은 다양하게 정의되고 있지만, 여기서는 논리가 압축되어 단번에 결론에 이르게 되는 뛰어난 사고력이라 정의했다. 독자들이 자신의 영역에서 직관력을 키우려면 어떻게 해야 하는가에 대한 방법론이 기술되어 있어, 작지만 알찬 도움이 되리라고 생각한다. '단서 3'에서는 자신만의 사고방식을 벗어나 다양한 관점에서 문제를 바라보기 위한 제로베이스 사고에 대해 살펴보았고, '단서 4'에서는 가설 사고에 대해 이야기해 보았다. 가설 사고는 전략적 사고의 도구가 될 뿐 아니라 과학적으로 사물을 바라보게 하는 기초가 된다. 가설을 세우고 검증하는 일련의 과정이 과학적 탐구의 기본 형식이기 때문이다.

이어서 가추법, 귀납법, 연역법에 대해 알아보았다. 새로운 지식을 발견케 하는 풍요로운 제안인 가추법은 인간의 진화 과정에서 자연스럽게 획득된 본질적인 사고의 기능이기도 하다. 만약 우리에게 가추의 능력이 없었다면 생존 자체가 불가능했을지도 모른다. 가추로부터 제안된 포괄적인 단서들은 귀납에 의해 구체적인 진실로 우리에게 인식된다. 귀납법은 모든 과학적 사고의 기본이 되는 논리적 추론 형식인 것이다. 연역법은 인간의 지식 탐구의 기본이 되는 사고의 형식이며, 이로부터 체계화된 지식이 시작된다.

'단서 8'에서는 유비추리에 대해 다루었다. 유비추리는 온갖 발견과 발명의 기초가 되는 사고법으로, 우리 삶의 발전을 가능케 해주었다. '단서 9'에서 다룬 오류 분석은 어쩌면 불편한 진실을 일깨워주는 작업이라고 할 수 있다. 감정과 욕망의 지배를 받는 불완전한 인간이기에 어쩔 수 없이 오류를 범하고 그것은 어느덧 나의 가치와 신념이 되어버렸으니, 나의 사고에 오류가 있었다는 사실을 인정하기란 여간 고통스러운 일이 아니다. 그러나 진실의 탐구자라면 오류를 깨닫는 순간, 설령 그것이 자신이 믿고 있던 지식이나 인생을 지탱하던 신념일지라도 겸허히 받아들이고 수정할 수 있는 자세를 견지해야 한다.

논리적으로 사고할 수 있는 기초를 탄탄히 다졌다면, 이를 현실에 보다 직접적으로 적용해보는 것 역시 필요할 것이다. '단서 10'부터 '단서 12'까지는 우리 현실에 밀착한 논리적 사고법에 대해 소개하고 있다. 5Whys 방식은 문제의 원인을 찾을 때 매우 유용한 도구로, 다섯 번, 아니 예닐곱 번을 물어서라도 문제의 원인을 파악해낼 수 있게 돕는다. MECE는 논리적 완벽성을 기하기 위한 집합적 사고이며, 실제 비즈니스 현장에서 효율적인 도구로 사용되고 있다. 누락되거나 중복되는 것 없이 촘촘히 논리의 그물을 짜는 것이야말로 추론의 시작점이며, 또한 이는 전략적 사고의 시작이기도 하다. '단서 12'에서 다룬 로직트리와 이슈트리는 각각 논점과 가설을 분해하는 도구로 활용된다.

'단서 13'에서는 시나리오 분석에 대해 살펴보았다. 몇 가지 시나리오를 상정해봄으로써, 위험을 피하고 보다 공격적으로 미래를 개척해 나갈 수 있는 사고법이다.

이로써 숨 가쁘게 달려온 우리의 추리는 마무리된 셈이다. 최고의 명탐정들과 함께 답을 찾아낼 수 있게 도와주는 13가지 문제 해결 도구에 대해 하나하나 알아보았는데, 흥미롭고 유익한 시간이 되었는지 모르겠다. 논리적 사고란 어려운 것도 아니고, 명탐정처럼 극히 소수의 사람들에게만 필요한 것도 아니다. 누구나 쉽게 익혀 인식의 지평을 넓히고, 살아가면서 마주칠 수밖에 없는 크고 작은 문제들이나 고민들을 해결할 때 그 단서를 찾게 해주는 생각의 도구로 활용할 수 있다. 여러분이 논리적 사고를 발휘해야 할 때, 이 책이 여러분의 고민을 해결해주는 생각의 단서가 된다면 더 바랄 것이 없을 듯하다.

이상협

참고문헌

- B. 러셀 저, 김광식 역, 《철학의 오솔길》, 책세상, 1988.
- B. 러셀 저, 서상복 역, 《러셀 서양 철학사》, 을유문화사, 2009.
- G. K. 체스터튼 저, 홍희정 역, 〈이상한 발걸음 소리〉, 《결백》, 북하우스, 2002.
- L. 루비 저, 서정선 역, 《논리적으로 사고하는 기술》, 서광사, 1994.
- 김득순, 《논리에 대한 모든 것》, 새날, 2008.
- 로버트 루트번스타인, 미셸 루트번스타인 저, 박종성 역, 《생각의 탄생》, 에코의서재, 2007.
- 르네 데카르트 저, 최명관 역, 《데카르트 연구 : 방법서설 · 성찰》, 창, 2010.
- 리차드 리키 외 저, 김광억 역, 《오리진》, 학원사, 1983.
- 마이클 셔머 저, 류운 역, 《왜 사람들은 이상한 것을 믿는가》, 바다출판사, 2007.
- 마이클 포터 저, 김경묵 외 역, 《경쟁론》, 세종연구원, 2001.
- 마츠 린드그렌, 한스 반드홀드 저, 이주영 역, 《시나리오 플래닝》, 필맥, 2006.
- 미하이 칙센트미하이 저, 이희재 역, 《몰입의 즐거움》, 해냄, 2010.
- 볼테르, 《Zadig, or The Book of Fate》(E-Book at The Project Gutenberg), 2006.
- 볼테르 저, 염기용 역, 《깡디드》, 범우사, 1996.
- 사무엘 E. 스텀프 저, 이광래 역, 《서양철학사》, 종로서적, 1983.
- 사이토 요시노리 저, 서한섭 외 역, 《맥킨지식 사고와 기술》, 거름, 2003.
- 샘 고슬링 저, 김선아 역, 《스눕 : 상대를 꿰뚫어보는 힘》, 한국경제신문사, 2010.
- 소포클레스 저, 김혜니 역, 《소포클레스 그리스 비극》, 타임기획, 1999.
- 아가사 크리스티 저, 유명우 역, 《화요일 클럽의 살인》, 해문출판사, 2002.
- 아서 코난 도일 저, 백영미 역, 〈그리스어 통역관〉, 《셜록 홈즈의 회상록》, 황금가지, 2002.
- 아서 코난 도일 저, 백영미 역, 〈기어 다니는 남자〉, 《셜록 홈즈의 사건집》, 황금가지, 2002.
- 아서 코난 도일 저, 정태원 역, 〈기어 다니는 사람〉, 《셜록 홈즈의 사건》, 시간과공간사, 2002.
- 아서 코난 도일 저, 백영미 역, 《네 사람의 서명》, 황금가지, 2002.
- 아서 코난 도일 저, 백영미 역, 〈노란 얼굴〉, 《셜록 홈즈의 회상록》, 황금가지, 2002.
- 아서 코난 도일 저, 백영미 역, 《바스커빌 가문의 개》, 황금가지, 2002.
- 아서 코난 도일 저, 백영미 역, 〈보스콤 계곡 사건〉, 《셜록 홈즈의 모험》, 황금가지, 2002.
- 아서 코난 도일 저, 백영미 역, 〈보헤미아 왕국 스캔들〉, 《셜록 홈즈의 모험》, 황금가지, 2002.
- 아서 코난 도일 저, 백영미 역, 〈빨간 머리 연맹〉, 《셜록 홈즈의 모험》, 황금가지, 2002.
- 아서 코난 도일 저, 백영미 역, 〈서섹스의 흡혈귀〉, 《셜록 홈즈의 사건집》, 황금가지, 2002.
- 아서 코난 도일 저, 백영미 역, 〈신랑의 정체〉, 《셜록 홈즈의 모험》, 황금가지, 2002.
- 아서 코난 도일 저, 백영미 역, 〈실버 블레이즈〉, 《셜록 홈즈의 회상록》, 황금가지, 2002.

- 아서 코난 도일 저, 백영미 역, 〈여섯 점의 나폴레옹 상〉, 《셜록 홈즈의 귀환》, 황금가지, 2002.
- 아서 코난 도일 저, 박지현 역, 〈위스테리아 별장〉, 《한 권으로 읽는 셜록 홈즈 추리 걸작선》, 꿈과 희망, 2007.
- 아서 코난 도일 저, 백영미 역, 《주홍색 연구》, 황금가지, 2002.
- 아서 코난 도일 저, 정태원 역, 《주홍색 연구 · 네 명의 기호》, 시간과공간사, 2002.
- 아서 코난 도일 저, 백영미 역, 〈춤추는 사람 그림〉, 《셜록 홈즈의 귀환》, 황금가지, 2002.
- 아서 코난 도일 저, 정태원 역, 〈춤추는 인형〉, 《셜록 홈즈의 귀환》, 시간과공간사, 2002.
- 아서 코난 도일 저, 백영미 역, 〈창백한 병사〉, 《셜록 홈즈의 사건》, 시간과공간사, 2002.
- 에드거 앨런 포 저, 박광규 역해, 〈도둑맞은 편지〉, 《마리 로제의 수수께끼 : 에드거 앨런 포 단편집》, 국일미디어, 2003.
- 에드거 앨런 포 저, 박광규 역해, 〈마리 로제의 수수께끼〉, 《마리 로제의 수수께끼 : 에드거 앨런 포 단편집》, 국일미디어, 2003.
- 에드거 앨런 포 저, 박광규 역해, 〈모르그 가의 살인〉, 《마리 로제의 수수께끼 : 에드거 앨런 포 단편집》, 국일미디어, 2003.
- 에드거 앨런 포 저, 박광규 역해, 〈황금 풍뎅이〉, 《마리 로제의 수수께끼 : 에드거 앨런 포 단편집》, 국일미디어, 2003.
- 엘리자베스 클레망 등 저, 이정우 역, 《철학사전 : 인물들과 개념들》, 동녘, 1996.
- 우치다 카즈나리 저, 보스턴컨설팅그룹 역, 《가설사고 : 생각을 뒤집어라》, 3MECCA.COM, 2007.
- 움베르토 에코 등 저, 김주환 역, 《논리와 추리의 기호학》, 인간사랑, 1994.
- 윌 듀란트 저, 박상주 역, 《철학 이야기》, 육문사, 1991.
- 윌리엄 파운드스톤 저, 정준희 역, 《후지산을 어떻게 옮길까? : 마이크로소프트의 서바이벌 면접》, 해냄, 2003.
- 윤석철, 《경영 · 경제 · 인생 강좌 45편 : 윤석철 교수의 경영학 특강》, 위즈덤하우스, 2005.
- 이정일, 《논증과 논쟁 : 생활 속의 논리》, 이담북스, 2010.
- 장 베르쿠테 저, 송숙자 역, 《잊혀진 이집트를 찾아서》, 시공사, 1995.
- 토머스 키다 저, 박윤정 역, 《생각의 오류 : 보고 싶은 것만 보고, 믿고 싶은 것만 믿게 만드는》, 열음사, 2007.
- 페니 르 쿠터, 제이 버레슨 저, 곽주영 역, 《역사를 바꾼 17가지 화학이야기 1》, 사이언스북스, 2007.
- 페터 크뢰닝 저, 이동준 역, 《오류와 우연의 과학사》, 이마고, 2005.
- 편집부 엮음, 《러셀 명언집》, 명지출판사, 1987.
- 폴 스트레턴 저, 예병일 역, 《멘델레예프의 꿈》, 몸과마음, 2003.
- 프레드 R. 버거 저, 김영배 역, 《논리학이란 무엇인가》, 서광사, 1988.
- 피에르 바야르 저, 백선희 역, 《예상 표절》, 여름언덕, 2010.
- 피터 슈워츠 저, 박슬라 역, 《미래를 읽는 기술》, 비즈니스북스, 2004.
- 피터 슈워츠 저, 우태정 외 역, 《이미 시작된 20년 후》, 필맥, 2005.
- 황농문, 《몰입 : 인생을 바꾸는 자기 혁명》, 랜덤하우스코리아, 2007.
- http://inventors.about.com/library/weekly/aa091297.htm

혼·창·통 : 당신은 이 셋을 가졌는가?
이지훈 지음 | 14,000원

세계 최고의 경영대가, CEO들이 말하는 성공의 3가지 道, '혼(魂), 창(創), 통(通)'! 조선일보 위클리비즈 편집장이자 경제학 박사인 저자가 3년간의 심층 취재를 토대로, 대가들의 황금 같은 메시지, 살아 펄떡이는 사례를 본인의 식견과 통찰력으로 풀어냈다. (추천 : 삶과 조직 경영에 있어 근원적인 해법을 찾는 모든 사람)

오리진이 되라
강신장 지음 | 14,000원

더 나은 것이 아니라, 세상에 없는 것을 만들어라! 창조의 '오리진'이 되어 운명을 바꿔라! CEO들을 창조의 바다로 안내한 SERI CEO, 그 중심에 있던 강신장이 말하는 세상에서 가장 맛있는 창조 이야기. 이제 세상을 다르게 보는 길이 열린다! (추천 : 읽기만 해도 창조의 영감이 솟아오르는 텍스트를 기다려온 모든 이들을 위한 책)

여기에 당신의 욕망이 보인다
송길영 지음 | 15,000원

미래는 현재의 욕망에 이미 존재한다. 이 책은 트렌드 예측의 핵으로 떠오른 빅 데이터(big data)를 통해 사람들의 욕망을 이해하고 미래에 대비하는 방법을 국내기업의 실제 분석사례 20여 건과 함께 보여준다. (추천 : 고객의 생생한 목소리를 듣고 싶은 기업들, 시장과 사회의 변화 흐름을 읽고자 하는 이들)

답을 내는 조직
김성호 지음 | 15,000원

《일본전산 이야기》의 저자가 4년 만에 내놓은 후속작. 지금 우리에게 필요한 것은 돈도, 기술도, 자원도 아닌, 기필코 답을 찾겠다는 구성원들의 살아 있는 정신이다. 이 책은 어떻게 하면 답을 찾는 인재가 될 수 있는지 크고 작은 기업들의 사례를 통해 속 시원히 밝힌다. (추천 : 잠들었던 의식을 일깨우고 치열함을 되살리고 싶은 모든 이들)

팔지 마라 사게 하라
장문정 지음 | 18,000원

바보는 고객을 유혹하려 하지만, 선수는 고객이 스스로 선택하게 만든다! 끊임없이 고객의 마음을 읽고 반응해야 하는 설득의 최전선, 치열한 마케팅 전쟁터에서 살아남기 위해 반드시 습득해야 할 '장문정식' 영업전술 교본. 공격적이고 군더더기 없는 설명으로 마케팅과 세일즈의 핵심을 통쾌하게 파헤친다.

슬로 씽킹 : 잠시 멈추고 제대로 생각하는 법
칼 오너리 지음 | 박웅희 옮김 | 15,000원

빨리 처리하라, 망하고 싶거든! 근본부터 제대로 잡는 슬로 씽킹의 12가지 문제해결법. 영국 공군부터 IDEO, 르 라보, 이노센티브, 매트랩, 노르웨이의 할덴교도소까지 '슬로 씽킹'으로 난제를 푼 여러 사례를 소개한다. '빨리빨리'에 속지 않고 본질을 파헤쳐 어려움을 돌파하는 법, 숙고를 통해 더 스마트하게 일하는 방법을 알려주는 책.

가끔은 제정신
허태균 지음 | 14,000원

우리가 무엇을 착각하는지 알면 세상을 알 수 있다! '착각' 연구 대한민국 대표 심리학자 허태균 교수가 선사하는 우리 '머릿속 이야기.' 이 책은 심리학적 이론을 토대로 '착각의 메커니즘'을 유쾌하게, 명쾌하게 때로는 뜨끔하게 그려낸다. (추천 : 타인의 속내를 이해하려는 사람이나, 중요한 의사결정을 내려야 하는 리더들에게 꼭 필요한 책)

마음에 박힌 못 하나
곽금주 지음 | 14,000원

인간의 대표적 콤플렉스 18가지의 유래와 원인, 복잡한 심리 메커니즘을 신화 및 문학작품을 통해 흥미진진하게 풀어낸다. 콤플렉스를 이해함으로써 우리는 자신을 치유하는 동시에 타인에게 공감할 수 있게 된다. 그럼으로써 자신과 상대방을 이해하고 연민하고 받아들일 수 있게 된다. 그러니 책을 읽고 나서 물어보자. '나는 누구인가?'

창의성의 발견
최인수 지음 | 16,000원

'한국적 창의성' 연구의 선두주자 최인수 교수가 밝히는 한국인을 위한 창의성 업그레이드 프로젝트! 창의성에 대한 철저한 분석과 흥미로운 예시로 가득한 이 책은 '한국인의 창의적 지혜'란 무엇인가를 생각해보는 마중물의 역할을 할 것이다. (추천 : 누구나 원하지만, 아무도 알지 못하는 창의성의 본질을 이해하고 적용하려는 이들을 위한 책)

인생학교 시리즈
알랭 드 보통 외 지음 | 정미나 외 옮김 | 각 권 12,000원

알랭 드 보통이 영국 런던에서 문을 연 '인생학교'는 삶의 의미와 살아가는 기술에 대해 강연과 토론, 멘토링, 커뮤니티 서비스 등을 제공하는 글로벌 프로젝트다. 이 책은 '인생학교' 최고의 강의 6편을 책으로 엮은 시리즈다. 일, 돈, 사랑, 정신, 세상, 시간 등 6가지 인생 키워드에 대해 근원적인 탐구와 철학적 사유를 제안한다.